Knau

Von Marko Pogačnik sind außerdem erschienen:

Elementarwesen – Die Gefühlsebene der Erde (Band 86083)
Schule der Geomantie (Band 86095)
Wege der Erdheilung (Band 86120)

Über den Autor:

Marko Pogačnik, geboren in Kranj/Slowenien, studierte Bildhauerei und erwarb sich auf dem Gebiet der Konzeptkunst und Land-Art internationalen Ruf. Hieraus entwickelte er die Kunst der Geomantie zur Entschlüsselung der in der Erde verborgenen Weisheit. Seit 1991 leitet er Seminare zur Heilung von Orten und Landschaften überall in Europa und berät Kommunen und Ämter in bezug auf Landschaftsplanung. Der vorliegende Titel ist sein siebtes Buch in deutscher Sprache und stellt den Höhepunkt seines bisherigen Wirkens dar, das der Bewußtwerdung des Menschen gewidmet ist.

Inhalt

Vorwort

Die Entwicklung des Menschen ist heute an einem entscheidenden Wendepunkt gelangt. Es geht um die Zukunft der Menschheit und der Erde, die davon abhängt, ob der Mensch seine entscheidende Rolle in der Evolution des Bewußtseins der Erde erkennt. Ihm kommt die einmalige Aufgabe zu, die jahrtausendealte Trennung von Himmel und Erde, Geist und Materie zu überwinden. Himmel und Erde wollen im Prozeß des Menschwerdens vereinigt werden.

Jesus, später auch Christus benannt, hat durch seine Worte und sein Leben schon am Anfang unserer Zeitrechnung den Weg zu diesem Menschheitsziel gewiesen. In den folgenden Jahrhunderten ist seine Lehre jedoch voll in den Aufbau einer neuen Weltreligion eingespannt worden. Jedem einzelnen Wort des Lehrers Jesus, das seine Zeitgenossen vor dem Vergessen bewahrt haben, wurde im Rahmen des entstehenden Religionsgebäudes eine Funktion beigemessen, die oft weit von der ursprünglichen Intention der Aussage abweicht. Auf diese Weise sind Worte und Werke Jesu zwar erfolgreich aus der Stille der Anonymität ins Bewußtsein der Menschheit hinübergebracht worden, ihre tiefere Botschaft, die für die jetzt stattfindende Wendezeit bestimmt war, ist jedoch dabei verlorengegangen.

Heute ist die Zeit reif, das Lehren und Wirken Jesu in seiner ganzen Vielschichtigkeit zu erkennen und insbesondere jene Schicht zu enthüllen, die sich auf den Werdegang des Menschen im dritten Jahrtausend bezieht und die unabhängig von der Vergangenheit jetzt für uns wichtig ist.

Das vorliegende Buch handelt von der Entdeckung eines »fünften Evangeliums«, das von Anbeginn an »unsichtbar« in die vier genannten Evangelien hineinverwoben war und dessen Botschaften für die heutige Zeit der großen Wende bestimmt sind.

Zu seiner Entschlüsselung habe ich unterschiedliche Methoden der Untersuchung und Wahrnehmung angewandt, die ich in meiner langjährigen Erdheilungsarbeit mit den verschiedenen Dimensionen der Landschaft und der Natur gelernt habe. Sie werden im Buch beschrieben, um den Prozeß, den ich im Umgang mit dem Gegenstand meiner Untersuchung durchlaufen habe, transparent zu machen.

Dieses Buch stellt einen aus dem ganzen Herzen hervorgebrachten Versuch dar, verschiedenste Wege auszuarbeiten, die einen Einblick in die ganze Botschaft Christi gewähren, um auf diese Weise Hemmungen abzubauen, die durch die heute weitgehend überholte Interpretation der Worte Jesu in den vier kanonischen Evangelien entstanden sind.

Bei meinem Werk wurde mir von verschiedenen Seiten geholfen. Besonders möchte ich mich bei meiner Tochter und Mitarbeiterin Ana Pogačnik bedanken, die Botschaften aus der Engelwelt für dieses Buch erhalten hat. Auch die Mitarbeit meiner Lektorin Hanna Moog war nicht nur der sprachlichen Glättung meines in Deutsch geschriebenen Manuskripts gewidmet. Ich danke ihr für die Einsichten in das inhaltliche Gewebe des Textes, durch die seine Feinabstimmung möglich wurde.

Schließlich möchte ich noch die Zeichnungen erwähnen, die ich zu Papier gebracht habe – nicht nur um zusätzliche Informationen anzubieten, sondern vor allem, um der Leserin und dem Leser einen energetisch genügend aufgeladenen Raum für ihre/seine Bewegung durch das Buch zu verschaffen. Einige Zeichnungen sind unmittelbar mit den im Text besprochenen Themen verbunden, andere haben einen rein ästhetischen Charakter: Zeichnungen von sprossenden Zweigen, Blumen, Stücken von Totholz, Steinen, Kristallen und Gegenständen, die durch die Hand des Menschen entstanden sind. Ich habe sie so gezeichnet, daß sie Lebenskräfte konzentrieren und dadurch ein gefühlsmäßiges Pendant zum Gedankenfluß des Buches bilden.

Ostersonntag, den 12. 4. 1998   *Marko Pogačnik*

»Wer das All erkennt,
wobei er sich selbst verfehlt,
verfehlt das Ganze.«

(Worte Jesu nach dem Thomas-Evangelium, Log. 67)

1. Kapitel

Auf der Suche nach einem
fünften Evangelium

Es ist kein Zufall, daß meine erste persönliche Erfahrung jener Gegenwart, die in der westlichen Kultur als Christus bezeichnet wird, in Venedig stattfand. Venedig ist nicht nur eine der vielen europäischen Stätten, an denen der Versuch unternommen wurde, die geistigen Visionen des Christentums durch ein Netz von Kirchen und Klöstern zu verkörpern, es kommt eine starke emotionale Qualität hinzu, die Venedig der Allgegenwart des Wassers verdankt: Diese einmalige Stadt ist bekanntlich inmitten einer Meereslagune erbaut worden; die Stadtstrukturen ragen unmittelbar aus dem Wasser heraus. Dadurch entsteht ein Stadtambiente, in dem eine Herzensbegegnung möglich ist, die einen bis in die Wurzeln erschüttern kann.

Die Begegnung kam wie zufällig zustande. Nach einer längeren Periode der Abwesenheit war ich am 13. Mai 1989 wieder in Venedig zu Besuch, um mich mit meinen Lieblingsplätzen, die über die ganze Stadt verstreut sind, neu zu verbinden. So kam ich gegen Abend auch in die mit goldenen Mosaiken überzogene Basilika des heiligen Markus, um die Herzqualität ihres Raumes wieder zu erfahren. Da bemerkte ich, daß ein kleines Tor links vom Altarraum, das sonst immer verschlossen war, offen stand. Das Schild »Zutritt verboten« war abgehängt, und ich sah einzelne

Personen dem Tor zueilen und im dunklen Gang hinter der Tür verschwinden.

Sofort war mein Interesse geweckt. Ich wußte, daß der Gang in einen schmalen Hof hinter der Kirche mündet, der nur bei seltenen Gelegenheiten der Öffentlichkeit zugänglich gemacht wird. Was mich betraf, so hatte ich noch nie das Glück gehabt, ihn besuchen zu können. In dem Hof befindet sich ein Kleinod aus der Zeit der Renaissance, die Kapelle des heiligen Theodor, ein Werk des Giorgio Spavento aus den Jahren um 1490. Ich vermutete, daß die Menschen, die ich im Gang verschwinden sah, dorthin zur Abendmesse eilten.

Ich ergriff die Gelegenheit und ging ihnen nach, obwohl ich nicht die Absicht hatte, der Messe beizuwohnen. Es reizte mich, nur einen Blick in die berühmte Kapelle zu werfen, die meines Wissens einen ergänzenden Pol zu der Basilika des heiligen Markus darstellen mußte. Es sollte mir jedoch nicht gelingen, lediglich meine Neugier zu befriedigen, denn die Messe begann im selben Augenblick, da ich die Kapelle betrat. Ich blieb an der Tür stehen und nahm mir vor, mich rechtzeitig zurückzuziehen und meine Zeit eher für den Besuch weiterer Plätze in der Stadt zu nutzen. Da bemerkte ich, daß alle Augen der wenigen, eher älteren Menschen, die zur Messe gekommen waren, auf mich, einen relativ jungen Mann, gerichtet waren. Eine seltsame Hoffnung war darin zu spüren, und ich konnte nicht dem Drang widerstehen, mich niederzusetzen und mich dem Ablauf des Rituals zu überlassen.

Kaum hatte ich mich mit der unerwarteten Lage abgefunden, da bemerkte ich, daß hoch über dem Altar, unmittelbar unter dem Gewölbe der Apsis, eine Kraftkugel pulsierte, deren weißes Licht sich in den Kirchenraum ergoß. Mehrmals wandte ich den Blick ab und lenkte ihn zu der Stelle zurück, um sicherzustellen, daß es sich nicht um eine Lichttäuschung handelte. In mir wuchs die feste Überzeugung, daß ich einen Zeremonialengel wahrnahm, der die Messe begleitete.

Meine Überraschung war groß, da ich das erste Mal etwas mit offenen Augen sah, das auf der materiellen Ebene gar nicht existiert. Es stimmte zwar, daß ich mich seit langem mit den unsichtbaren Ebenen der Wirklichkeit befaßt und dabei eine besondere persönliche Sensibilität entwickelt hatte. Sie hatte sich bislang darin geäußert, daß ich durch die Fühligkeit meiner Hände die feinen Kräfte in meiner Umwelt »abtasten« und sie nach ihrer Qualität unterscheiden konnte. Nun aber kam etwas ganz Neues hinzu: eine Art inneren Schauens, das parallel zu der Wahrnehmung durch die physischen Augen ablief.

Ich konnte auf einer Ebene das Verhalten des amtierenden Priesters beobachten, eines hochbetagten Mannes, dem sein Amt offensichtlich schwerfiel. Auf der anderen Ebene konnte ich gleichzeitig die milde Ausstrahlung des weißen Lichtkerns wahrnehmen, der über dem Altar schwebte. In dem Augenblick, als der Priester Brot und Wein zum Opfer darbot, kam noch etwas hinzu, das mich in Erstaunen versetzte. Senkrecht von oben nach unten manifestierte sich eine menschenähnliche Gestalt, deren Form aus feinen Lichtfäden bestand. Es war darin unfehlbar die Gestalt

Christi zu erkennen, wie sie durch unzählige Kunstwerke dem Gesamtbewußtsein unserer Kultur eingeprägt wurde. Auch später noch, als die Hostien an die Gläubigen verteilt wurden, die sich um den Priester scharten, konnte ich seine Gegenwart in ihrer Mitte wahrnehmen. Ich behaupte sogar, gesehen zu haben, daß er einige unter den Gläubigen liebevoll berührte, ohne daß sie es bemerkten. Ich empfand Mitleid mit ihnen in ihrer Verstocktheit, und gleichzeitig freute ich mich stellvertretend für sie.

Es fiel mir nicht leicht, diese Erfahrung in mein Weltbild einzupassen. Ich habe gelernt, meinen geistigen Weg selbständig zu gehen, unabhängig von jeglicher Art von Institution oder Bewegung. Durch eine persönliche Disziplin, die ich aus der eigenen Erfahrung heraus aufgebaut habe, habe ich immer wieder nach der Beziehung zum inneren Kern meines Wesens gesucht, durch den ich, wie jeder Mensch, in Resonanz mit der ganzen Schöpfung treten kann. Dazu gehört die Pflege der inneren Stille und die Arbeit an der persönlichen Erdung. Es geht dabei nicht um festgelegte Formen, sondern eher um ein Vorgehen, das ständig im Wandel begriffen ist, so daß es jedesmal anders gestaltet werden kann.

Nach dem Erlebnis in Venedig mußte ich zugeben, daß die geistige Kraft, die ich bislang mit dem Begriff der Freiheit von jeglicher Form verbunden hatte, auch durch eine institutionalisierte Form fließen kann, die Jahrhunderte hindurch keine nennenswerte Veränderung erfahren hat. Eine Erfahrung, die mir zu denken gab. Es war zwar so, daß sich bei späteren wiederholten Beobachtungen der Eucharistiefeier die Gegenwart Christi in vermenschlichter Gestalt in eine reine Lichtform, gekoppelt mit einer besonderen Gefühlsqualität, wandelte, ihre Identität war jedoch unverkennbar.[1]

Durch diese Erlebnisse wurde ich immer mehr von der Bedeutung dieser Visionen für meinen Werdegang überzeugt. Schließlich begann ich mich während meiner meditativen Vertiefungen auf die bei der Messe erfahrene Gestalt Christi zu konzentrieren. Bei einer solchen Gelegenheit tauchte sie unerwartet mitten in meinem Herzen auf und sprach zu mir Worte, die ich zwar nicht hörte, jedoch in folgender Weise verstehen konnte: Zu jener Zeit, da seine Kraft und sein Wissen durch Jesus verkörpert und gelehrt wurden, habe er ein Versprechen gegeben, von dem die Evangelien künden: Christus würde mit seinem Segen anwesend sein, wann immer Brot in seinem Namen gebrochen wird. Es handele sich um dieses Versprechen, das noch heute eingehalten wird. Was mich dabei stutzig machte, war das Gefühl einer tiefen Trauer, in die die Aussage eingebettet war.

Wie um mein Gefühl zu bestätigen, kam mir dazu eine Intuition, die ich folgendermaßen in Worte fassen würde: Die Bedeutung der ursprünglichen Verkörperung Christi unter den Menschen lag darin, eine neue Phase in der Entwicklung der Menschheit einzuleiten. Es handelt sich dabei um eine Phase des geistigen Selbständigwerdens, die nicht allein durch eine Einwirkung von außen verwirklicht

---

1 Vgl. dazu meine Beschreibung einer Messe in der Schloßkapelle zu Türnich, in: *Die Landschaft der Göttin*, S. 74.

werden kann, sondern nur durch Unterstützung von innen.

Das Kommen Christi »von außen«, das ich bei der Feier des Abendmahls beobachtet habe, ist nur als eine zeitweilige Hilfe sinnvoll. Menschen, die das Erlebnis seiner Anwesenheit – wenn auch völlig unbewußt – in ihrem Herzen zulassen, erleben eine Öffnung, ein Angebot, sich von innen mit der Christuskraft verbinden zu können. Die Trauer, die ich spürte, rührte daher, daß wir Menschen uns davor scheuen, Verantwortung zu übernehmen und selbständig das zu verkörpern, was durch den Christusimpuls angeregt wurde.

Durch diese Einsicht war der Zwiespalt zwischen dem Kommen Christi »von außen« und dem Kommen »von innen« für mich persönlich aufgehoben. Es wurde mir klar, daß die Christuskraft diesen oder jenen Weg nehmen kann, um Menschen in ihrer Entwicklung zu inspirieren oder zu unterstützen. Es kommt darauf an, ob wir bereit sind, unseren geistigen Weg eigenständig zu gehen oder nicht. Ob die Hilfe dazu von außen kommt oder von innen, ist nicht wesentlich.

Für die nächsten drei Jahre wurde meine Aufmerksamkeit in eine andere Richtung gelenkt, nachdem ich im Winter 1993 die ersten Naturgeister, auch »Elementarwesen« genannt, »gesehen« hatte. Genauer gesagt, habe ich sie nicht mit meinen leiblichen Augen gesehen, sondern durch das innere Schauen wahrgenommen. Ähnlich wie die oben beschriebene Erfahrung der Gegenwart Christi waren auch die Wahrnehmungen zum Reich der Elementarwesen von einem so tiefgreifend inspirierenden Gefühl durchdrungen, daß ich alle meine Vorbehalte und Unsicherheiten angesichts ihres Wahrheitscharakters ablegen mußte.

Bis zu dem Zeitpunkt hatte ich mich fast ausschließlich mit der *Kraft*ebene der Erde, mit ihren vitalenergetischen Systemen befaßt. Ihre Rolle liegt darin, die Erdoberfläche einschließlich aller Wesen, die sie bewohnen, ununterbrochen mit Lebenskräften unterschiedlicher Art zu durchtränken. Zu diesen Systemen gehören zum Beispiel die »vitalenergetischen Zentren«, durch die Lebenskräfte aus der Erdtiefe aufsteigend unter der Erdoberfläche konzentriert werden, um in der nächsten Phase über die Landschaft verteilt zu werden. Teilweise kommt die Verteilung durch eine fontänenartige Ausgießung zustande, teilweise wird die Kraft durch dort quellende Kraftbahnen, »Leylinien« genannt, durch die Landschaft getragen und verteilt. Sie breiten sich sternförmig von den betreffenden vitalenergetischen Zentren ausgehend über die Landschaft aus.

Es würde ein ganzes Buch füllen, wollte ich mit der Katalogisierung der einzelnen Kraftphänomene der Erde fortfahren – so reich ist die Vielfalt der Erdkraftsysteme.[1] Nun kam durch die Wahrnehmungen der Elementarwesen eine neue Dimension hinzu: das Gesamtbewußtsein der Erde. Meine zunächst unsystematisch verlaufenden Beobachtungen von Baumgeistern oder Elementarwesen, die einen Fluß beleben oder durch einen Landschaftsraum tanzen, haben sich bald zu der Überzeugung verdichtet, es handele

---

1 Vgl. dazu meine Bücher *Schule der Geomantie* und *Wege der Erdheilung*.

sich dabei nicht um vereinzelte Wesenheiten, die die Erd-, Wasser-, Luft- und Feuerbereiche des Planeten bewohnen, sondern um ein Gesamtbewußtsein des Planeten Erde, das für die Erhaltung und Weiterentwicklung jedes Pflänzchens, jedes einzelnen Tieres oder Menschen, jedes Berges und jeder Landschaft auf der Erdoberfläche Sorge trägt. Um die schier unüberschaubare Zahl von Aufgaben ausführen zu können, wird das Gesamtbewußtsein der Erde durch verschiedenste Bewußtseinszellen individualisiert, die wir als Elementarwesen oder Naturgeister bezeichnen. Eine Fee wäre meiner Erfahrung nach kein Einzelwesen wie der Mensch, sondern ein individualisierter Aspekt des Gesamtbewußtseins der Erde, der für das Wohl eines bestimmten Ambientes oder Raumes Sorge trägt.

Je breiter meine Einsichten in die Mehrdimensionalität der Erdlebenssysteme in den letzten Jahren geworden sind, desto klarer wurde mir, welche Schlüsselrolle der Mensch darin innehat. Nicht nur, daß wir den Großteil der Erdoberfläche nach unseren Bedürfnissen umgestaltet und riesige Flächen bebaut haben; nicht nur, daß wir durch unsere fast ununterbrochenen Kämpfe und Kriege ganze Länder in einen Schockzustand versetzt haben, wir haben uns sogar das Recht genommen, in das Wesen des Lebens selbst einzugreifen und eine bestimmte Daseinsebene – die Ebene der Materie – übergewichtig in den Vordergrund zu rücken, so daß andere dadurch völlig in Vergessenheit geraten sind. Ich denke dabei an die mehrfach erwähnten feinstofflichen Ebenen. Wir haben dadurch ein Weltbild erschaffen, das durch einen Ausschluß des überwiegenden

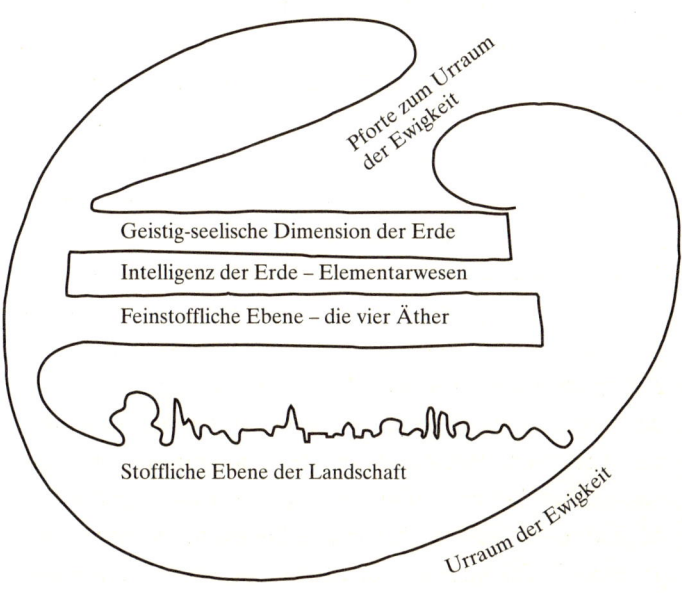

Pforte zum Urraum
der Ewigkeit

Geistig-seelische Dimension der Erde

Intelligenz der Erde – Elementarwesen

Feinstoffliche Ebene – die vier Äther

Stoffliche Ebene der Landschaft

Urraum der Ewigkeit

*Eine Möglichkeit, sich die Mehrdimensionalität
der Landschaft vorzustellen.*

Teils der Wirklichkeit gekennzeichnet ist. Dieses Weltbild steckt nicht nur in unseren Köpfen, sondern es wurde durch unsere weltweite Tätigkeit den Lebenssystemen der Erde schamlos aufgedrängt. Kurz gesagt, wir glauben, die Erde sei so, wie wir sie in unserer eindimensionalen Sicht unter Mißachtung ihrer Mehrdimensionalität sehen wollen.

Wer die Kraft der Erde in einem Erdbeben oder in einem Meeressturm erlebt hat, wird eine Ahnung davon haben, was eine derartige Vergewaltigung der Erdsysteme bedeutet. Aus dieser Krise gibt es nur einen Weg heraus: die Bewußtseinswandlung des Menschen. Wir müssen unsere grundlegende Einstellung gegenüber uns selbst und gegenüber den Lebenssystemen der Erde verändern. Dann, und davon bin ich überzeugt, wäre es der Erde möglich, relativ leicht aus den ihr aufgepfropften Vorstellungen »herauszutanzen«.

Eine Bewußtseinswandlung des Menschen – ja; aber welchen Leitbildern sollen wir dabei folgen? Wer kann die Menschheit dazu bewegen, sich auf einen Wandlungsprozeß einzulassen, da wir Menschen bekanntlich dazu neigen, die eingefahrenen Bahnen nicht verlassen zu wollen, jedenfalls nicht, wenn es um so tiefgreifende Veränderungen geht, wie oben angedeutet wurde?

Als Antwort auf diese immer wiederkehrenden Fragen wurde mir eine Vision zuteil, durch die sich die Gegenwart Christi auf eine andere Weise kundtat. Es war in der Nacht des 17. April 1996, als ich nach einem Abendvortrag in Ottersberg in Norddeutschland bei Freunden schlief. Um drei

Uhr morgens wurde ich plötzlich wach und nahm im Raum eine besondere Schwingungsqualität wahr. Es dauerte eine geraume Zeit, bis ich mich auf die unbekannte, jedoch jedes Atom meines Wesens durchdringende Gegenwart eingestimmt hatte. Erst dann konnte ich meine Eindrücke ordnen und innere Bilder aufsteigen lassen.

Es war dieselbe Gegenwart Christi, die nach den bereits geschilderten Erfahrungen unverkennbar war. Diesmal war sie jedoch nicht allein zu spüren, sondern innig verbunden mit einer zweiten Gegenwart, die sich der des Christus als ebenbürtig anfühlte. Ich würde sie jedoch als weicher, als weiblich bezeichnen. Am ehesten könnte ich die Vision so umschreiben, daß zwei Geistwesen in mir und um mich herum anwesend waren, die eine gewisse weiblich-männliche Polarisierung aufwiesen und doch eine einzige, in sich abgerundete Ganzheit bildeten.

Intuitiv reagierte ich auf diese Zweiheit, indem zwei Namen in meinem Bewußtsein auftauchten: Sophia und Christus. Mein Verstand wollte dagegen einwenden, es wäre richtiger, in dem Paar die Mutter Maria und ihren Sohn Jesus zu erkennen. Mein Gefühl wehrte sich aber dagegen, indem es mir zu verstehen gab, es handele sich offensichtlich um ein und dieselbe Wesenheit, die in einem ständig wechselnden Rhythmus zwei Aspekte ihres Wesens zeigte, einen weiblichen und einen männlichen. Die Mutter-Sohn-Beziehung würde eine Distanz hineinbringen, die der wahrgenommenen Einheit nicht entspräche.

Während die Vision weiter in mir und um mich herum pulsierte, versuchte ich diese für unsere Kultur so entscheidenden Namen im Spiegel des Geschauten so genau wie möglich zu verstehen. Wenn Maria und Jesus als Namen für zwei historische Personen stehen, dann stünden Sophia und Christus für zwei geistige Kräfte, die sich durch die beiden Personen der Menschheit offenbart haben. Inhaltlich übersetzt heißt Sophia »die Weisheit aus dem Urbeginn« und Christus »der Gesalbte Gottes«. Es handelt sich um symbolische Namen, die den weiblichen und den männlichen Aspekt des Göttlichen bezeichnen, Göttin und Gott in einem.

In dem Moment bemerkte ich, wie die aufsteigenden Gedanken mich von der unmittelbaren Erfahrung der göttlichen Gegenwart wegtrugen und mein Verstand ihre Auswirkung auf mein Bewußtsein unterschwellig zu kontrollieren versuchte. Dem wirkte ich entgegen, indem ich den Gedankenstrom losließ und mich dem Pulsieren der süß anmutenden Gegenwart gefühlsmäßig öffnete, um ihre Qualität tief in mein inneres Wesen hineinzulassen.

Nachdem eine ganze Weile verflossen war – ich könnte es nicht zeitlich umreißen, wie lange die Offenbarung dauerte –, überkam mich das Gefühl, daß ich an der Schwelle einer neuen Phase in meiner persönlichen Entwicklung stand und daß die Berührung durch die Sophia-Christus-Wesenheit mich zum Schritt in das Neue zu ermutigen suchte, dabei gleichzeitig schon die Aufgabenstellung der neuen Phase andeutend. Da es mir aber ähnlich geht wie den meisten Menschen heutzutage, ging diese Inspiration zunächst in den täglichen Pflichten der folgenden Monate verloren. Ehrlich gesagt, war es mir auch recht so, da ich,

Die heilige Maria mit dem Jesuskind am Portal der Lechkirche in Graz, Österreich. Die Drachen symbolisieren die Erdsysteme, die Krone die geistige Dimension. Maria mit der Kugel der Ganzheit steht für Sophia; Jesus, der mit seiner Geste auf die Quelle des Wortes hinweist, für Christus.

einem allgemein menschlichen Muster folgend, mich vor den Veränderungen scheute, die ein solcher Schritt in mein Leben bringen würde. Später hat sich gezeigt, daß ich zu dem Zeitpunkt auch noch nicht reif dazu war.

Glücklicherweise konnte ich mir in den letzten Jahren regelmäßig im Sommer mindestens 13 Tage freinehmen für meine Weiterentwicklung. Ich ziehe mich dann mit meiner Familie auf eine kleine, steinige Insel in der Adria zurück, um über meine persönlichen Entwicklungsgänge zu meditieren und den Samen für meine zukünftigen Aktivitäten zu legen. Diesmal sollte sich meine Beziehung zur Christuskraft – wohl aufgrund der Berührung in Ottersberg – in den Vordergrund stellen.

Als ich am 12. 9. 1996 dabei war, eine Liste der Themen aufzustellen, über die ich im folgenden Jahr Vorträge halten wollte, kam mir auch das Thema »Ein fünftes Evangelium« in den Sinn. Kaum hatte ich den Titel aufgeschrieben, kamen auch schon erläuternde Worte zum Titel hinzu, obwohl ich in dem Moment noch keine Absicht hegte, die verschiedenen Titel mit Kommentaren zu versehen. Die Erläuterung, die sich wie von selbst aufs Papier ergoß, lautete:

»Es gibt kein fünftes Evangelium für sich genommen. Das fünfte Evangelium ist, einem unsichtbaren Netzwerk ähnlich, in die uns bekannten vier Evangelien hineingewoben. Es spricht über das, was Menschen in der Zeit Jesu noch nicht fähig waren zu verstehen. Erst der Mensch an der Schwelle zum dritten Jahrtausend ist reif dafür.«

Die Botschaft hat mich zutiefst inspiriert. Sofort wollte ich in die Suche nach dem fünften Evangelium einsteigen und darüber ein Buch schreiben. In der folgenden Nacht empfing ich einen Traum, den ich als eine Warnung hätte verstehen sollen, ich sei einer solchen Aufgabe noch nicht gewachsen. In meiner Euphorie war ich aber davon überzeugt, daß mich der Traum vor Störungen seitens gewisser Gegenkräfte warnen wollte, die versuchen würden, mich durch ihr Wirken von der soeben entdeckten Aufgabe abzubringen. Ich bedauerte, keine Bibel auf die Insel mitgenommen zu haben, um allen drohenden Gefahren zum Trotz sofort mit der Entschlüsselung des »fünften Evangeliums« zu beginnen.

Das griechische Wort *euaggelion* bedeutet »heilbringende Botschaft« und bezeichnet die heilbringende Botschaft vom Lehren und Wirken Jesu Christi in Palästina zu Beginn unserer Zeitrechnung. Seitens aller historischen christlichen Institutionen, sei es der orthodoxen, der katholischen oder der evangelischen Kirche, werden nur vier Evangelientexte als wahrheitsgetreu anerkannt. Sie wurden durch Matthäus, Markus, Lukas und Johannes niedergeschrieben. Diese durch die Entscheidung der frühen Kirchenkonzile festgelegten vier Evangelien wurden zum Fundament, auf dem in den nachfolgenden Jahrhunderten die christliche Kultur errichtet wurde.

Es hat aber innerhalb des Christentums seit der Zeit seiner Gründung eine Ahnung davon gegeben, in den vier Evangelien – sie werden als die *kanonischen* Evangelien bezeichnet – sei nicht die ganze Wahrheit der Christusbotschaft aufbewahrt. Es gebe ein »fünftes Evangelium«, durch welches all das vermittelt wird, was vergessen oder ausgeschlossen wurde. Dazu kann man Evangelienbruchstücke zählen, die seit dem Mittelalter hier und da aufgetaucht sind. Sie werden »Apokryphen« genannt. In der ersten Hälfte des 19. Jahrhunderts hat Jakob Lorber in Triest ein »fünftes Evangelium« geschrieben, das er »Das große Evangelium Johannes«[1] nannte. Rund 20 000 handschriftliche Seiten wurden von ihm durch das innere Wort empfangen und niedergeschrieben. Rudolf Steiner hat seine geisteswissenschaftlichen Untersuchungen über die Hintergründe des Lebens und Wirkens Christi unter dem Titel »Das fünfte Evangelium«[2] veröffentlicht. Als Hellseher konnte er unmittelbar in den Erinnerungen jener Epoche – der sogenannten Akasha-Chronik – lesen, was in den Schriften nicht festgehalten wurde. Darüber hat er in den Jahren 1913–14 europaweit Vorträge gehalten.

Im Jahr 1945 wurde in Nag Hammadi in Ägypten das »Evangelium nach Thomas« gefunden, das 114 Äußerungen Jesu, übersetzt in die koptische Sprache, beinhaltet. Dieser Evangeliumstext wurde zusammen mit einer Reihe gnostischer Bücher vermutlich im 6. Jh. durch eine in der Nähe angesiedelte Klostergemeinde vergraben, um diese Schriften vor der Zerstörung zu bewahren, die ihnen seitens der offiziellen Kirche drohte.

Als ich nach meiner Klausur auf der Insel nach Hause zurückkehrte, stürzte ich mich sofort in die vier Evangelien,

---

1 Jakob Lorber: *Das große Evangelium Johannes.* 11 Bände. Verlag Zluhan, Bietigheim-Bissingen 1987.
2 Rudolf Steiner: *Aus der Akasha-Forschung. Das Fünfte Evangelium.* R. Steiner-Nachlaßverwaltung, Dornach 1991.

*Das »Jerusalemer Kreuz«. Durch die Form der vier Kreuze,
die die vier Evangelien symbolisieren, entsteht ein unsichtbares
fünftes Kreuz – ein Symbol für das fünfte Evangelium.*

um dort die verborgenen Hinweise zu suchen. Ich fand aber keine. Die logisch vorzüglich ausgebauten Textmuster der Evangelien boten mir keine einzige Lücke, durch die ich in ihr Inneres hätte schauen können. Ich stand davor wie der Ochs vor dem Berge. Mein Vertrauen in die Intuition, es gäbe ein fünftes Evangelium innerhalb der Textstruktur der kanonischen vier Evangelien, war auf die Probe gestellt.

In dieser aussichtslosen Lage habe ich meine Tochter und Mitarbeiterin Ana Pogačnik, die seit sieben Jahren mit Engelwesen kommuniziert, um Hilfe gebeten. Unzählige Male haben wir bei verschiedenen Stadt- und Landschaftsheilungsprojekten zusammengearbeitet. Dabei hat sie sich für die benötigte Information über den Ort, an dem erdheilerisch gearbeitet wurde, an einen Engel der Erdheilung gewandt. Diesmal bat ich sie, ihre Engellehrerin zu fragen, ob meine Intuition von einem »fünften Evangelium« einen Sinn hat. Die Antwort, empfangen am 15. 9. 1996, lautete:

»Die vier Evangelien sind in erster Linie den Beziehungen der Menschen untereinander gewidmet, das ›fünfte Evangelium‹ jedoch der Beziehung des einzelnen Menschen zu seinem eigenen Wesen und erst als *Folge* davon auch der Beziehung zu seiner Umwelt. Der Mensch wird darin als Individuum in den Mittelpunkt gestellt und nicht als Teil einer Menge betrachtet. Mehr darüber kannst du von einem Engel erfahren, der auf diesem Gebiet ›tätig‹ ist. Er hat Einsicht in die kollektive und individuelle Entwicklung des Menschen und hilft bei der Suche nach dem persönlichen geistigen Weg.

Das ›fünfte Evangelium‹ ist in dem Sinne, wie ihr es verstanden habt, eine wichtige Quelle für die Weiterentwicklung der Menschheit. Es geht um eine Wandlung auf eurem Entwicklungsweg, um einen großen ›Schritt nach vorn‹, vor dem die Menschheit und die ganze Schöpfung steht. Dabei ist eine ganze Schar von Engeln besonders stark tätig. Sie wirken, indem sie durch Eingebungen lenken und durch Führung zu helfen versuchen. Der erwähnte Engel gehört dazu. Sein Name ist Michael.«

Es braucht nicht besonders erwähnt zu werden, daß die Botschaft stark anregend auf meine kaum begonnenen Untersuchungen wirkte. Es wurde mir zwar nicht unmittelbar ein Schlüssel in die Hand gedrückt, doch wurde die Mehrdimensionalität der Evangelientexte bestätigt. Zwei Jahrtausende lang hatte die obere, nach außen gewandte Dimension der Evangelien im Brennpunkt der Aufmerksamkeit gestanden. Sie hatte als Grundlage für den Aufbau einer religiösen Institution gedient, die sich als christliche Kirche bezeichnete. Dadurch wurde eine Vermittlungsinstanz erschaffen, die allen Menschen die Möglichkeit anbot, sich durch ihre Priesterschaft mit dem göttlichen Ursprung des Seins wiederzuverbinden und eine Gemeinschaft zu begründen, die auf dem Gebot der Nächstenliebe beruht.

Die zweite Dimension, die ich als »fünftes Evangelium« bezeichne, ist beim gewöhnlichen Lesen der Evangelientexte nicht wahrnehmbar, da sie, bildlich gesprochen, unterhalb der äußeren Textschichten liegt. Wie von dem Engel charakterisiert, ist sie *inhaltlich* ganz anders orientiert. Sie stellt nicht das Gemeinschaftliche des Menschen in den

Vordergrund, sondern das Individuelle, da sie die Anleitung für den persönlichen geistigen Weg beinhaltet, der für jeden einzelnen Menschen anders gestaltet ist. Das heißt aber nicht, daß sich der Mensch im Labyrinth der eigenen Persönlichkeit verlieren soll. Wie die Engelbotschaft angedeutet hat, werden erst aufgrund des persönlichen Selbsterkenntnisprozesses neue, tiefergreifende Beziehungen zum Göttlichen, zur Erde, zur Natur und zu den Mitmenschen möglich.

Die ersten Botschaften des Engels mit dem Namen Michael, die Ana im Anschluß an die zitierte Aussage empfangen hat, haben sehr bald ein Bild davon entstehen lassen, was mit dem persönlichen geistigen Weg gemeint ist. In erster Linie ist damit nicht das gemeint, was heutzutage als New-Age-Praktiken verbreitet ist – keine besonderen Formen der Meditation oder des Gebets, keine vorgeschriebenen Anrufungen oder Rituale und keine esoterischen Disziplinen. Demgegenüber wird der ganz normale Alltag als der kompetenteste Schulungsweg für das Individuum dargestellt. In den Aufgaben, die das mehrdimensionale Leben an jeden einzelnen Menschen heranträgt, ist die Chance zu seiner geistig-seelischen Vervollkommnung enthalten. Es geht nur darum, ob wir das göttliche Schicksalsmuster in unserem Lebensweg erkennen und uns darauf einlassen ober ob wir es weiterhin ignorieren.

Um einen kleinen Einblick in diese Gedankenwelt zu geben, möchte ich eine der früheren Botschaften zitieren, die Ana von Michael am 28. 9. 1996 in Ljubljana empfangen hat:

»Ihr seid auf verschiedenen Stufen der Entwicklung, und das ist die Ursache, warum ihr untereinander ergänzend wirkt. Keiner ist nützlicher oder wichtiger für die Entwicklung als die anderen, obwohl einer auf einer höheren Entwicklungsstufe stehen mag. Ihr alle seid unerläßlich und einander ergänzend für die gemeinsame Entwicklung und dadurch für den Kosmos als Ganzes. Jeder von euch Menschen trägt in sich einen Teil des Gesamtmusters und eine Botschaft, die für den weiteren Weg aller Menschen von Bedeutung ist. Wenn ihr fähig werdet, alle diese persönlichen Anteile und alle eure Botschaften in einer Ganzheit zusammenzuschließen, dann erst werdet ihr eine wahre Gemeinschaft werden, um auf eurem Weg voller Freude voranschreiten zu können. Keiner wird aus dieser Einheit ausgeschlossen, und kein einziger ist in der Gesamtheit unwichtig.

Euer Alter hat dabei gar nichts zu sagen und auch nicht euer Beruf. Das einzig Wichtige ist, wie ihr lernt, die individuelle Botschaft, die ihr in euch tragt, zu entfalten und in eurem Leben anzuwenden. Das bedeutet, mit dem persönlichen Leben im Rahmen der Gesamtentwicklung so umzugehen, daß es zur göttlichen Einheit des Alls führt.«

Es mag nicht schwerfallen, den Inhalt der Botschaft zu akzeptieren, wohl aber, mit dem Zweifel über ihren Ursprung umzugehen. Wo wäre die Welt der Engel anzusiedeln? Meiner Einsicht nach pulsiert zwischen der göttlichen Dimension und der Ebene des manifestierten Lebens ein reich gegliedertes Bewußtsein, das das Innerste des Kosmos mit dem Äußersten verbindet. Dies ist das Reich der Engel. Der Name kommt vom griechischen Wort *ange-los*, das »Bote« heißt. Die Engel wurden als Boten wahrge-nommen, die zwischen der göttlichen Sphäre und der Welt der Menschen verkehren. Sie sind eine Personifizierung des kosmischen Bewußtseins. Um sie in ihrem Wesen bes-ser zu verstehen, sollte man sich von der Vorstellung ihrer vermenschlichten Gestalt lösen und sie eher im Sinne eines reinen Bewußtseins sehen. Ihr »Körper« ist eine Schwin-gungsstruktur, die als Träger dieses Bewußtseins dient.

Für einen Menschen im Zeitalter der Informatik dürfte ei-ne solche Vorstellung von der Engelwelt leicht nachvoll-ziehbar sein. Schwieriger ist die Frage nach den verschie-denen Hierarchien der Engel, die traditionell aufgestellt werden. Mein Vorschlag geht dahin, einzelne Hierarchien als verschiedene Ausdehnungsebenen des universellen Bewußtseins – sprich: der Engelwelt – zu betrachten. Dazu muß man verstehen, daß es in der Ewigkeit keinen Unter-schied gibt zwischen Bewußtsein und Wesenheiten, die dieses Bewußtsein »verkörpern«. Die Wesenheiten, die als Seraphim oder Cherubim bezeichnet werden, kann man als Verkörperungen gewisser Qualitäten verstehen, die das ganze Universum und jedes seiner Teilchen durchdringen, z. B. Qualitäten wie Liebe, Mitgefühl oder Weisheit. Die Funktion der Engel, die als Erzengel eingestuft werden, besteht darin, göttliche Qualitäten in bestimmte Weltent-wicklungen oder Kulturevolutionen umzusetzen. Sie wur-den in der erstzitierten Botschaft als Engel erwähnt, die inspirierend und führend die Evolution des Menschen un-terstützen. Dazu gehört auch der Engel mit dem Namen

Michael. Ich will ihn nicht »Erzengel« nennen, weil damit ein überholtes hierarchisches Muster aktiviert würde, das in der heutigen Zeit als eine unerwünschte Trennung zwischen den zwei komplementären Welten, der Welt des Menschen und dem Reich des Engelbewußtseins, wirken würde.

Reichlich unterstützt durch die Botschaften aus der Engelwelt, habe ich mich erneut an das Studium der vier Evangelientexte begeben. Dabei möchte ich vorausschikken, daß die Hilfe aus der geistigen Welt grundsätzlich die Selbständigkeit der menschlichen Evolution respektiert. Es wird nie versucht, durch Botschaften – wenn sie echt sind – auf persönliche Entscheidungen Einfluß zu nehmen. So ist es auch mir bei der Suche nach dem fünften Evangelium ergangen. Ich wurde zwar in meiner Absicht bestärkt, und auch eine Einsicht in das Wesen des Gegenstands meiner Suche wurde mir gewährt, aber kein unmittelbarer Hinweis gegeben, wie ich mein Ziel erreichen könne.

Wieder begann ich, Evangelientexte sorgfältig zu lesen und dabei auf mögliche »Eingänge« zu achten, die mich in die Tiefenschichten der Texte führen würden. Beim Lesen wurden in mir viele Ideen und Assoziationen wach, ich könnte aber nicht sagen, daß ich einen echten Zugang zum verborgenen Textmuster in den Evangelien gefunden hätte. Alle meine Versuche wurden von der perfekt zusammengesetzten äußeren Schicht der Texte zurückgewiesen. Nach eineinhalb Monaten stand ich wieder am Rand der Verzweiflung.

Am 1. 11. 1996 kam mir eine Traumbotschaft zu Hilfe. Der Traum begann mit einer Frühstücksszene: Mit einer kleinen Gruppe von Mitarbeitern war ich bei einer Landschaftsuntersuchung tätig, die zwei Tage dauerte. Der erste Arbeitstag war schon vorbei, und wir befanden uns gerade beim Frühstück am Morgen des zweiten Tages. Wir waren schon im Begriff, vom Tisch aufzustehen, und ich ermutigte meine Mitarbeiter, sofort ans Werk zu gehen. Ich selbst wollte mich um die Rechnung für das gemeinsame Frühstück kümmern. Ich glaubte, es könne nicht mehr als 200 bis 300 Mark kosten. Soviel hätte ich bei mir gehabt. Die Rechnung, die man mir überreichte, betrug jedoch 5000 Mark! Ich dachte, ich sei verrückt. So etwas konnte es doch gar nicht geben!

Im zweiten Teil des Traumes zog unsere Untersuchungsgruppe einen ganzen Tag lang durch die Landschaft, um alle darin befindlichen Steinsetzungen aus der neolithischen Zeit aufzulisten und zu kartieren. Was wir an dem Tag gefunden hatten, waren einfache stehende Steine, es gab keinen aufregenden Fund. Abends, als wir müde und erschöpft am Rand unseres Untersuchungsgebietes angelangt waren, bemerkte ich, daß ich meine Jacke am Ausgangspunkt unseres Weges vergessen hatte. Ich war verzweifelt: Nun mußte ich allein den ganzen Weg zurückgehen, um an die Jacke zu kommen.

Als ich mich so unglücklich, wie ich war, zurückschleppte, stieß ich plötzlich auf ein gewaltiges megalithisches Monument, das wir bei unserer Untersuchung übersehen hatten. Ich konnte nicht verstehen, wie das bei den riesigen Ausmaßen des Kunstwerkes geschehen konnte. Ich erinnere mich genau, daß es aus vier dicht beieinander stehenden Säulen komponiert war. Interessanterweise waren die Kapitelle der Säulen in einer Art gestaltet, die für den slowenischen Architekten Josef Plečnik charakteristisch ist. Es stimmt zwar, daß ich sein Werk besonders schätze, aber wie kommt es dazu, dachte ich im Traum, daß seine Kreativität im Neolithikum Spuren hinterlassen hatte? Etwas Unvorstellbares war wahr geworden. Ich konnte nur staunen, und in dieser Begeisterung wurde ich wach.

Der letzte Teil des Traumes wurde von mir sofort verstanden. Seine Botschaft hieß, daß es in den vier Evangelientexten sehr wohl verborgene »Schätze« gibt, nur war ich nicht fähig, sie wahrzunehmen. Der erste Traumabschnitt wollte mir also eine Antwort darauf andeuten, warum ich dazu nicht fähig war. Seine Entzifferung sollte mir erst gelingen, nachdem ich einer Assoziation nachgegangen bin, die sich auf das 6. Kapitel des Markusevangeliums bezog. Es wird da über das erste von zwei Brotvermehrungswundern Jesu berichtet:

Einmal, als Jesus an einem einsam gelegenen Ort lehrte, waren 5000 Menschen um ihn versammelt. Da es schon spät geworden war, äußerten die Jünger Jesus gegenüber ihre Sorge, sie hätten nicht genügend Nahrung, um eine solche Menge zu speisen. Da ließ Jesus sie ihren Vorrat zählen, wobei sich herausstellte, daß sie nur zwei Fische und fünf Brote hatten. Jesus ließ diesen spärlichen Vorrat an die 5000 Menschen verteilen, und erstaunlicherweise wurden alle davon satt. Man konnte nach dem Essen sogar noch einige Körbe voll einsammeln von dem, was übriggeblieben war.

Das numerische Muster des ersten Teils meines Traumes ist dem Zahlenmuster der Brotvermehrung auffallend ähnlich. In meinem Traum waren es 200 bis 300 Mark, die ich zur Verfügung hatte, ich sollte damit aber eine Rechnung von 5000 Mark bezahlen. Bei dem Ereignis der Brotvermehrung gab es zwei und fünf Stücke Nahrung, die 5000 Menschen satt machen sollten. In beiden Fällen geht es nicht um eine lineare Beziehung zwischen dem, was vorhanden ist, und dem, was von einem erwartet wird, sondern es wird ein Quantensprung angedeutet, eine logisch nicht denkbare Übersetzung auf eine Ebene höherer Potenz.

Im Klartext gesprochen hieß das für mich, daß ich zur Zeit auf einer Bewußtseinsebene verweilte, von der ich keine aufschlußreichen Einblicke in die Geheimnisse des fünften Evangeliums zu erwarten hätte. Um solche Einblicke erlangen zu können, müßte ich durch einen Prozeß der inneren Wandlung gehen, um eine höhere, durch die Zahl 5000 bezeichnete Bewußtseinsebene zu erlangen. Erst wenn ich durch die Arbeit an meiner persönlichen Entwicklung diese Ebene erreicht hätte, würden die Botschaften des fünften Evangeliums für mich zugänglich werden.

Das Paradox liegt darin, daß mir gleichzeitig durch den Traum ein erster Einblick dieser Art schon gewährt worden war. Ich begriff, daß gewisse Ereignisse, die das Lehren Jesu in Palästina begleiteten, keine konkreten Ereignisse waren, sondern eine veranschaulichende Bildersprache, durch die dem Volk Botschaften nahegebracht wurden, die, wären sie auf direkte Weise ausgesprochen worden, in ihrer Mehrdimensionalität von den Menschen nicht verstanden worden wären. Das Ereignis von der Brotvermehrung könnte man, meiner Erfahrung nach, als eine solche in die Bildersprache übersetzte Botschaft sehen. Sie besagt, daß es bei der Lehre Jesu nicht um eine lineare Fortsetzung der alten religiösen Lehren ging, seine Funktion lag vielmehr darin, der Menschheit den Zugang zu einer höheren Bewußtseinsebene zu eröffnen, die ihr zuvor nicht zugänglich war.

Das heißt aber wiederum nicht, daß man alle in den Evangelien enthaltenen Ereignisse aus den drei Jahren des öffentlichen Wirkens Jesu lediglich als Metaphern verstehen sollte. Es gibt darunter zweifellos handfeste Taten Jesu, die man als solche gut nachvollziehen kann. Ein Beispiel dafür ist die Heilung eines Blinden in Betsaida, über die Markus im 8. Kapitel seines Evangeliums schreibt:

»Er nahm den Blinden bei der Hand, führte ihn vor das Dorf hinaus, bestrich seine Augen mit Speichel, legte ihm die Hände auf und fragte ihn: Siehst du etwas? Der Mann begann zu sehen und sagte: Ich sehe Menschen; denn ich sehe etwas, das wie Bäume aussieht und umhergeht. Da legte er ihm nochmals die Hände auf die Augen. Nun sah der Mann deutlich. Er war geheilt und konnte alles ganz genau sehen.«

Hier geht es um die getreue Darstellung eines zweiphasigen Heilungsvorganges. In der ersten Phase wird dem Blinden die Fähigkeit des inneren Schauens bzw. des »Sehens« auf der ätherischen Ebene wiedergegeben. Er sieht Menschen als umherwandelnde Bäume, weil ein Mensch auf der Kraftebene einem Baum ähnlich sieht. Seine Aura gleicht der Baumkrone, und das ätherische Wurzelsystem des Menschen ähnelt den Wurzeln eines Baumes. Erst in der zweiten Phase des Gesundungsprozesses erreicht die Fähigkeit des Sehens die materielle Ebene.

2. Kapitel

Die Ätherschichten der Evangelien- texte auf die Probe gestellt

Äther kann man als Baustoff der vitalenergetischen Ebe- ne der Wirklichkeit verstehen. So wie die Materie den Baustoff der feststofflichen, manifestierten Ebene unserer Welt darstellt, so stellt der Äther den Baustoff der fein- stofflichen Kraftebene dar. Dem abendländischen Begriff des Äthers entspricht das Ch'i bei den Chinesen und das Prāna bei den Indern. Hinter dieser knappen Definition verbirgt sich eine ganze Palette verschiedener Ätherphä- nomene. Einige von ihnen beziehen sich auf die feinstoff- lichen Ebenen der Landschaft, andere auf den feinstoffli- chen Körper von Lebewesen, wieder andere auf die Kraft- felder, die Gegenstände umgeben und durchdringen. Da wir uns hier für die Ätherschichten der Evangelientexte interessieren, sollten wir die letztgenannte Gruppe näher betrachten.

Meiner Erfahrung nach zeigt jeder Gegenstand neben der physischen auch eine ätherische Form. Sie stehen aller- dings nicht nebeneinander, sondern durchdringen sich wechselseitig. Oft ist die Ätherform breiter als ihr physi- sches Komplement, in anderen Fällen ist sie dünner. Im ersten Fall wird sie als Aura wahrgenommen, die das ent- sprechende Phänomen umgibt, im zweiten erscheint sie wie eine feine Gestalt, die im Inneren des Untersuchungsgegenstandes schwebt. Geradeso wie man die physische Form eines Objekts mit den leiblichen Augen sehen kann, ist es auf einer feineren Ebene der Wahrnehmung möglich, die entsprechende Ätherform zu erspüren und mit dem Gefühl abzutasten.

Das Überraschende daran ist, daß durch die Ätherformen manches zum Ausdruck kommt, was der physischen Form des betreffenden Gegenstands nicht anzusehen ist. Für gewöhnlich handelt es sich dabei um Spuren von Bewegungen oder um Gefühls- bzw. Gedankenqualitäten. Wenn z. B. ein Gefäß längere Zeit dazu benutzt wurde, um etwas darin zu rühren, wird diese Bewegung in der Ätherform zu »sehen« sein, auch wenn das Gefäß seit langem nicht mehr benutzt wurde. Wenn das Gefäß – um bei demselben Beispiel zu bleiben – dabei einer rituellen Funktion diente, wird seine Äthergestalt durch eine bestimmte Qualität bereichert.

Auch ein Text ist eine Art Gegenstand. Die Buchstaben stellen seine physische Form dar; sie werden ergänzt durch eine Art »stehende Welle« des Ätherstroms, der den Text begleitet. Das heißt, daß die Linie, auf der die Buchstaben aneinandergereiht stehen, von einer Ätherschicht umwoben ist. Sie gleicht einem regelmäßig gewobenen Muster. An der Art, wie dieses Muster ausgestaltet ist, kann man zum Beispiel die Beweggründe ablesen, die den Verfasser des betreffenden Textes dazu veranlaßt haben, ihn zu schreiben. Zweitens ist es möglich, aufgrund der Stärke des Ätherstromes auf die Kraft der Inspiration zu schließen, die als Quelle hinter dem geschriebenen Text steht. Bei einem Zeitungsartikel ist der begleitende Ätherstrom dünn und spärlich wie ein Faden, bei einem durch eine göttliche Kraft inspirierten Text jedoch stark ausgeprägt, und er steht hoch über den physischen Textzeilen.

Dabei muß ich betonen, daß beide Ebenen eines Textes, die ätherische und die physische, voneinander relativ unabhängig sind. Die Ätherform wird durch die Art, wie und wie oft ein Text vervielfältigt wurde, nicht beeinflußt. Auch eine mehrfache Übersetzung aus einer Sprache in eine andere ändert fast nichts. Sogar die Qualität der Übersetzung kann am Ätherkörper eines Textes nicht viel verändern.

Was hingegen eine klare Spur im Ätherkörper eines Textes hinterlassen würde, ist eine inhaltliche Veränderung des Textes, durch die eine dem ursprünglichen Text fremde Kraft in seinen Organismus eingeflossen ist. An der Stelle eines solchen Einbruchs schlägt die Qualität des Ätherkörpers um und wird anders zu spüren sein. Einige Beispiele dafür habe ich schon vor einigen Jahren im Johannesevangelium gefunden, als ich einen Vortrag über die Passion nach Johannes vorbereitete.

Das Johannesevangelium ist zweifellos ein hochinspirierter Text. Sein Ätherkörper ist außerordentlich stabil und stark. Die Ätherstruktur umgibt jede Zeile wie eine mehrere Zentimeter dicke Wolkenschicht. Deswegen sind die Fremdteile im Text, die äußerlich fast nicht bemerkbar sind, um so unangenehmer zu spüren. Hier ein Beispiel:

Am Anfang des 13. Kapitels werden die Vorbereitungen für das letzte Abendmahl Jesu mit seinen Jüngern beschrieben. Irgendwann erhob sich Jesus von dem Mahl, goß Wasser in eine Schüssel und begann, seinen Jüngern die Füße zu waschen. Schließlich sagte er zu ihnen: »Wenn nun ich, der Herr und Meister, euch die Füße gewaschen habe, dann müßt auch ihr einander die Füße waschen. Ich habe euch ein Beispiel gegeben, damit auch ihr so handelt, wie ich an euch gehandelt habe.« Bis zu dem Punkt, an dem diese Worte ausgeklungen sind, ist der Ätherkörper des Textes hoch und stark. Danach kommt es zu einem fürchterlichen Einbruch bis zur Ebene Null. Der Ätherkörper sieht nun völlig abgemagert aus, sowohl was seine Quantität als auch seine Qualität angeht. Was steht da im Text geschrieben? Jesus soll im Anschluß an die oben zitierten Worte gesagt haben: »Amen, Amen, ich sage euch: Der Sklave ist nicht größer als sein Herr, und der Abgesandte ist nicht größer als der, der ihn gesandt hat. Selig seid ihr, wenn ihr das wißt und danach handelt.« Das sind die Worte, die einen fremden Ätherkörper tragen. Danach baut sich die Ätherschicht im weiteren Verlauf des Textes wieder auf. Wie kommt es zu diesem Absturz?

Im erstzitierten Teil der Evangelienbotschaft hat Jesus durch seine Handlung und die anschließenden Worte eine nichthierarchische Ordnung unter den Aposteln eingeführt, wobei die Apostel als stellvertretend für die Menschheit zu verstehen sind. Wenn ein Meister, d. h. eine auf der höchsten Stufe der Hierarchie stehende Person, seinem Schüler die Füße, d. h. den untersten Teil seines Körpers wäscht, wird die hierarchische Ordnung in einen Kreis umgewandelt. An die Stelle einer statischen Machtpyramide tritt eine zyklische Ordnung, bei der das Oberste mit dem Untersten kreisförmig verbunden ist. Oder, wie es Jesus an anderer Stelle ausgedrückt hat: »Wer bei euch groß sein will, der soll euer Diener sein …« (Mt. 20/26)

Im zweiten Textteil wird demgegenüber das alte hierarchische Muster wieder in Kraft gesetzt. Es handelt sich um eine Umpolung, die durch den im letzten Satz formulierten moralischen Imperativ noch verstärkt wird. Dabei geht es um eine Aussage, auf der machtgierige Despoten seit jeher bestanden haben: Der Herr ist an der Spitze der Gesellschaft, und alle anderen haben ihm zu gehorchen.

Ist Jesus gekommen, um die alte Ordnung, unter der seine Mitmenschen litten, zu stärken? Den Evangelientexten zufolge hat er sich davon ausdrücklich distanziert. Es ist denkbar, daß dieser Textteil in der Zeit der Konsolidierung der Evangelientexte auf Verlangen einer bestimmten Machtelite eingefügt wurde, die die Grundlage für ihr Weiterbestehen durch Worte aus dem Mund Jesu gesichert haben wollte. Aber was gehen uns heute die Machtkämpfe an, die sich in den ersten Jahrhunderten unserer Zeitrechnung abgespielt haben?

Während der letzten zwei Jahre war es mir möglich, meine Fähigkeit, die Ätherphänomene wahrzunehmen, noch zu verfeinern. Die Entwicklung lief dahin, daß ich nun die verschiedenen Arten von Äther unterscheiden kann. Der Äther ist nach traditioneller Auffassung entsprechend dem Urmuster der vier Elemente – Erde, Wasser, Luft und Feuer – gegliedert.

Am dichtesten an einer physischen Form liegt die Schicht

des irdischen Äthers an. Seine Funktion kann man im allgemeinen so verstehen, daß durch seine Anwesenheit der physischen Gestalt des betreffenden Phänomens die Grundstruktur verliehen wird. Der wäßrige Äther wird bezeichnenderweise auch als Lebensäther bezeichnet, da er den Lebenshauch darstellt, der die Formen belebt. In anderen Fällen kann der wäßrige Äther auch als Speicher der Gefühlsqualitäten dienen.

Der luftige Äther ist der Träger der Bewußtseinsfunktionen im Raum; er dient zur Speicherung der Erinnerungen und ermöglicht Kommunikationswege. Dazu kommt noch der feurige Äther, den man als einen Vermittler der geistigen Impulse und Einflüsse auf der Kraftebene verstehen kann. Durch die Entdeckung, daß es am menschlichen Körper Resonanzpunkte gibt, die der Qualität der vier Elemente entsprechen, ist es mir gelungen, eine Wahrnehmungsmethode auszuarbeiten, durch die ich die vier Formen von Äther unterscheiden kann. Indem ich mit der rechten Hand den entsprechenden Punkt am eigenen Körper aktiviere, ist es mir möglich, mit der linken die entsprechende Ätherschicht abzutasten.

Wenn ich das Äthergewebe der Evangelientexte auf diese Weise, differenziert nach den vier Ätherschichten, abtaste, zeigt sich ein mehr oder weniger einheitliches Muster. Das gilt jedoch nur für solche Aussagen, die man unter Ausschluß jeden Zweifels zur wahrheitsgetreuen Überlieferung der Aussagen Jesu zählen kann.

Der irdische Äther verläuft dicht angelehnt an die Textzeilen. Es fühlt sich so an, als ob er in die Buchstabenreihen

*Ein dem Wort Jesu getreues Textbruchstück der Evangelien,
in das die Schicht des irdischen Äthers eingewoben ist.*

eingewoben wäre. Darüber fließt eine Schicht des wäßrigen Äthers. Der feurige Äther ist besonders markant, da es sich um Texte handelt, die aus einer hohen göttlichen Inspiration entstanden sind. Es sieht für die innere Schau so aus, als ob senkrecht über jedem Buchstaben ein »Stäbchen« aus reinem Gold aufgestellt wäre, wobei die Höhe der Stäbchen zwischen drei und fünf Zentimeter variiert. Mit den Fingern kann man diesen feurigen Rücken, der hoch über die Textzeile ragt, gut abtasten. Der luftige Äther liegt, einer Wolkenschicht ähnlich, noch etwas höher darüber.

Ausgerüstet mit meinen neuen Erkenntnissen konnte ich nun genauer betrachten, was geschieht, wenn ich beim Lesen eines Evangelientextes auf Fremdteile stoße. Was ich vorher als Absturz der Ätherqualität beschrieben habe, bezieht sich auf die Schicht des feurigen Äthers, die im Nu verschwindet, wenn die hohe Inspiration, die das Wirken und Lehren Jesu begleitete, abwesend ist. Es fühlt sich an, als ob der feurige Äther in der Materie des Buches zerfließen würde.

Der irdische Äther zeigt in einem solchen Fall eine entgegengesetzte Tendenz. Er hat sich von der Buchstabenreihe gelöst und beginnt, über dem Text zu »schwimmen«. Man könnte dies so deuten, daß die Aussage ihre Erdung verloren hat und, anstatt lebensbezogen zu sein, mit kopflastigen Ideen befrachtet ist. Die Veränderung ist bei den beiden anderen Ätherschichten – der wäßrigen und der luftigen – nicht so auffällig. Den Grund dafür sehe ich darin, daß die fremden Textteile auf der Ebene einer übergeord-

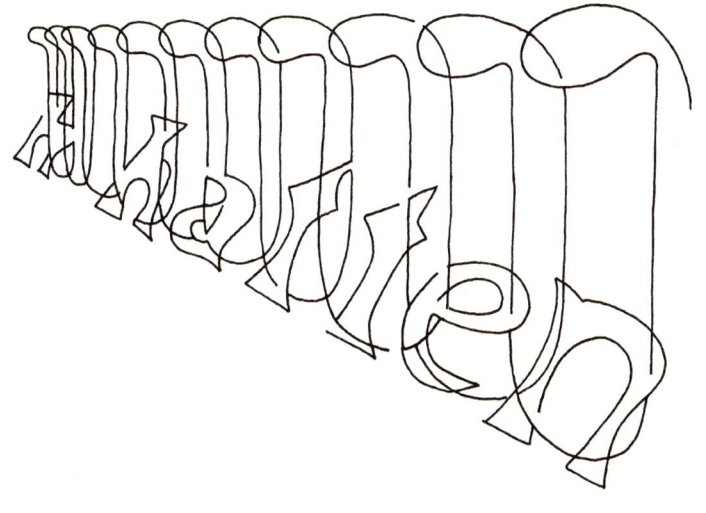

Dasselbe Textbruchstück aus den Evangelien
mit den »Stäbchen« des feurigen Äthers.

neten Logik doch zum Gesamtkörper der vier Evangelien gehören. Am Ende des Kapitels werde ich diesen Punkt noch ergänzen.

Als erstes Beispiel für meine Untersuchungen habe ich ein bekanntes Gleichnis ausgewählt, das sich sowohl bei Lukas wie auch bei Matthäus findet. Es handelt sich um einen Mann, der ein großes Festmahl veranstaltete und viele Gäste dazu einlud. »Als das Fest beginnen sollte, schickte er seinen Diener und ließ den Gästen, die er eingeladen hatte, sagen: Kommt, es steht alles bereit. Aber einer nach dem anderen ließ sich entschuldigen.« Der eine mußte den Akker besichtigen, den er gerade gekauft hatte. Der andere hatte fünf Ochsengespanne gekauft und war auf dem Weg, sie sich genauer anzusehen, usw.

»Da wurde der Herr zornig und sagte zu seinem Diener: Geh schnell auf die Straßen und Gassen der Stadt und hol die Armen und die Krüppel, die Blinden und die Lahmen herbei ... damit mein Haus voll wird.« (Lk 14/15)

Das Gleichnis ist durch die vier genannten Ätherschichten vollständig untermauert. Die Stärke des feurigen Äthers steht hoch über den Textzeilen, und die Spur des Erdäthers ist dicht darin eingewoben. Beide zeugen davon, daß es sich um eine wortgetreue Botschaft Christi handelt. Übersetzt aus der Bildersprache würde sie, meiner Einsicht nach, lauten:

Das Erste gehört auf den ersten Platz. Wenn jemand von der tiefsten Quelle, die in ihm sprudelt, eingeladen wird, sich ihr zuzuwenden, dann soll er alles loslassen, was ihn daran hindern kann, und sich ihr voll widmen. Anders aus-

Dasselbe Textbruchstück aus den Evangelien
mit der Schicht des luftigen Äthers.

gedrückt, man sollte alle noch so scheinbar hochwichtigen Beschäftigungen beiseite lassen, wenn die Zeit herangereift ist, sich mit dem göttlichen Urgrund des Seins wiederzuverbinden. Je mehr ein Mensch durch seine gesellschaftliche Stellung die Bodenhaftung verloren hat und in seinen Gedanken zerstreut ist, desto schwerer wird es ihm fallen, sich dem Wesentlichen zu widmen.

Das ist der Grund, warum Jesus sagt, daß diejenigen, die nicht durch Bindungen gesellschaftlicher Art belastet sind, einen Vorrang haben auf dem Weg zur Selbsterkenntnis. Sie werden symbolisch als die Armen, Verkrüppelten, Blinden und Lahmen bezeichnet. Parallelen dazu finden sich in seinen anderen Aussagen, wie zum Beispiel: »Ich preise dich, Vater … weil du all das den Weisen und Klugen verborgen, den Unmündigen aber offenbart hast.« (Mt 11/25)

In Übereinstimmung mit der zitierten Botschaft endet das »Gleichnis vom Festmahl« im Lukasevangelium mit dem einfachen Satz: »Keiner von denen, die eingeladen waren, wird an meinem Mahl teilnehmen.« In dieser Form wurde das Gleichnis auch durch den erwähnten Fund von Nag Hammadi bestätigt. Bei Matthäus hingegen wird der Text modifiziert. Nun handelt es sich um ein königliches Hochzeitsmahl, das der König zu Ehren seines Sohnes ausrichten läßt. Statt von den »Armen, Krüppeln, Blinden und Lahmen« zu sprechen, werden nun die von der Straße Geholten als »die Guten und die Bösen« bezeichnet. Am Schluß wurde dem Gleichnis bei Matthäus noch ein ganzer Abschnitt hinzugefügt. Es wird darin erzählt, daß der König, nachdem er sich die von der Straße geholten Gäste anschaute, einen Mann ohne Hochzeitsgewand bemerkte. Als dieser ihm auf die Frage, wie er ohne Festgewand erscheinen könne, keine Antwort geben konnte, »befahl der König seinen Dienern: Bindet ihm Hände und Füße, und werft ihn hinaus in die äußerste Finsternis! Dort wird er heulen und mit den Zähnen knirschen.« (Mt 22/11)

Der Abschnitt weist einen völlig fremden Ätherkörper auf. Der feurige Äther als der Träger der göttlichen Inspiration ist verschwunden. Der irdische Äther schwebt in der Luft, losgelöst von den Textzeilen. Die die Lebensimpulse tragende Schicht des wäßrigen Äthers wird ganz schwach und »schmutzig«. Wenn ich mich in diese als Schmutz bezeichnete Information vertiefe, kann ich darin eine Gefühlsqualität von Furcht, verwoben mit einem starken Anteil an Schuldgefühl, entdecken. Das sind sicherlich nicht die Schwingungsqualitäten, deren die Menschen beim Lesen einer Botschaft Christi teilhaftig werden sollten!

Ich führe diese negativen Qualitäten auf die grundlegende Verunsicherung zurück, die der Zusatz zu dem Gleichnis beim Leser auslöst. Es wird darin eine Macht dargestellt, die den Menschen zu ewiger Verdammnis verurteilen kann, obwohl alle Gründe des gesunden Menschenverstandes dagegen sprechen. Damit meine ich den Umstand, daß jemand, der unerwartet von der Straße zu einem königlichen Mahl geladen wird, nicht gerade ein Festgewand tragen wird. Trotz seiner erwiesenen Unschuld kann er, glaubt man dem hinzugefügten Textabschnitt, erbarmungslos verurteilt werden. Auf diese Weise entsteht eine

totale Verunsicherung, die jedem Menschen Furcht einflö-
ßen muß.

Man fragt sich, woher solche Fremdkörper in die Evangelientexte gelangt sind. Auf diese Frage gibt es eine formale
und eine inhaltliche Antwort. Um den formalen Aspekt
kurz anzusprechen, sollte man sich vergegenwärtigen, daß
die Worte Christi, so, wie wir sie heute kennen, gar nicht
zu Jesu Lebzeiten aufgeschrieben wurden. Bis die ersten
Evangelien verfaßt wurden, waren einige Jahrzehnte vergangen, während denen die Überlieferung von Mund zu
Mund weitergetragen worden war. Man kann ferner ver-
muten, daß die ersten Evangelienschriften nicht in der Absicht niedergelegt wurden, die Ereignisse wahrheitsgetreu
festzuhalten, sondern eher mit der Zielsetzung, Menschen
für den christlichen Glauben zu gewinnen oder einer bestimmten Richtung innerhalb der reich gegliederten christlichen Bewegung Glaubwürdigkeit zu verschaffen. Ab-
schließend wurde über die endgültige Fassung der vier
Evangelien auf den Kirchenkonzilen entschieden. Man
kann sich vorstellen, welch tiefgreifende Wandlungen die
Botschaft Christi erfahren haben muß, bis sie alle diese
Phasen durchlaufen hatte. Dabei wurde das Problem der
Übersetzungstreue noch gar nicht angesprochen.

Die inhaltliche Antwort auf unsere Frage gibt Jesus selbst
durch das »Gleichnis vom Unkraut«. Es handelt »von einem Mann, der guten Samen auf seinen Acker säte. Während nun die Leute schliefen, kam sein Feind, säte Unkraut
unter den Weizen und ging wieder weg. Als die Saat aufging und sich die Ähren bildeten, kam auch das Unkraut

zum Vorschein. Da gingen die Knechte zum Gutsherrn, um ihn zu fragen: Sollen wir gehen und es ausreißen? Er entgegnete: Nein, sonst reißt ihr zusammen mit dem Unkraut auch den Weizen aus. Laßt beides wachsen bis zur Ernte.« (Mt 13/24)

Durch das Gleichnis bestätigt Jesus, daß sowohl die erfreulichen wie die schwierigen Erfahrungen zum Grundmuster unseres Lebensweges gehören. Man kann nicht sagen, daß die einen gut sind und die anderen schlecht, da wir zum inneren Wachstum beide Aspekte erfahren müssen. Nur wenn einer die Schattenseiten kennt, kann er bewußt das Lichtvolle schätzen. Deswegen wird das Gleichnis mit den Worten abgeschlossen: »Wenn dann die Zeit der Ernte da ist, werde ich den Arbeitern sagen: Sammelt zuerst das Unkraut und bindet es in Bündel, um es zu verbrennen; den Weizen aber bringt in meine Scheune.« (Mt 13/30)

Das hieße in die lineare Sprache übersetzt, daß der Mensch im Verlauf seines Weges früher oder später so weit gereift ist, daß er fähig wird, das Aufbauende vom Zerstörenden zu unterscheiden. Dann kann er die aufbauenden Erfahrungen zur Grundlage seiner künftigen Entwicklung machen und aus den Erfahrungen, die ihm Schmerz zugefügt haben, das herausholen, was er daraus gelernt hat. Dann werden sie im Akt des Vergebens aufgelöst, sprich verbrannt.

Dazu muß man wissen, daß im Originaltext das Unkraut nicht als »Unkraut«, sondern als »Lolch« bezeichnet wird, was auch durch den Fund von Nag Hammadi bestätigt wird (Log. 57). Der Lolch ist eine Pflanze, die so dicke Stämme entwickelt, daß sie in Palästina getrocknet als Brennholz verwendet wurde. Damit wird nochmals betont, daß mit dem Verbrennen von Unkraut nicht ein Akt der Verdammnis gemeint ist. Genau umgekehrt, es wird die Nützlichkeit des scheinbar Bösartigen hervorgehoben.

Etwas völlig anderes besagt die Deutung des »Gleichnisses vom Unkraut«, die der Verfasser des nach dem Apostel Matthäus benannten Evangeliums einige Verse weiter hinzugefügt hat. Diese angeblich von Jesus stammende Deutung weist hinsichtlich ihrer Ätherschichten keinen Wahrheitscharakter auf. Sie ist ein Fremdkörper in der Evangelienbotschaft und trägt keine göttliche Inspiration in sich. Darin wird das Verbrennen des Lolches, das seiner traditionellen Nutzung als Brennstoff entsprach, die Jesus als ein Mann aus dem Volk gekannt haben dürfte, in einen Akt der Verdammnis verkehrt:

»Der Menschensohn wird seine Engel aussenden, und sie werden aus seinem Reich alle zusammenholen, die andere verführt und Gottes Gesetz übertreten haben, und werden sie in den Ofen werfen, in dem das Feuer brennt. Dort werden sie heulen und mit den Zähnen knirschen.« (Mt 13/41)

Leider sind wir Menschen des Abendlandes in den letzten zwei Jahrtausenden zu oft der falschen Deutung des »Gleichnisses vom Unkraut« gefolgt. Zu oft haben wir aufgerüstet und Armeen ausgeschickt, die erbarmungslos über ihre Mitmenschen hergefallen sind, weil sie vermeintlich »falsch« waren, falsche Götter anbeteten oder die Überlieferung der Botschaften Christi anders gedeutet haben. Mit Feuer und Schwert haben wir versucht, sie als

»Unkraut« auszurotten. Und geschieht nicht heute noch dasselbe in meiner Nachbarschaft unter dem Vorwand der »ethnischen Säuberung«?

Angesichts dieses immer noch praktizierten Mißverständnisses stellt sich die Frage, wie wir mit der Erkenntnis umgehen sollen, daß die matthäische Deutung des Gleichnisses die Menschen auf tragische Weise in die Irre geführt hat. Sollen wir jetzt demselben Muster folgen und die Kirchenväter anklagen und schmähen, weil sie nicht achtsam und hellhörig genug waren, als sie solche Fremdkörper innerhalb der Evangelien als Wort Gottes verkündeten und von den Gläubigen verlangten, ihnen bedingungslos zu folgen? Nein, es wäre nicht nur sinnlos, sondern auch ethisch unhaltbar, einem Muster zu folgen, das man gerade als überholt erkannt hat.

Laßt uns statt dessen die ursprüngliche Lehre Jesu beherzigen, wie sie im Gleichnis vom Lolch dargestellt wurde. Der Augenblick der Besinnung ist eine einmalige Chance, sich für einen völlig neuen Weg zu entscheiden. Laßt uns aus den gemeinsamen Fehlern der Vergangenheit für die Zukunft lernen. Ich sage bewußt »gemeinsame Fehler«, denn sie wurden nicht nur von denen begangen, die solche Fremdkörper heimlich in die Evangelientexte hineingeschmuggelt haben, sondern auch von denen, die in ihrer übertriebenen Hingabe an das Wort Jesu nicht selbständig gedacht und entschieden haben. Auch letztere haben gefehlt, weil sie den feinen Unterschied übersehen haben zwischen dem, was wahr ist, und dem, was der Wahrheit nicht entspricht. Wir alle können heute innerlich wachsen, indem wir aus den wechselseitig begangenen Fehlern der Vergangenheit lernen. Wenn sich darüber hinaus auch noch die Kirche und die Gesellschaft als Ganze dazu entschließen könnten, sich zu ihren Fehlern zu bekennen, dann würden die getrübten Weltverhältnisse im großen bereinigt und geklärt werden.

3. Kapitel

Die unsichtbaren Urmuster der Evangelien

Die Untersuchung der ätherischen Schichten der Evangelientexte hatte sich vielversprechend angelassen, ihre Ergebnisse förderten jedoch keinen unmittelbaren Einblick in das gesuchte »fünfte Evangelium« zutage. Eher habe ich daraus erfahren können, wo das Gesuchte *nicht* zu sehen sei. Die Methode ist hervorragend dazu geeignet, klar die Unterschiede zwischen der ursprünglichen Botschaft Christi und den Zusätzen, die einem fremden Gedankengut entstammen, zu definieren. Wenn es aber um die Entschlüsselung der verschiedenen Dimensionen der Botschaft selbst geht, ist sie zu grob. Anders gesagt, die Methode kann zwar bestätigen, daß die gesuchte Botschaft innerhalb eines bestimmten Textabschnittes vorhanden ist; um sie aber ans Licht zu holen, bedürfte es noch eines anderen Werkzeugs.

Man könnte zum Beispiel die den Ätherphänomenen übergeordnete Ebene untersuchen, die ich als die »urbildliche Ebene« bezeichne. Ich kenne sie aus meiner Arbeit an der Entschlüsselung von Orten und Landschaften. Es handelt sich dabei um das Phänomen der Urmuster, die die Lebenskräfte auf der Erdoberfläche lenken. Aufgrund der Verschiedenheit der Urmuster werden die Ätherkräfte nicht nur gesteuert, sondern auch in ihrer jeweiligen Qualität bestimmt. Im Klartext: Was wir als den einzigartigen Charakter eines Ortes wahrnehmen, wird durch das dahinter pulsierende Urmuster festgelegt und aufrechterhalten. Umgekehrt kann man sagen, daß sich dem Menschen durch das Erkennen des Urmusters eines Ortes dessen innerstes Wesen offenbart.

Gleichzeitig stellen die Urmuster eine universelle Sprache dar, durch die alle Welten, Ebenen und Wesenheiten, die in die Lebensprozesse unseres Kosmos eingewoben sind, miteinander kommunizieren können. Diese Sprache, die einen bildhaften Charakter hat, besteht aus einzelnen, auf Urmustern basierenden Zeichen, die ich »Kosmogramme« nenne. Man könnte sagen, Kosmogramme sind in Formen übersetzte Urmuster. Es ist nebensächlich, ob es sich dabei um geometrische, symbolische, anthropomorphe oder andersgeartete Formen handelt. Damit sie als Kosmogramme wirken können, müssen sie in einer eindeutigen Beziehung zum entsprechenden Urbild stehen. Ebenso wichtig ist es, daß sie unter dem Druck einer so hohen Inspiration entstanden sind, daß sie einen genügend weiten Kommunikationskanal darstellen, der auch von Wesenheiten aus den nichtmaterialisierten Dimensionen des Seins benutzt werden kann, um sich mit allen anderen an dem Prozeß beteiligten Partnern zu verständigen.

Der irdische Kosmos verwendet die Sprache der Kosmogramme, um die unzähligen Lebensvorgänge auf der Erde zu ordnen und zu leiten. Die Kosmogramme ermöglichen es den Elementarwesen, ihre Aufgaben der Fürsorge für die Erhaltung des planetaren Lebens zu »verstehen« und, eingestimmt auf die Erdganzheit, in ihre Tätigkeit umzusetzen. Die »Kornkreise«, die weltweit in den letzten Jahrzehnten aufgetaucht sind, sind Beispiele für eine solche Kosmogrammschrift. Sie weisen einen erstaunlich hohen Grad an geometrischer Präzision auf. Die Kornkreise kommen dadurch zustande, daß die Getreidehalme in einem blitzschnell verlaufenden Vorgang von innen – durch einen biologischen Prozeß – so tief gekrümmt werden, daß sie regelmäßig nebeneinander auf die Erdoberfläche gelegt werden. Dadurch entsteht ein Zeichen, dessen Formen man gut an den stehengebliebenen Halmen ablesen kann.

Wenn man die universelle Sprache der Urmuster in der Landschaft nicht kennt, neigt man leicht dazu, die Kornkreise als eine Fälschung von menschlicher Hand zu betrachten, oder man schreibt ihr Entstehen gewissen rätselhaften Intelligenzen aus Raumschiffen zu.[1] Ich selbst habe einige Kornkreise in England besucht und auf ihre Echtheit geprüft. Ich meine, daß sie aus dem Erdinnern heraus entstanden sind, damit die Menschen endlich begreifen, daß wir es bei der Erde mit einem hochintelligenten Organismus zu tun haben, mit dem wir relativ problemlos kommunizieren könnten.

Man kann sich vorstellen, daß die Menschen der alten Kulturen, die für die feinstofflichen Dimensionen der Erde noch sensibler waren, die unsichtbare Kosmogrammsprache der Länder und Landschaften, in denen sie wohnten,

---

1 Allerdings haben, nachdem die ersten Kornkreise aufgetaucht sind, auch Menschen sich dazu aufgerufen gefühlt, ähnliche Zeichen im Korn zu erschaffen.

wahrnehmen konnten. So haben sie aus dem Abbild der kosmischen Bildersprache der Erde ihre Schriftzeichen entwickelt. Auf diese Weise sind die Urschriften der Menschheit entstanden, die oft dieselben Symbole zeigen, wie wir sie aus den Luftaufnahmen der Kornkreise kennen. Auch die aramäische Sprache, die Jesus sprach, gehörte zu jenen ursprünglichen, auf Urmustern beruhenden Sprachen. Eine Sprache dieser Art ist mehrschichtig. Das Gesprochene wird im unsichtbaren Bereich durch Kosmogramme begleitet, die denjenigen Aspekt der Botschaft vermitteln, der durch die lineare Sprachschicht nicht vermittelbar wäre. Aus diesem Grund habe ich vermutet, daß man in den Evangelienschriften – insofern sie ein wahrheitsgetreues Abbild der Worte Jesu sind – die zugrundeliegenden Urmuster bzw. Kosmogramme finden kann. Es ist sogar ein Ausspruch Jesu überliefert, in dem er selbst seinen Jüngern das Geheimnis der unsichtbaren Urmuster andeutet:

»Jesus sagte: Wenn ihr Euresgleichen seht, freut ihr euch. Wenn ihr aber eure Bilder seht, die vor euch entstanden sind, die weder sterben noch in Erscheinung treten, wieviel werdet ihr ertragen?« (Tm, Log. 84)

Mit dem Begriff »Euresgleichen« ist diejenige Dimension der Wirklichkeit gemeint, die man mit den äußeren Augen sehen kann. Dem werden die Urbilder gegenübergestellt, die jenseits der linearen Zeit liegen: Sie sind vor uns entstanden, sie vergehen nicht und gehören zu der unsichtbaren Dimension der Wirklichkeit. Mit seiner Frage am Schluß verweist Jesus auf die geistig-seelische Kraft, die diesen Urbildern innewohnt.

Kornkreis vom 20. 4. 1997 in Barbury, Wiltshire, England

Meine ersten Bemühungen, die Urmuster in den vier Evangelientexten zu finden, waren katastrophal. Ich sah überall nur graue Nebelschleier, die für mich vollkommen undurchsichtig blieben. Dann bekam ich Hilfe durch einen Traum, den ich am 14. November 1996 empfing:

Ich war mit einem Freund bergauf unterwegs. Wir eilten, um einen Bus zu erreichen. Oben angekommen, sah ich dort eine Weinpresse stehen. In der Mitte des Preßmechanismus waren zwei runde, fein geschliffene Steine plaziert. Auf den ersten Blick schienen ihre Formen perfekt aufeinanderzupassen. Als ich um die Presse herumging, bemerkte ich aber doch eine Stelle, wo sie auseinanderklafften, so daß eine Spalte entstand.

Ich machte mich winzig und schlüpfte durch diese Spalte hindurch. So gelangte ich in einen Innenraum, der einem Museum glich. Darin waren die schönsten Kunstwerke aus den verschiedensten Epochen der Menschheitsgeschichte aufbewahrt. Es fiel mir auf, daß es lauter Kunstwerke mit religiösen Inhalten waren. Ich kann mich besonders gut an eine Gruppe schöner Buddha-Statuen aus weißem Porzellan erinnern.

Als ich später noch einmal kam, um die Kunstwerke zu bewundern, war das Museum völlig leer. Ich erfuhr, daß inzwischen Räuber eingebrochen waren und alles weggetragen hatten. Das machte mich tieftraurig. Da nahm ich eine Stimme wahr, die mir den Rat gab, die verschwundenen Kunstwerke im Spiegel meiner Erinnerungen zu schauen. Der Traum endete damit, daß ich erneut durch die leeren Museumsräume ging und jedes abwesende Kunstwerk in

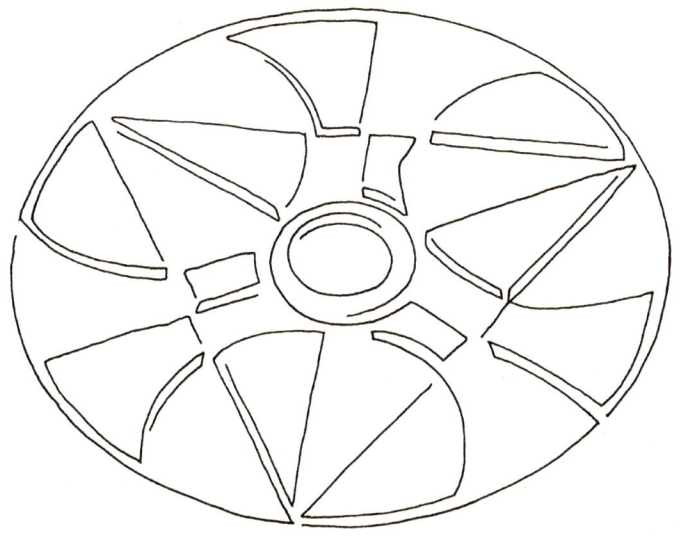

Kornkreis vom 1. 6. 1997 in Winterbourne, Wiltshire, England

meine Erinnerung holte. In dem Moment, da seine Formen in mir auftauchten, war es auch äußerlich wieder an seinem ursprünglichen Platz anwesend. Ich freute mich unendlich über die sich wieder füllenden Museumsräume.

Als ich erwachte, wurde mir sofort klar, daß es in dem Traum um meine Schwierigkeiten beim Lesen der Urmuster in den vier Evangelientexten ging. Der erste Teil des Traumes enthielt eine Anweisung, wie ich im Text die Stellen finden könnte, die einen Zugang zu seiner urbildlichen Ebene ermöglichen. Ich sollte auf kaum bemerkbare, unlogische Zusammenhänge in den Texten achten. Dort gibt es eine Art Tor zu den verborgenen Urmustern.

Die Funktion des zweiten Traumteiles, der von den Kunstschätzen handelte, lag darin, mir das Vorhandensein der Kosmogrammuster innerhalb der Evangelientexte zu bestätigen. Der dritte Traumteil zeigte die Ursachen auf, warum die gesuchten Urmuster heutzutage nicht wahrnehmbar sind. Wo ich sie erwarten würde, konnte ich, wie schon erwähnt, mit dem inneren Blick nichts als grauen Nebel sehen.

Im Bild der Räuber, die eingebrochen sind und die Kunstschätze weggeschleppt haben, wurde auf den bekannten Umstand hingewiesen, daß die vier Evangelien in den letzten zwei Jahrtausenden oft genug als Vorwand benutzt wurden, um andersgläubige Kulturen anzugreifen und die Völker ins Leiden zu stoßen. Indem die Texte zum Aufbau einer kirchlichen und weltlichen Macht benutzt worden sind, wurde ihre innere Kraft ausgelaugt, und ihre Urmuster sind weitgehend verwirrt worden.

Kornkreis vom 11. 7. 1997 in Alton Priors, Wiltshire, England

In seinem letzten Teil zeigte mir der Traum eine Möglichkeit auf, wie die verlorengegangenen Urbilder rekonstruiert werden können. Ich sollte sie im Spiegel der Erinnerung an ihren ursprünglichen Zustand betrachten. Gemeint war wohl der Zustand der Evangelientexte auf ihrer urbildlichen Ebene, bevor sie dem Mißbrauch zum Opfer fielen.

Durch meditative Vertiefung in das Wesen des Traumes konnte ich seine Botschaft soweit klären. Wie allerdings die vorgeschlagene Methode der Untersuchung praktisch auszuführen wäre, davon hatte ich zunächst noch keine Ahnung. Ich versuchte dies und jenes, ohne einen wirklichen Erfolg zu erzielen.

Es war ein Monat vergangen, als ich in einer Kölner Buchhandlung das Buch »Der Jesus-Papyrus« fand[1]. Es handelt von drei kleinen, nur einige Quadratzentimeter großen Papyrusfragmenten, die in der Bibliothek in Oxford aufbewahrt werden. Darauf sind Teile des Evangeliums nach Matthäus in griechischer Sprache zu lesen. Das Spannende daran ist, daß sie, nach Untersuchungen der Autoren, schon in der Zeit von 50 bis 70 n. Chr. geschrieben worden sind, also zu einer Zeit, als noch Augenzeugen der Ereignisse in Palästina lebten. Die drei Fragmente müßten demnach den ursprünglichen Zustand der Evangelienbotschaft vor ihrer Blockierung durch Mißbrauch widerspiegeln.

Glücklicherweise sind die drei Fragmente auf der Umschlaginnenseite des Buches naturgetreu abgebildet. So

1 Carsten Peter Thiede und Matthew D'Ancona: *Der Jesus-Papyrus*, Luchterhand Verlag, München 1996.

konnte ich innerlich in ihre ätherischen Schichten schauen, um mich zu vergewissern, daß sie tatsächlich rein und geordnet sind. Danach begann ich, die fotokopierten Seiten der Evangelientexte, die ich auf ihre Urmuster hin untersuchen wollte, auf die Papyrus-Fragmente zu legen und sie im »Spiegel« der reinen Kraftstruktur der Fragmente zu betrachten. Der Versuch gelang! Der Nebel lichtete sich, und ich konnte die im Traum bestätigten Kosmogramme sehen.

Als erstes Beispiel möchte ich von der Untersuchung eines Kapitels aus dem Markusevangelium erzählen, das äußerlich betrachtet gewisse unlogische, geradezu verwirrende Elemente aufweist. Das Kapitel trägt die Überschrift »Der Sauerteig der Pharisäer und des Herodes« (Mk 8/14). Es wird darin erzählt, daß Jesus mit seinen Jüngern in einem Boot ans andere Ufer eines Sees fuhr. Da bemerkten die Jünger, daß sie vergessen hatten, vor der Abfahrt Brot zu kaufen. Sie waren besorgt. Statt sie zu beruhigen, sprach Jesus zu ihnen in Worten, die scheinbar in keinem Zusammenhang mit dem Gegenstand ihrer Sorge stehen. Jesus sagte: »Gebt acht, hütet euch vor dem Sauerteig der Pharisäer und des Herodes!« Die Jünger machten sich weiter Gedanken über das fehlende Brot. Da wurde der Meister zornig und griff zu einer Aussage, die in ihrer Vehemenz wieder in keinem Verhältnis zu der Sorge der Jünger um das tägliche Brot steht. Er schrie sie an: »Begreift und versteht ihr immer noch nicht? Ist denn euer Herz verstockt?« Der Satz, der von den Sorgen erzählt, die die Jünger sich über den mangelnden Brotvorrat machten, ist mit dem

Bild eines schmutzigen Wasserwirbels unterlegt, der in die Tiefe zieht. Das Bild ist von einem Gefühl der Furcht und Verunsicherung begleitet. Jesus hat mit seiner Warnung vor dem Sauerteig der Pharisäer und des Herodes offensichtlich auf diesen unsichtbaren Wirbel reagiert und nicht auf den äußeren Anlaß der Besorgnis. Seine warnenden Worte sind mit dem Bild eines geschlossenen Bronzeringes unterlegt. Der Ring ist reich verziert und mit einer dichten grünen Patina überzogen.

Dieser Ring, im Zusammenhang mit den Worten Jesu über den Sauerteig der Pharisäer und des Herodes, symbolisiert den Bund, den die Juden in der Zeit der Gründung ihrer Religion mit Gott geschlossen haben. Jesus weist warnend darauf hin, daß dieses Bündnis durch eine religiöse (Pharisäer) und eine weltliche (Herodes) Machtelite verdreht wird. Anstatt mit der göttlichen Kraft verbunden zu werden, werden die Gläubigen in einen magischen Ring gezogen und unterschwellig für die Zwecke der beiden Eliten mißbraucht. Das ist der Grund für die Besorgnis, die Jesus bei den Jüngern gespürt hatte. Sie waren einfache Juden aus dem Volk und sorgten sich unbewußt um das geistige Schicksal ihres Volkes. Ohne es zu wissen, reagierten sie auf die Falle, in die ihre Religion geraten war.

Im Anschluß an die oben zitierten Worte gibt Jesus die Lösung vor, wie die dekadente geistige Lage korrigiert werden könnte: »Habt ihr keine Augen, um zu sehen, und keine Ohren, um zu hören? Erinnert ihr euch nicht: Als ich die fünf Brote für die Fünftausend brach, wie viele Körbe voll Brotstücke habt ihr da aufgesammelt? Sie antworteten ihm: Zwölf. Und als ich sieben Brote für die Viertausend brach, wie viele Körbe habt ihr da aufgesammelt? Sie antworteten: Sieben. Da sagte er zu ihnen: Versteht ihr immer noch nicht?« Die Frage, so scheint es, ist unbeantwortet geblieben.

Wenn ich die urbildliche Ebene dieses Textabschnittes betrachte, bekomme ich das erhabene Gefühl, daß ich vor der Einweihung in ein neues Bündnis zwischen Mensch und Gott stehe. An der Stelle, wo Jesus über die Speisung der Fünftausend spricht, beginnt sich eine linkswendige Spirale zu manifestieren, die von einem Punkt aus in einem breiten Bogen nach oben geführt wird. An der Stelle, wo er die Speisung der Viertausend erwähnt, bildet sich, vom selben Punkt ausgehend, ein zweiter, ebenfalls in einer Spirale auslaufender Bogen, der in die entgegengesetzte Richtung nach unten führt. So entstand vor meinem inneren Auge eine offene Lemniskate, die sich im Rhythmus der Zahlen entfaltete, die Jesus nacheinander erwähnte.

Im dadurch entstandenen Kosmogramm ist der Grund für das Wirken Jesu am Anfang unserer Zeitrechnung enthalten. Jesus hat den Menschen einen Schlüssel angeboten, mit dessen Hilfe sie sich sowohl mit der makrokosmischen Dimension des Göttlichen wie auch mit der mikrokosmischen Dimension der irdischen Welten wiederverbinden könnten. Der Mensch ist der Ausgangspunkt der beiden Lemniskatenbögen, die symmetrisch nach »oben« und nach »unten« verlaufen. Sie stellen den ausgewogenen Charakter des neuen Bündnisses mit der universellen Ganzheit dar, an dem sowohl die irdischen wie auch die geistigen Aspekte des menschlichen Wesens einen gleichwertigen Anteil haben sollten. Besonders bemerkenswert daran ist, daß im Unterschied zu dem geschlossenen Ring des Alten Bundes der Neue Bund in seiner Dynamik offen bleibt. Die zwei Spiralen, die den Lemniskatenfluß unterbrechen, halten den Raum für die freie Entscheidung des Menschen offen. Der Mensch ist ein Wesen des freien Willens und darf dieser göttlichen Gabe nicht beraubt werden.

Betrachten wir noch ein zweites Beispiel, die Geschichte von der »Frage eines reichen Mannes«. Sie ist sowohl bei Lukas (18/18), Markus (10/17) als auch Matthäus (19/16) nachzulesen: Ein Mann fragte Jesus, was er tun müsse, um das ewige Leben zu gewinnen. Der Meister antwortete ihm, er solle die Gebote befolgen wie »Du sollst nicht die Ehe brechen, du sollst nicht töten, du sollst nicht stehlen«, usw. Der Mann erwiderte, er habe all diese Gebote von Jugend an befolgt und wolle wissen, was ihm außerdem noch fehle. Daraufhin gibt Jesus ihm den Rat, alles zu verkaufen, was er besitzt, und das Geld an die Armen zu verteilen.

»Der Mann aber wurde sehr traurig, als er das hörte, denn er war überaus reich. Jesus sah ihn an und sagte: Wie schwer ist es für Menschen, die viel besitzen, in das Reich Gottes zu kommen! Denn eher geht ein Kamel durch ein Nadelöhr, als daß ein Reicher in das Reich Gottes gelangt.«

Die Aussage des letzten Satzes war mir von jeher suspekt. Wie kann Jesus einerseits bestätigen, daß jedermann, auch der Lahme und der Blinde, am Himmelreich teilhaben

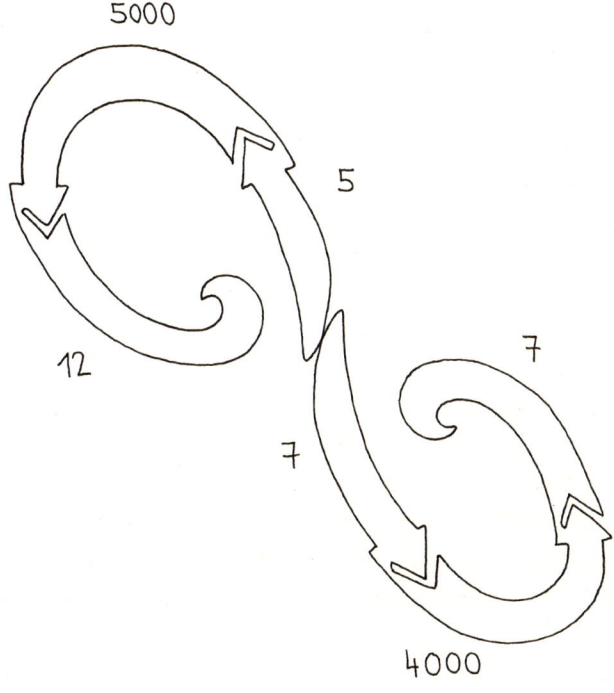

Das Urmuster des Neuen Bundes, das sich hinter den Worten Jesu über die zwei Brotvermehrungswunder verbirgt.

kann, und Menschen, die reich sind, von vornherein davon ausschließen? Handelt es sich nicht um das Erlangen einer geistigen Qualität, die nicht von den materiellen Gegebenheiten abhängig ist? Meine Untersuchung der vier Ätherschichten bestätigte jedoch, daß es sich um eine authentische Aussage Jesu handelt. Dieser Umstand läßt darauf schließen, daß in den Worten eine Botschaft verborgen ist, die von der Logik des äußerlich Gesagten abweicht. Folglich haben wir es hier mit einer der erwähnten »Spalten« zu tun, durch die man in die urbildliche Ebene des Textes »hineinschlüpfen« kann.

Als ich – dem Hinweis aus meinem Traum vom 14. 11. 1996 folgend – hinter dem Satz über das Kamel und das Nadelöhr angelangt war, sah ich eine schmale vertikale Ellipse, die tatsächlich einem Nadelöhr glich. Zunächst wurde ich enttäuscht, denn ich konnte nicht mehr wahrnehmen, als was durch das Wort Jesu schon ausgedrückt wurde. Dann bemerkte ich, daß sich die Ellipse ganz langsam um die eigene Achse drehte. Die Drehung hielt an, als die Ellipse so schmal geworden war, daß sie nur noch eine vertikale Linie darstellte, die sich nach oben wie nach unten ausdehnte.

Die Erzählung von der Frage des reichen Mannes fährt fort: »Die Leute, die das hörten, fragten: Wer kann dann noch gerettet werden? Er erwiderte: Was für Menschen unmöglich ist, ist für Gott möglich.« An dieser Stelle im Text sah ich einen vollkommen abgerundeten Kreis, der sich im Uhrzeigersinn – und nicht um die vertikale Achse – drehte.

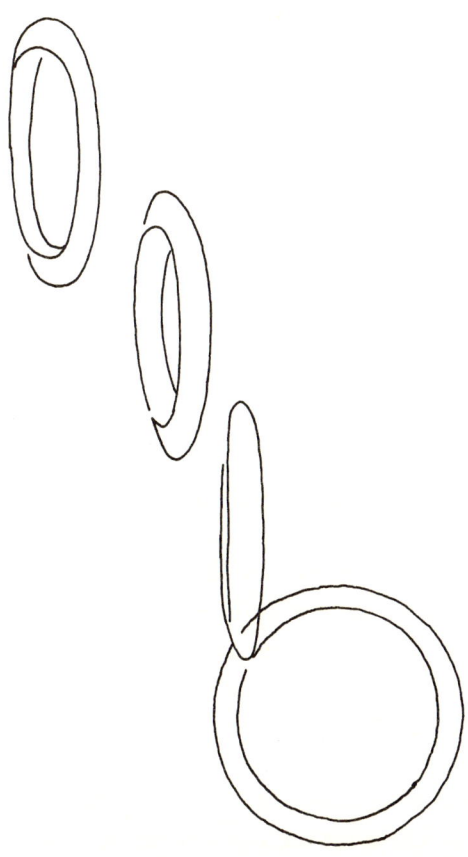

Das Urmuster, das sich hinter der Geschichte
von der »Frage eines reichen Mannes« verbirgt.

Zusammengefaßt würde die Botschaft des aus drei Bildern zusammengesetzten Urmusters heißen, daß eine ausschließlich ichbezogene Entwicklung den Menschen in eine Lage bringen könnte, die wegen ihrer Einseitigkeit äußerst gefährlich wäre. Der Mensch kann durch eine egozentrische Entwicklung zwar eine ungeheure Macht ansammeln und damit die Vorherrschaft über seine Umwelt erlangen. Eine so einseitig aufstrebende Linie der Konzentration kann sich aber sehr schnell in die Gegenrichtung verkehren, denn der Weg nach oben ist derselbe Weg, der auch nach unten führt. Die angehäufte und dadurch in ihrem natürlichen Kreisen blockierte Kraft wirkt sich letztlich zerstörerisch auf den Urheber der Blockierung aus.

Als Alternative zum egozentrischen Weg schlägt Jesus eine Ökonomie der Kräfte vor, die auf dem Prinzip des fließenden Austausches beruht. Wenn der Mensch die aufgestauten Lebenskräfte ins Fließen bringt – dies ist das Bild vom Verteilen des angehäuften Reichtums an die Armen –, reiht er sich dadurch in einen Kreislauf ein, in dem er alles bekommt, was er braucht und seinerseits den anderen zukommen läßt, was diese von ihm brauchen.

Ausgehend von diesem Urmuster meine ich, daß der letzte Satz, den Jesus in diesem Zusammenhang ausgesprochen hat, nicht richtig verstanden und daher fehlerhaft niedergeschrieben wurde. Statt »was für Menschen unmöglich ist, ist für Gott möglich« lautete die Aussage vermutlich ursprünglich: »Was für den Menschen *allein* unmöglich ist, ist *gemeinsam* mit Gott möglich.«

Für unsere Untersuchung ist es interessant, außerdem den Vers 4/14 aus dem Johannesevangelium zu betrachten. Darin wird von einem Gespräch Jesu mit einer Samaritanerin berichtet, das an einem Brunnen stattfand. Der Meister nimmt zuerst Bezug auf das Wasser des Brunnens, indem er sagt: »Wer von diesem Wasser trinkt, wird wieder Durst bekommen.« Dann fügt er hinzu: »Wer aber von dem Wasser trinkt, das ich ihm geben werde, wird niemals mehr Durst haben; vielmehr wird das Wasser, das ich ihm gebe, in ihm zur sprudelnden Quelle werden, deren Wasser ewiges Leben schenkt.«

Das Urmuster, das diesem Textabschnitt unterliegt, ist eigenartig. An der Stelle, wo Jesus die Aufmerksamkeit vom Brunnenwasser zum geistigen Wasser umlenkt, kommt mir vom Text her eine Kraft entgegen, die meine persönliche Aufmerksamkeit umlenkt und sie vom Lesen des Textes weg, nach innen, in die Richtung meiner eigenen Herzmitte führt. Da sehe ich mitten in mir einen Lichtsee, aus dem ein ergreifendes Gefühl der Schönheit und Freude strahlt. Wenn ich von diesem Mittelpunkt aus um mich blicke, sehe ich, daß auch die Welt um mich herum von diesen selben lichtvollen Qualitäten durchtränkt ist. Es ist offensichtlich, daß das Kosmogrammuster und die dazu gehörenden Worte sich in vollkommener Übereinstimmung befinden. Die darunter liegenden Bilder drücken sogar klarer als die Worte das Anliegen Jesu aus, die Aufmerksamkeit des Menschen zu seiner individuellen Quelle zu führen. Die Worte selbst könnten den Leser im Zweifel lassen, ob hier nicht doch eine Aufforderung vorliegt, an Jesus als einmalige Quelle des »lebendigen Wassers« zu glauben. Die Bilder zerstreuen jeden Zweifel darüber. Der Mensch ist vielmehr aufgefordert, an die göttliche Identität des eigenen Wesenskerns zu glauben. Jesus bezeichnet sich dabei als denjenigen, der einen hinführt zu der Quelle, die im Herzen jedes einzelnen Menschen sprudelt.

4. Kapitel

Von der Verwirklichung des Himmelreichs auf Erden

Das Abtasten der Ätherschichten der Evangelientexte und das Schauen der ihnen zugrundeliegenden Kosmogrammuster waren nicht die einzigen Werkzeuge, die ich im Herbst 1996 eingesetzt habe, um nach dem »fünften Evangelium« zu suchen. Ich habe auch die Möglichkeit genutzt, die mir von seiten des Engels namens Michael angeboten wurde. Einzelne Worte Jesu habe ich im Spiegel der Botschaften betrachtet, die Ana Pogačnik zum Thema »fünftes Evangelium« von ihm empfangen hat.

Botschaften dieser Art sind nicht einfach nur Diktate seitens der Engelwelt. Sie bedürfen vielmehr der bewußten Mitwirkung durch den Menschen, der sie entgegennimmt, indem er die Botschaft in eine angemessene logische Form bringt. Besonders bei den Botschaften Michaels, so Ana, sei es nicht einfach, sie zu empfangen. Jede Eingebung, die ihr als Impuls von ihm entgegenströmt, ist mehrdimensional, das heißt in verschiedene Aussageaspekte gegliedert. Bei der Übertragung in die lineare Sprache kann nur ein bestimmter Aspekt dieser Mehrdimensionalität berücksichtigt werden. Die Empfängerin muß bei jedem Impuls entscheiden, welchen der angebotenen Aspekte der Botschaft sie aufgreift, um die passende Aussage herauszuholen und in einen logischen Satz umzuformulieren.

Als ein Beispiel unserer Zusammenarbeit mit der Engelwelt bei der Entschlüsselung des »fünften Evangeliums«
habe ich die Botschaft Michaels vom 29. 9. 1996 ausgewählt. Sie lautete: »Erkenntnisse fließen euch auf verschiedenen Ebenen und in verschiedenen Gestalten zu. Es liegt
bei euch persönlich, welche davon ihr akzeptiert, welchen
ihr folgt und welche ihr abweist, und diese Entscheidungen
stellen die Weichen für euren Entwicklungsweg. Ihr habt
immer mehrere Möglichkeiten, doch könnt ihr nur eine davon wählen, und sie wird euch weiterführen. Unter den
vorhandenen Möglichkeiten gibt es solche, die euch genau
entsprechen. Daher wählt ihr genau diese aus, und das Ergebnis dieser Wahl ist euer Leben und der Gang eurer Entwicklung.

Das Leben ist so geartet, daß es immer wieder verschiedene Möglichkeiten anbietet, von denen jede zum selben Ziel
führt, allerdings jede auf einem anderen Pfad. Die Entscheidung liegt bei euch, auf welchen dieser angebotenen
Pfade ihr wandern wollt.

Alle Wege sind aus ›schweren‹ und ›leichten‹ Anforderungen, Prüfungen, Hemmnissen … zusammengesetzt, die ihr
durchlauft, um zu neuen Erkenntnissen zu gelangen, euch
weiterzuentwickeln und an die Botschaften und Informationen zu kommen, die euch auf eine nächste Stufe bringen.
Das Leben kann mit einer Stufenleiter verglichen werden,
auf der ihr aufsteigt. Einige steigen dabei schneller auf, andere langsamer, aber auch das ist von dem Weg abhängig,
den ihr geht. Es kann sein, daß ihr euch für einen ›schweren‹ Weg entscheidet, weil ihr innerlich wißt, daß ihr durch

eine bestimmte Erfahrung gehen müßt, die euch wiederum den weiteren Weg ebnen wird.

Seid versichert, es gibt keine falschen Wege. Der einzige Unterschied liegt in dem Grad ihrer Anforderungen. Der allein richtige Weg ist der Weg, auf dem ihr euch augenblicklich befindet. Das bedeutet aber nicht, daß ihr ohne Verantwortung für eure eigene Wahl hinsichtlich eurer Entwicklung und letztlich für das eigene Leben wäret. Wenn dem nicht so wäre, wärt ihr Menschen nur ohnmächtige, willenlose Schattenfiguren, Spielbälle eines übermächtigen Schicksals. Das wäre jedoch nicht die Entwicklung, an der ihr selbst mitwirken und für die ihr Entscheidungen treffen könntet. Ihr seid es, die leiten, ihr seid es, die entscheiden und lenken.

Die Vorstellung von einem absolut geltenden Schicksal, das heißt darüber, daß der Mensch auf seinen Lebenslauf keinen Einfluß nehmen könne, ist nur ein Fliehen vor der eigenen Verantwortung und vor der Realität. Ihr ergeht euch in Selbstmitleid und macht euch zu Geschöpfen, die ständig über ihr Leben jammern. Ihr habt nicht nur Mitleid mit euch selbst, sondern erwartet auch noch Mitleid von anderen. Ihr behauptet, vom Leben gestraft zu sein und keine Chancen zu haben, etwas daran zu ändern. Ihr behauptet, das Leben gehe rücksichtslos mit euch um, und macht euer Schicksal dafür verantwortlich. Das Leben ist nicht grausam, ihr seid rücksichtslos euch selbst gegenüber, weil ihr das Leben so anseht, damit ihr euch bemitleiden könnt. Durch eine so feindselige Einstellung folgt man einem Weg, der einem genau diese Art von Erfahrungen zuführen wird.

Demgegenüber steht die Vorstellung, ihr wäret die absoluten Herren eures Schicksals. Das kann ebensowenig wahr sein, da ihr die Zielsetzungen und eure allgemeine Ausrichtung nicht kennt. Es ist eure eigene Seele, durch die ihr gelenkt werdet, weil sie die in der Vergangenheit gesammelten Erfahrungen gespeichert hat und die Zielrichtung kennt, in die ihr fortschreiten sollt.

Es gibt eine mittlere Version, die richtig ist. Ihr begebt euch ins Leben auf einer Bahn, die die allgemeine Ausrichtung darstellt. Ihr kommt mit einer Aufgabe und mit einer Zielsetzung, die ihr verwirklichen wollt. Es gibt aber immer verschiedene Möglichkeiten, wie das zu erreichen ist. Ihr findet euch oft an Scheidewegen, wo ihr aufgefordert seid, euch festzulegen, wohin und wann es weitergeht. Und von dieser Entscheidung hängt die ganze Weiterentwicklung ab.

Es stimmt zwar, daß ein Teil des ›Planes‹ im Augenblick der Geburt schon vorgezeichnet ist, und es gibt keine Möglichkeit, dieses Faktum zu umgehen. Das ist das ›Schicksal‹, ein Muster, dem ihr ein Leben lang nachfolgen müßt, ganz unabhängig davon, ob jemand in der Lage ist, ihm zu folgen und sich weiterzuentwickeln, oder ob sich jemand in einem Teufelskreis dreht, ohne einen Weg zu finden, der ihn weiterführen würde.

Würde es zutreffen, daß das Schicksal über alles entscheidet, so würdet ihr euch heutzutage alle auf derselben Entwicklungsstufe befinden, alle Menschen wären ›gleich‹. Ebensowenig trifft es zu, wenn ihr sagt, daß das Leben dem einen geneigt sei und dem anderen nicht oder daß die höheren Mächte den einen lieben und den anderen nicht. Ihr alle werdet geliebt, ihr alle seid von derselben Kostbarkeit, ihr alle seid gleich wichtig.

Das zeigt, welch wichtige Rolle bei der Entwicklung dem subjektiven Element zukommt. Genau das ist es nämlich, was über den Lebenslauf entscheidet. Es gilt sich zu vergegenwärtigen, daß eure Entscheidungen eine wichtige und verantwortliche Rolle bei eurer Entwicklung spielen. Es mag furchterregend sein, daß es von jedem Menschen selbst abhängt, ob er Informationen, die auf ihn zukommen, zu nutzen versteht und dadurch einen Fortschritt machen kann, oder ob er sich um seine eigene Achse dreht, weil er sich vor Veränderungen in seinem Leben und vor sich selbst fürchtet. Es hängt davon ab, wieviel ihr von einem Leben hinübertragen und wieviel ihr davon für euren weiteren Weg mitnehmen werdet. Ihr selbst könnt die Chance für einen schnellen Fortschritt auf die nächste Stufe vertun.«

Besonders bei den letzten Sätzen der Botschaft ist die Parallele zum »Gleichnis von den Talenten« nicht zu übersehen, über das Matthäus im 25. Kapitel seines Evangeliums schreibt. Es gehört zu einer Gruppe von Gleichnissen, durch die Jesus den Begriff des Himmelsreiches zu illustrieren sucht. Mit dem Reich des Himmels verhalte es sich wie mit einem Mann, der auf Reisen ging und seine Diener zusammenrief, um ihnen seine Güter anzuvertrauen. »Dem einen gab er fünf Talente[1] Silbergeld, einem anderen zwei, wieder einem anderen eines, jedem nach seinen Fähigkeiten.« Dann verließ er das Land.

1 Ein Talent ist ein altes Maß für Edelmetalle wie Gold und Silber.

Der einleitende Teil des Gleichnisses bezieht sich auf die verschiedenen Voraussetzungen, die die einzelnen Menschen bei der Geburt für ihren Lebensweg mitbringen. Es handelt sich um vorgezeichnete Muster, die aufgrund der vorausgegangenen Entwicklung festgelegt sind. Sie werden uns als »Silbergeld« mitgegeben, damit wir uns mit Hilfe dieses Erbes den bevorstehenden Aufgaben widmen können. Dabei ist die Anzahl der Talente, die wir mit auf den Weg bekommen, verschieden, da wir auf unterschiedlichen Stufen der persönlichen Entwicklung stehen. Ein Diener bekommt drei, der andere zwei, ein dritter nur ein Talent Silbergeld mit auf den Weg.

Bezogen auf die zitierte Botschaft Michaels ist hier die Rede von jenem Aspekt des menschlichen Lebensweges, der mit einem vorgezeichneten Generalplan verglichen werden kann. Er repräsentiert das sogenannte Schicksal, ein Muster, dem der Mensch von Tag zu Tag unbewußt folgt. Um an den entsprechenden Teil der Botschaft zu erinnern, handelt es sich um »ein Muster, dem ihr ein Leben lang nachfolgen müßt, ganz unabhängig davon, ob jemand in der Lage ist, ihm zu folgen und sich weiterzuentwickeln, oder ob sich jemand in einem Teufelskreis dreht, ohne einen Weg zu finden, der ihn weiterführen würde«.

Im Einklang mit dieser Aussage fährt das »Gleichnis von den Talenten« fort zu berichten, was die einzelnen Diener mit den ihnen anvertrauten Talenten veranstaltet haben. Derjenige, der fünf Talente erhalten hat, fing sogleich an, damit zu wirtschaften, und gewann weitere fünf hinzu. Auch gewann derjenige, der zwei erhalten hatte, noch zwei dazu. »Der aber, der das eine Talent erhalten hatte, ging und grub ein Loch in die Erde und versteckte das Geld seines Herrn.« Als der Herr nach vielen Jahren zurückkam, soll er die zwei tüchtigen Diener gelobt und reich beschenkt, den dritten jedoch getadelt haben. Sogar das eine Talent Silbergeld, das dieser unangetastet aufbewahrt hatte, hieß er ihm wegnehmen und demjenigen geben, den er sowieso schon reich beschenkt hatte.

Der getadelte Diener selbst gibt uns einen Hinweis, wie die Haltung des Herrn ihm gegenüber zu verstehen sei, indem er sagt: »Herr ... du erntest, wo du nicht gesät hast, und sammelst, wo du nicht ausgestreut hast.« Die Aussage ist so zu verstehen, daß das, was geerntet wird, ohne daß man es ausgesät hätte, bzw. eingesammelt wird, ohne daß man es ausgestreut hat, dem subjektiven Beitrag des Menschen entspricht. Durch die schöpferische Nutzung der Möglichkeiten, die uns unser Schicksalsmuster anbietet, erzeugen wir einen Mehrwert, der durch das Urmuster unseres Lebens noch nicht definiert war. Erstaunlicherweise wird an einer Stelle geerntet, wo ursprünglich nicht gesät wurde. Wir sind frei, mit den Angelegenheiten unseres Lebens so kreativ umzugehen, daß eine Neuschöpfung entsteht, die unseren individuellen Beitrag zu den Reichtümern des Universums darstellt.

Mit den Worten Michaels heißt dies, daß unsere »Entscheidungen ein sehr wichtiges und verantwortungsvolles Element der Entwicklung darstellen. Es mag furchterregend klingen, ist aber nicht so gemeint; es hängt von jedem Menschen ab, ob er die Erfahrungen, Informationen usw., die ihm angeboten werden, zu nutzen versteht und dadurch einen weiteren Schritt in seiner Entwicklung machen kann, oder ob er sich auf ein und demselben Punkt drehen wird, weil er sich vor Veränderungen, vor dem eigenen Leben und vor sich selbst fürchtet«.

Leider wurde das Gleichnis von den Talenten vom Schreiber des Matthäusevangeliums genau in dem Sinn verstanden, vor dem die Michaelsbotschaft warnt, nämlich um den Menschen Furcht einzuflößen. Das Gleichnis endet mit dem schon öfter erwähnten Wiederholungsmuster, das sich seinen Ätherschichten nach nicht auf Worte Jesu stützen kann: »Werft den nichtsnutzigen Diener hinaus in die äußerste Finsternis! Dort wird er heulen und mit den Zähnen knirschen.« Der Text endet mit einer Verfluchung derjenigen Menschen, die nicht fähig sind, die Chancen wahrzunehmen, die ihnen ihr Leben anbietet.

Anstatt dem Menschen die Freiheit zuzugestehen, sich für oder gegen ein Angebot des Lebens zu entscheiden und dabei auch Fehler machen zu dürfen, wird er hier als unmündiges Kind behandelt, das sich eine schwere Schuld auflädt, wenn es nicht den Nutzen seines Herrn mehrt.

Der wirkliche Abschluß des Gleichnisses findet einen Vers zuvor statt, wo die Bedeutung des kreativen Umgangs mit den Talenten hervorgehoben wird: »Denn wer hat, dem wird gegeben, und er wird im Überfluß haben; wer aber nicht hat, dem wird auch noch weggenommen, was er hat.« Das Thema des schöpferischen Umganges mit dem, was einem das Leben bietet, wird durch die drei Gleichnisse über das Himmelreich weitergeführt, die – hintereinander gereiht – alle drei eine fast identische Struktur aufweisen. (Mt 13/44–50)

Erstens sei es mit dem Himmelreich wie mit einem Schatz, der im Acker vergraben ist. »Ein Mann entdeckte ihn, grub ihn aber wieder ein. Und in seiner Freude verkaufte er alles, was er besaß, und kaufte den Acker.« Zweitens sei es mit dem Himmelreich »wie mit einem Kaufmann, der schöne Perlen suchte. Als er eine besonders wertvolle Perle fand, verkaufte er alles, was er besaß, und kaufte sie.« Drittens sei es mit dem Himmelreich »wie mit einem Netz, das man ins Meer warf, um Fische aller Art zu fangen. Als es voll war, zogen es die Fischer ans Ufer.« Sie fanden darin viele kleine Fische, unter ihnen einen großen guten Fisch. Alle kleinen Fische wurden zurück ins Meer geworfen. Ohne Bedenken wählte man den großen Fisch.

Eine entsprechende Botschaft Michaels, die Ana am 6. 10. 1996 erhalten hat, besagt in ihrem ersten Teil folgendes: »Der Sinn eures Lebens ist mehr, als nur eure leiblichen, seelischen und geistigen Bedürfnisse zu befriedigen. Das Leben ist eine Schulung und gleichzeitig der beste Lehrmeister, der euch unterschiedlichen Situationen und Prüfungen zuführt, damit ihr Informationen und Erfahrungen sammeln könnt, die ihr für euer persönliches Wachstum braucht. Der Sinn des Lebens besteht folglich in einem ständigen Lernen und Aufnehmen von Informationen, wodurch ihr wachsen und euch entfalten könnt. Das Leben ist als ein Geschenk zu betrachten, das euch gegeben wurde, damit ihr auf dem Erdenweg etwas lernen könnt, und nicht als ein Leidensweg, der durchlitten werden muß. Eure Einstellung zum Leben ist äußerst wichtig, weil ihr gerade dadurch zum Wachstum herausgefordert oder im Wachstum gebremst werdet. Wie schon gesagt, ist der Weg, den euer Leben annimmt, von euren Entschlüssen und eurer Wahl abhängig, und gerade dabei ist es entscheidend, was für eine Beziehung ihr zum Leben habt und wie das Leben angesehen wird.

Jedes Leben, durch das ihr geht, hinterläßt eine Generalbotschaft, auf die ihr das ganze Leben lang hingewirkt habt. Genaugenommen seid ihr das ganze Leben hindurch damit beschäftigt, anhand unterschiedlicher Erfahrungen und Erkenntnisse … diese Botschaft zu formen. Ein ganzes Leben lang saugt ihr die Informationen ein, die euch bei eurer Entwicklung behilflich sind, sowohl im persönlichen wie im überpersönlichen Bereich der Menschheitsbzw. Zivilisationsentwicklung. Jedes Leben ist so kostbar und unschätzbar, weil euch dadurch die Möglichkeit zu lernen und zu wachsen geboten wird.

Lernt das Leben mehrschichtig und als eine Ganzheit zu betrachten. Das hilft euch, den roten Faden darin zu erkennen. Der rote Faden hilft euch wiederum dabei, eine bessere Übersicht über die Ereignisse, die zustande kommen, zu gewinnen. Vor allem wird euch dadurch geholfen, euch nicht in Kleinigkeiten zu verwickeln. Zu oft kommt es vor, daß ihr euch in Ereignisse verwickelt oder auf sie konzentriert, die aus der Perspektive der Ganzheit eine Randbedeutung haben. Auf diese Weise geht eure Kraft unnötig verloren, zu oft auch euer Lebensmut. Es stimmt zwar, daß jedes Ereignis, in das ihr verwickelt werdet, wichtig ist und eine Information in sich birgt, ihr solltet jedoch lernen, das Leben als eine Ganzheit zu betrachten und stets seinem roten Faden zu folgen. Sonst seid ihr nur verlorene Wesen, die kopflos auf dem Schachbrett der Erde hin und her irren.«

Der Schatz, vergraben im Acker des täglichen Lebens, steht für Erkenntnisse und Informationen, die in unserem Lebensgewebe verborgen sind. Man sollte ununterbrochen aufmerksam sein, in welchem Bereich der uns zuströmenden Lebenssituationen sich »die besonders wertvolle Perle« zeigt. Man handelt sinnvoll, wenn man alle anderen Möglichkeiten, die einem angeboten werden, beiseite läßt und sich entscheidet, nur der zu folgen, die den roten Faden des eigenen Lebens weiterführt. Auf diese Weise gleicht man dem weisen Fischer, der die kleinen Fische ins Wasser zurückwarf und ohne Bedenken den großen Fisch wählte. Er wußte nämlich, daß man seine Aufgabe erfüllt, indem man sich stets für jenen Schritt entscheidet, der einen ohne Umweg weiterbringt, anstatt sich in unzähligen Möglichkeiten, die einem das Leben anbietet, zu verlieren.

Leider hat der Schreiber des Matthäusevangeliums das dritte Gleichnis vom Himmelreich wieder mit einem Verdammnisurteil abgeschlossen. Die Fische, die gefangen wurden, hat er zunächst einmal in gute und schlechte geteilt. Dann kommt die Aussage, die uns bei unseren Betrachtungen schon öfter aufgefallen ist und die ihren Ätherschichten nach einen Fremdkörper im Organismus des Evangeliums darstellt: »So wird es auch am Ende der Welt sein: Die Engel werden kommen und die Bösen von den Gerechten trennen und in den Ofen werfen, in dem das Feuer brennt. Dort werden die Bösen heulen und mit den Zähnen knirschen.«

Glücklicherweise hat sich in dem erwähnten Manuskript des Evangeliums nach Thomas, das in der Wüste von Nag Hammadi gefunden wurde, die ursprüngliche Fassung des Gleichnisses vom weisen Fischer erhalten. Sie lautet: »Der Mensch gleicht einem weisen Fischer, der sein Netz ins Meer warf und es voll kleiner Fische aus dem Meere zog. Unter ihnen fand er einen großen, bunten Fisch, der weise Fischer. Er warf alle kleinen Fische weg hinunter ins Meer. Er wählte den großen Fisch ohne Bedenken. Wer Ohren hat zu hören, möge hören.« (Tm, Log. 8)[1]

Die Tatsache, daß die Reihe der Gleichnisse vom Himmelreich, die ich oben aus dem Evangelium nach Matthäus zitiert habe, in einen Dualismus von Gut und Böse mündet, wirkt irreführend. Es wird der Eindruck erweckt, als sei die Teilnahme am Himmelreich davon abhängig, wie gehorsam jemand die Regeln befolgt, die Jesus durch seine Lehren aufgestellt haben soll. Man bekommt den Eindruck, das Himmelreich sei ein jenseitiges Reich, das den »Guten« vorbehalten und den »Bösen« verschlossen ist. Das Himmelreich – an manchen Stellen auch als »Reich Gottes« übersetzt – wird dadurch weit von der Erde und vom täglichen Leben abgehoben.

Dem widerspricht die Botschaft Michaels, die sich bezeichnenderweise genau auf das Gewebe des täglichen Lebens konzentriert. Von Botschaft zu Botschaft, die Ana von ihm

---

1 Das Evangelium nach Thomas ist nicht in Verse gegliedert wie die vier kanonischen Evangelien, sondern in einzelne Aussagen Jesu, die als »Logion« bezeichnet werden. Ich zitiere sie hier mit der Abkürzung »Tm (Thomas) Log …«

empfangen hat, weist er darauf hin, daß das Leben des auf der Erde verkörperten Menschen, wenn richtig verstanden und in all seinen Ausdehnungen wahrgenommen, die Qualität des Himmelsreiches enthält. Diese Stellung gegenüber dem Erdenleben wird auch durch diejenigen Aussagen Jesu zum Reich Gottes bestätigt, die nicht in die Form eines Gleichnisses gehüllt sind.

Zwei davon sind von besonderem Interesse. Ins 17. Kapitel des Lukasevangeliums wurde eine Aussage aufgenommen, die auch durch den Fund von Nag Hammadi bestätigt wurde. (Log 113) Sie lautet: »Das Reich Gottes kommt nicht so, daß man es an äußeren Zeichen erkennen könnte. Man kann auch nicht sagen: Seht, hier ist es! Oder: Dort ist es! Denn: Das Reich Gottes ist (schon) mitten unter euch.« (Lk 17/20)

Noch genauer in seiner Botschaft ist das Wort Jesu, das als Logion 3 durch das Thomasevangelium überliefert wird: »Jesus sagte: Wenn die, die euch verführen, zu euch sagen: Siehe, das Reich ist im Himmel, so werden euch die Vögel des Himmels zuvorkommen. Wenn sie zu euch sagen: Es ist im Meere, so werden die Fische euch zuvorkommen. Aber das Reich ist in euch und es ist außer euch ...«

Im ersten Teil des Logions wird das bereits zitierte Wort aus dem Lukasevangelium aufgegriffen und genauer definiert. Das »Reich Gottes« ist weder im Himmel zu suchen, noch ist es durch die Bindung an das Irdische zu finden. Der Mensch ist aufgefordert, es in seinem Sein und Tun, im Hier und Jetzt zu finden. Es stellt offensichtlich eine Dimension der alltäglichen Realität dar, die vom Menschen gewöhnlich übersehen wird. Um genauer zu definieren, wovon die An- bzw. Abwesenheit der als »Himmelreich« bezeichneten Qualität des täglichen Lebens abhängt, heißt es in der Aussage weiter: »... Wenn ihr euch erkennt, dann werdet ihr erkannt werden und ihr werdet erkennen, daß ihr die Söhne des lebendigen Vaters seid. Wenn ihr euch aber nicht erkennt, so seid ihr in Armut und ihr seid die Armut.«

Daß wir das Leben in uns und um uns herum als etwas Banales, Oberflächliches und Eindimensionales wahrnehmen, hängt demnach von unserer persönlichen Einstimmung ab. Wenn wir uns nicht um einen Austausch mit dem göttlichen Kern unseres Wesens bemühen, wenn wir uns nicht auf die Suche nach dem tieferen Sinn unseres Lebens begeben, wenn wir nicht bereit sind, die Sensitivität zu entwickeln, die den fein gegliederten Ausdehnungen des Lebensgewebes entspricht, dann ist die Qualität unseres täglichen Lebens arm, und wir wähnen uns mitten in einer armen – sprich: entfremdeten – Welt. Und umgekehrt: Das tägliche Leben kann zum Einweihungsweg in die Geheimnisse des Seins werden, wenn wir bewußt auf die Zeichen in allen Lebensvorgängen achten und schöpferisch mit ihnen umgehen.

Dabei geht es nicht nur um eine tiefgreifende Bereicherung oder Verarmung des persönlichen Lebens. Da wir Menschen Teil des Gesamtorganismus Menschheit sind, drücken sich die Folgen unserer individuellen Einstellungen dem Leben gegenüber in dem Zustand aus, in dem sich die Menschheit hinsichtlich ihrer allgemeinen Lebensqualität befindet. Sie ist heutzutage offensichtlich durch Ar-

mut und Verschwendung, Kriegsführung und Umweltver-
schmutzung charakterisiert. Und umgekehrt: Je mehr
Menschen sich dem Weg der persönlichen Wandlung zu-
wenden, ihre Sensibilisierung für die Erde üben und ihre
neuerworbenen Fähigkeiten und Erkenntnisse im täglichen Leben zu verwirklichen suchen, desto mehr wird die
Erde zum Himmelreich. Konkret hieße das, daß wir in einer Welt leben würden, die eine allseitige Entfaltung und
Vervollkommnung aller Teile ermöglichen würde, aus denen ihre Ganzheit besteht, ohne daß einzelne Menschen
oder Wesenheiten, Bereiche des Seins und Dimensionen
des Raumes in ihrer Entwicklung gehemmt, blockiert oder
gar ausgeschlossen werden.

Die erste Durchsage, die Ana am 15. 9. 1996 von Michael
erhielt, gibt einen genaueren Einblick in die Verflochten-
heit des Individuellen mit dem Gemeinschaftlichen wieder. Auch die Schlüsselrolle der von Jesus im Logion 3 her-
vorgehobenen Selbsterkenntnis wird darin anschaulich
dargestellt:

»Das Leben jedes Menschen gleicht einem Teilchen im
Mosaik der gesamten Entwicklung, der gesamten Menschheit, aber nicht nur der Menschheit, sondern auch der
Schöpfung. Jeder einzelne ist aus diesem Grund wichtig,
jeder persönliche Weg und die Entwicklung jedes einzelnen Menschen, da von jedermann die gesamte Entwicklung (der Menschheit und des Universums) abhängt. Jeder
Mensch stellt einen Teil der Gesamtentwicklung dar –
nicht nur einen passiven, sondern einen aktiven Teil. Jeder
einzelne trägt durch sein Leben, seine Taten, seine Schrit-

te, seine Entwicklung ... einen Teil zur Gesamtentwicklung bei. Das ist eine Botschaft von großer Bedeutung, oder anders gesagt, es wäre wichtig, daß ihr alle sie euch bewußt macht, damit ihr verantwortlicher auf euer Leben und auf die persönliche Entfaltung achtet. Es geht nämlich dabei um eine Mehrschichtigkeit, wobei diejenigen, die sich selbst an der Entwicklung hindern und sich die Erlaubnis zu wachsen verwehren, dadurch nicht nur sich selbst behindern, sondern auch den allgemeinen Fortschritt bremsen.

Es geht nicht um Drohungen. Das ist gewiß nicht meine Absicht, da ich weiß, daß Drohungen keinen geeigneten Weg zum Erfolg darstellen. Ich möchte nur sagen, daß es Leute gibt, denen zu wenig bewußt ist, wie wichtig sie sind und wie kostbar jeder einzelne Mensch ist, welchen Reichtum ihr in eurem Inneren tragt und wie notwendig ihr seid. Gleichzeitig solltet ihr euch bewußt machen, wie schicksalhaft euer Einfluß (auf die Entwicklung) sein kann und welch tiefgreifenden Einfluß auf die Ganzheit ihr besitzt. Was für eine Kraft tragt ihr in euch, ohne euch dessen bewußt zu sein!

Das Wichtigste, was es zu wissen gilt, ist, daß ihr grundsätzlich in erster Linie als einzelne wirkt, erst in zweiter Linie als einzelne, die in einer Ganzheit verbunden sind. Zu oft vergeßt ihr, auf euch selbst als Individuen zu achten, indem ihr mit der Masse zu verschmelzen sucht. Auf diese Weise weicht ihr euren Verantwortungen aus und flieht vor ihnen. Damit verliert ihr euch selbst, eure Kraft und eure Identität.

Es ist unbedingt notwendig, daß ihr zuerst selbst zu einer abgeschlossenen Einheit werdet, um euch in eine größere Ganzheit eingliedern zu können. Diese kann wiederum als eine Einheit Teil einer größeren Ganzheit sein. Wenn auch nur ein Teilchen dieser ineinandergreifenden Einheiten schwach und unabgeschlossen ist, sich nicht im eigenen Strom, auf seiner eigenen Bahn befindet, kann die Ganzheit zusammenbrechen.

Kurz: Jeder muß zuerst für sich selbst und seine eigene Entwicklung sorgen; solange ihr dazu nicht fähig seid, könnt ihr nicht weiter. Es erwartet niemand von euch, daß ihr alle auf eine gleiche Weise wirkt. Ihr Menschen steht nämlich auf verschiedenen Stufen der Entwicklung, auf verschiedenen Ebenen, und jeder muß dieser Gesetzmäßigkeit der Entfaltung folgen. Deshalb hat jeder seine Aufgabe, die seiner Entwicklungsstufe entspricht. Niemand erwartet von euch, daß ihr alle dieselbe Stufe der Entwicklung erreichen sollt. Genau darin liegt der Zauber der Ganzheit, daß es ungleiche Teile gibt, die Verbindungen miteinander eingehen, sich damit gegenseitig helfen und gegenseitig bereichern.

Darin, daß ihr euch miteinander verbindet und die Gaben austauscht, die ihr gegenseitig braucht, liegt der Sinn der ganzen Entwicklung. Das Leben ist vollkommen, so wie der Kosmos vollkommen ist, dessen Teil ihr seid; so wie auch ihr selbst vollkommen seid, mit dem einzigen Unterschied, daß ihr euch dessen nicht bewußt seid oder es euch nicht eingestehen wollt.«

5. *Kapitel*

Spuren des Weiblichen und die Stimme der Natur in den Evangelien

Wenn es wahr ist, daß die Botschaft Christi, wie im letzten Kapitel dargestellt, so eng mit dem Leben des Menschen in der Verkörperung auf Erden verbunden ist, wie kann man es dann hinnehmen, daß die Evangelien so wenig über das Weibliche, die Erde und die Natur berichten? Für den Menschen an der Schwelle des 21. Jahrhunderts, der auf der Gleichwertigkeit der Frau in der Gesellschaft besteht – gemessen an der Rolle des Mannes –, ist die patriarchale Ausrichtung der Evangelientexte mit ihrem mangelnden Umweltbewußtsein nicht leicht zu akzeptieren. Folglich wird auch die universelle Bedeutung der Botschaft Christi in Frage gestellt.

Man kann sich vorstellen, daß Jesus in seinem Versuch, die Menschheit zu erreichen, in einer so patriarchalen Gesellschaft, wie es die jüdische zu seiner Zeit war, in dieser Hinsicht starken Einschränkungen unterworfen war. Selbst wenn er es gewollt hätte, war es ihm nicht möglich, die weibliche Seite des Menschen und des Göttlichen unmittelbar anzusprechen, weil die dazu notwendige Verständigungsebene fehlte. Andererseits stellt sich die Frage, ob diesbezügliche Aussagen Jesu nicht doch in Form von Gleichnissen existieren, die gefühlsmäßig die Frauen erreicht haben. Auch das alltägliche Leben wurde in der

Kultur seiner Epoche als wertlos erachtet, und doch ist es Jesus unserer Untersuchung nach gelungen, Mitteilungen darüber zu machen, allerdings in einer verschlüsselten Form.

Um den weiblichen Aspekten der Botschaft Christi auf die Spur zu kommen und ein Gefühl dafür zu erlangen, welche Rolle der Erde und der Natur darin zukommt, habe ich mich einer Möglichkeit bedient, über die ich schon im ersten Kapitel berichtet habe: meiner Fähigkeit, die elementare Welt wahrzunehmen und mit dem Bewußtsein der Erde und der Natur ins Gespräch zu kommen.

Im ganzen Frühjahr und Sommer 1997 kam ich nicht dazu, mich in Ruhe dieser Frage zu widmen, da mein Alltag mit Reisen, Seminaren, Vorträgen und Erdakupunkturwerken vollgepackt war. Erst ein Jahr, nachdem ich die Eingebung erhalten hatte, mich auf die Suche nach einem fünften Evangelium zu begeben, kam die Gelegenheit dazu. Ich befand mich wieder auf der kleinen steinigen Insel in der Adria, wohin ich mich regelmäßig einmal im Jahr zurückziehe, um rückschauend meine persönliche Entwicklung zu betrachten und mich auf meine künftigen Aufgaben vorzubereiten. Dort führe ich schon seit Jahren »Gespräche« mit zwei hochentwickelten Elementarwesen, die Zugang zur Weisheit der Erdsysteme haben. Das eine ist ein Wesen des Luftelementes, eine Fee, die einen winzigen Olivenhain beseelt, in dem ich tagsüber arbeite. Er besteht nur aus drei Olivenbäumen, die aber genügend Schatten werfen, damit ich darin meditieren und schreiben kann.

Die andere Wesenheit nenne ich den »Alten Weisen«. Er hat seinen Fokus am Rand einer steinigen Senke auf dem Gipfel des zentralen Hügels der Insel. Die Rolle eines solchen Wesens innerhalb des Gesamtbewußtseins der Erde besteht meiner Erfahrung nach darin, die Erinnerungen und die Weisheit, die sich die Erdsysteme durch Äonen der Entwicklung angeeignet haben, zu bewahren und bei Bedarf den Wesenheiten des Bereiches, für den dieses Wesen »zuständig« ist, zur Verfügung zu stellen. Wegen dieser Rolle, die er innehat, war seine Hilfe bei meinen Bemühungen, die Welt der Elementarwesen dem Bewußtsein des heutigen Menschen nahezubringen, von ausschlaggebender Bedeutung. In diesem Zusammenhang habe ich in den vergangenen Sommern öfter mit ihm kommuniziert und kenne ausnahmsweise sogar seinen Namen; er heißt Julius, der Alte Weise.

Die Kommunikation, die zwischen uns verläuft, kann man nicht als Gespräch im üblichen Sinne bezeichnen. Es handelt sich vielmehr um einen Austausch von Gefühlen, der in tiefer Stille zwischen uns verläuft. Das Bewußtsein der Natur kennt kein logisches Denken, das auf linearen Formulierungen beruht, sondern besteht in einer ganzheitlich-sphärischen Form, die eher mit dem zu vergleichen ist, wie wir Menschen unsere Gefühle austauschen. Das heißt, der Prozeß der Übertragung von Gedanken in Gefühlsschwingungen spielt eine entscheidende Rolle in der wechselseitigen Verständigung.

Der Dialog beginnt von meiner Seite aus damit, daß ich mich in meine innere Stille versenke und auf meinen We-

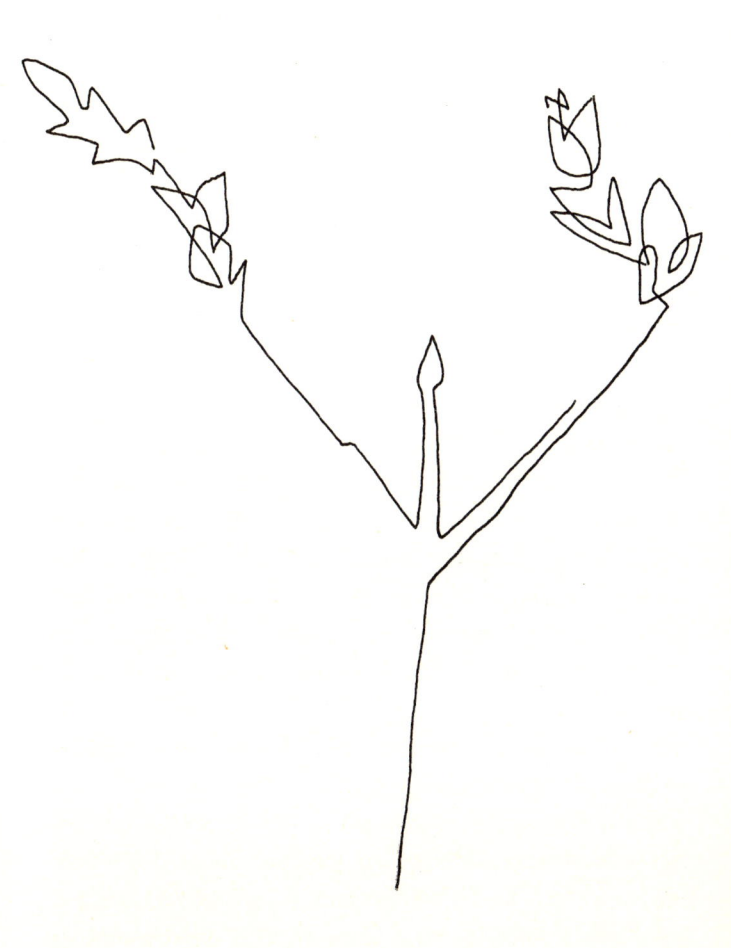

senskern konzentriere. Von diesem Ort aus öffne ich mich für meinen Gesprächspartner mit der Bitte, mir zu bestätigen, daß er zum Austausch bereit ist. Diese Bereitschaft tut sich in der Regel als eine ungewöhnlich verdichtete Gefühlsatmosphäre kund, die das Ambiente zu durchdringen beginnt. Wenn die Zusage gegeben ist, fange ich an, meine Fragen in Gefühlsformen und Imaginationen zu formulieren und sie in den Raum auszustrahlen. Dies kann nicht unter dem Druck des Willens geschehen, fällt aber ganz leicht durch die Wärme und Unmittelbarkeit der Herzkraft. Dann setzt ein Vorgang ein, bei dem ich die Antwort, die mir in Form von Gefühlen und Bildern entgegenströmt, in logische Formen übertrage. Ich schreibe sie mir geschwind in ein Notizbuch ein, das ich immer bei mir trage.

Wenn hier von Gesprächen mit Elementarwesen über die Evangelientexte die Rede ist, stellt sich die Frage, ob diese Wesenheiten außer ihrem reichen Wissen, das sie aus der Gesamtheit der Erdevolution schöpfen, auch einen Einblick in die Geheimnisse der menschlichen Kulturschöpfung haben können. Die Antwort kann nur lauten: Ja. Es wäre eine Illusion zu glauben, daß das, was von Menschen auf der Erde gedacht und auf dem Weg über unsere Gefühle in Kraft umgesetzt wird, sich in einem geschlossenen Raum unter uns abspielen würde. Es kann gar nicht so sein, weil wir, um unsere Gedankengänge vollziehen zu können, die irdischen Systeme unserer Gehirn- und Nervengewebe gebrauchen müssen. So kommt es, daß das Gesamtbewußtsein der Erde alles in seiner Erinnerung gespeichert hat, was sich bislang auf Erden abgespielt hat. Dazu gehören natürlich auch die Ereignisse in Palästina an der Schwelle zu unserer Zeitrechnung, einschließlich der Fehler, die bei ihrer Abfassung in den Evangelientexten begangen wurden.

Das Gespräch mit der Fee des Olivenhains fädelte sich am 22. 9. 1997 um vier Uhr früh ein, nachdem ich schon lange mit dem Gefühl wachgelegen hatte, daß eine Erfahrung auf mich zukommen wollte, ohne daß ich wußte, wie ich ihr entgegenkommen sollte. Meine Entscheidung, mich in der Dunkelheit zum Olivenhain vorzutasten und dort in die Stille zu lauschen, erwies sich als richtig. Die Atmosphäre war durch die Anwesenheit eines süß ausstrahlenden Wesens verdichtet. Das charakteristische Schwingungsmuster der Meisterfee des Olivenhains war unverkennbar.

Ich ergriff die Gelegenheit, die mir ihre Einladung entgegenbrachte, und stellte die Frage in den Raum, die mich am meisten beunruhigte: Kann man in den Evangelien die Spuren der Erdmutter bzw. eine weibliche Komponente finden? Die Antwort kam mir schon im nächsten Moment entgegen und war unzweifelhaft bejahend. Meine Aufmerksamkeit wurde zuerst zu dem bekannten Gleichnis von den Lilien auf dem Feld gelenkt, wo es heißt: »Seht euch die Lilien an, wie sie wachsen: Sie spinnen nicht und sie weben nicht. Doch ich sage euch: Selbst Salomo war in all seiner Pracht nicht gekleidet wie eine von ihnen.« (Lk 12/27) Während diese Geschichte in meine Erinnerung gehoben wurde, nahm ich darin einen Lobgesang zu Ehren der Erdmutter wahr, die allen Geschöpfen in Fülle zur Verfügung stellt, was sie zum Leben brauchen.

Leider nahm ich um die freudige Botschaft herum einen dunklen Schatten wahr. Ich fragte: »Worin liegt das Problem?« Als Antwort wurde meine Aufmerksamkeit zu den Versen gelenkt, in die das Gleichnis eingebettet war. Zu Beginn heißt es: »Sorget euch nicht um euer Leben und darum, daß ihr etwas zu essen habt, noch um euren Leib und darum, daß ihr etwas anzuziehen habt«, (Lk 12/22) und zum Abschluß nochmals: »Darum fragt nicht, was ihr essen und was ihr trinken sollt, und ängstigt euch nicht.« (Lk 12/29) Dabei wurden in meinem Bewußtsein die Worte »sorget euch nicht« und »ängstigt euch nicht« als aussagetragend hervorgehoben.

Mein Interesse war wach geworden, und ich bat um weitere Erklärung. Als Antwort kam eine ganze Abhandlung über die Beziehung des Menschen zu den Erdsystemen, über die Jesus zu seiner Zeit gelehrt hatte. Nur einige Bruchstücke dieser Lehre hätten sich, eher unbemerkt, in den Evangelientexten erhalten. Der Grund dafür sei die Mißachtung der irdischen Aspekte des Lebens seitens der Zeitgenossen Jesu und der nachfolgenden Generationen.

Die Fee gab mir zu verstehen, daß es grundsätzlich um zwei Aspekte in der Beziehung zwischen den Lebenssystemen der Erde und den Menschen gehe, die parallel zueinander pulsieren und doch miteinander verwoben sind. Einerseits wird der Mensch seitens der Erdsysteme wie alle anderen Wesen der Erde behandelt: Sie stellen uns alles zur Verfügung, was wir zum Leben brauchen. Wir werden nicht geringer versorgt als ein Grashalm, ein Käfer oder eine Blume. Wir werden mit einem phantastisch vollkom-

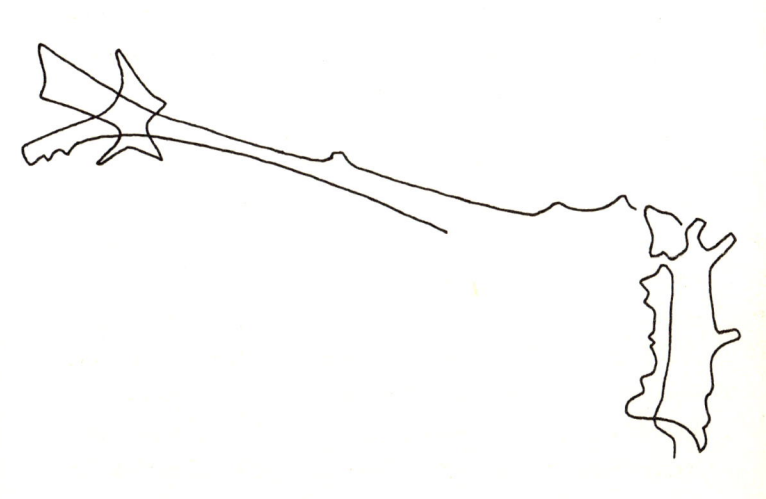

menen Körper beschenkt, auch mit Nahrung, Wasser, Luft und Kraft, um ihn zu versorgen. Diese Art von Beziehung stellt das Geschenk der Erdmutter an den Menschen dar. Die Erde spielt darin die Rolle der Gebenden, wir Menschen die Rolle der Empfangenden und Verbrauchenden. Sie entspricht der Mutter-Kind-Beziehung, bei der wir wie Säuglinge von Mutter Erde gestillt werden.

Sobald wir in unserer geistig-seelischen Entwicklung erwachsen geworden sind, gilt es, diese Beziehung in eine Wechselbeziehung zu verwandeln, in der auch wir den Lebenssystemen der Erde etwas geben, das für die Erdenwelt eine wesentliche Bereicherung darstellt. Auf diese Weise würde aus einer einseitigen Beziehung ein Kreislauf wechselseitigen Austausches entstehen.

In dem Moment verstand ich, daß das gegenwärtige Ökologiebewußtsein ein Ausdruck des Reifungsprozesses der Menschheit ist. Wir sind reif genug geworden, die Rolle des überfütterten Kindes zu transzendieren und die einseitige und lineare Beziehung zu den Erdsystemen in eine Beziehung des Austausches umzuwandeln. Das heutige Verständnis von Umwelt- und Naturschutz reicht aber nicht aus. Es geht dabei gewöhnlich nur um eine erweiterte Fürsorge für das menschliche Überleben und nicht um einen schöpferischen Beitrag zur Bereicherung der Erdsysteme. Meine Gesprächspartnerin hat mit diesen Ausführungen versucht, mir den Schlüssel zu meiner Frage in die Hand zu drücken und meinem Bewußtsein nahezubringen, was Jesus durch den Vergleich mit den Lilien auf dem Feld den Menschen über ihre Beziehung zu Mutter Erde sagen wollte. Die Aufforderung Jesu, sich nicht zu sorgen und zu ängstigen, kam mir wieder in den Sinn, ergänzt durch den Vers 25 aus demselben Kapitel: »Wer von euch kann mit all seiner Sorge sein Leben auch nur um eine kleine Zeitspanne verlängern?« Ich hatte aber noch immer nicht verstanden und strengte mich an, die Botschaft, die um mich herum pulsierte und mich durchdrang, in ein verständliches Muster zu übertragen.

Plötzlich, jenseits meiner Bemühungen, war die Formulierung da. Geschwind schrieb ich sie in mein Notizbuch: »Ihr Menschen seid für uns Wesenheiten der Erde eine Quelle der Kraft. Wenn ihr euch in Sorge um euer Überleben verschließt, versperrt ihr damit den Weg für die Kräfte, die wir von euch als Nahrung brauchen.«

Mein Bewußtsein reagierte auf diese Aussage, indem es begann, all jene Qualitäten aufzuzählen, über die nur wir Menschen verfügen und die wir als unser Kapital in den Kreislauf mit den Erdsystemen investieren könnten. An erster Stelle muß unsere Fähigkeit erwähnt werden, selbständig zu denken und zu entscheiden. Daraus ergibt sich die Möglichkeit, etwas zu schaffen, das die vorgegebenen Muster des bereits Existierenden übersteigt. Noch wichtiger mag für die Lebewesen der Erde, die am Gesamtbewußtsein des Planeten teilnehmen, unsere Fähigkeit sein, uns zu individualisieren. Uns Menschen steht der individuelle Zugang zum göttlichen Kern des Universums offen und damit die Möglichkeit, aus der persönlichen Entscheidung heraus zu lieben und dem Leben zu dienen.

Im Einklang mit diesen Gedanken findet auch die Aussage

Jesu über die Lilien ihren Abschluß. Ich möchte den entsprechenden Vers in der Übersetzung von Emil Bock[1] zitieren, weil das Wesentliche dadurch besser zum Vorschein kommt: »Euer Streben sei auf das Reich Gottes gerichtet, dann wird euch alles andere auch zuteil.« (Lk 12/31) Nachdem wir im letzten Kapitel das Reich Gottes bzw. das Himmelreich als Namen für eine Seinsweise auf Erden und nicht für ein transzendentes, jenseitiges Reich erkannt haben, findet dieser Vers seine Erdung. Die Menschen wurden von Jesus aufgefordert, ihrem individuellen Wesen in den Lebensvorgängen auf der Erde Ausdruck zu verleihen. Dadurch erfüllen wir, was die Erde und ihre Lebewesen auf verschiedenen Ebenen der Existenz von uns brauchen. Als Antwort auf diese Erfüllung wird uns in der Form eines Rückstromes alles zuteil, was wir unsererseits von den Erdsystemen brauchen: wir werden gekleidet, gewärmt, mit Nahrung versorgt und geliebt.

Wir blockieren uns selbst den Zugang zu den unerschöpflichen Vorräten an Lebenskraft der Erde, wenn wir uns einseitig auf die Fragen unseres Überlebens konzentrieren, wenn wir um Ressourcen kämpfen und aus Angst vor Mangel riesige Vorräte anhäufen; dann vergessen wir, wer wir sind und was der Sinn unserer Entwicklung ist. Damit ist der nächste Schritt im Vorgang unserer Selbstblockierung vorprogrammiert: Wir fühlen uns genötigt, das, was wir brauchen, der Erde mit Gewalt zu entreißen. Das führt wiederum zur allgemeinen Gefühlsverarmung und Mit-

---

1 Das *Neue Testament*, in der Übersetzung von Emil Bock, Urachhaus, Stuttgart 1991.

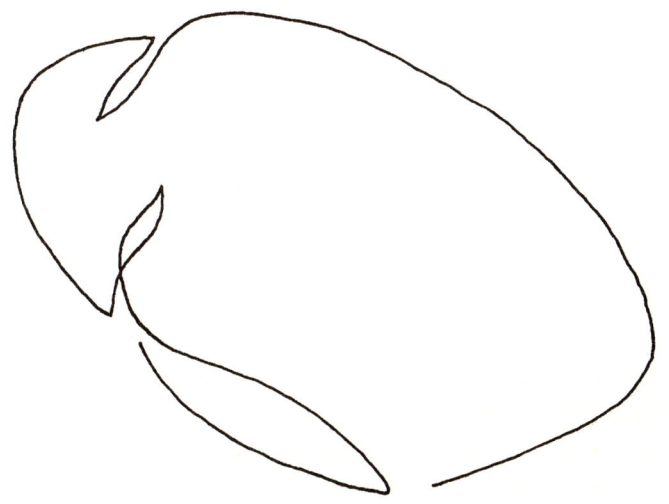

weltzerstörung. In unserer Kleingläubigkeit meinen wir, unter diesen Umständen noch rücksichtsloser handeln zu müssen, um unsere vermeintlichen Bedürfnisse befriedigen zu können. Als Folge davon greifen wir zur Kernspaltung, zur Manipulation der Gene, zum Klonen von Embryos. Wir sind in einem Teufelskreis gefangen. In dem Gleichnis von den Lilien auf dem Feld hat Jesus die künftige Bedrängnis der Menschheit vorhergesehen und aufgezeigt, wie eine ganzheitliche Beziehung zu den Erdsystemen aussehen kann.

Meine nächste Frage an die Fee des Olivenhains galt der Rolle der Frau in der Christusbotschaft. Konnte sie angesichts der patriarchalen Normen, denen Jesus und die Evangelisten zweifellos unterlagen, überhaupt angesprochen werden?

Zur Antwort tauchte in meiner Erinnerung die Erzählung vom Besuch Jesu bei zwei Frauen, Marta und Maria, auf. (Lk 10/38) Marta war ganz damit beschäftigt, für das leibliche Wohl Jesu und für den Haushalt zu sorgen. Maria hingegen setzte sich zu Füßen des Meisters nieder und lauschte seinen Worten. Daraufhin wurde Marta wütend und beklagte sich bei Jesus über ihre Schwester, die ihr bei der vielen Arbeit nicht helfen wolle. Jesus nahm Maria in Schutz mit den Worten: »Marta, Marta, du machst dir viele Sorgen und Mühen. Aber nur eines ist notwendig. Maria hat das Bessere gewählt. Das soll ihr nicht genommen werden.«

Bevor die Hüterin des Olivenhains dieses Bruchstück in meinem Bewußtsein zum Leuchten brachte, hatte ich immer uninteressiert »darüber hinweggelesen«, ohne zu bemerken, wie genau darin die (damals) anstehende Wandlung der Frauenrolle in unserer Kultur dargestellt ist.

Was in den alten, mutterzentrierten Gesellschaften die sakrale Rolle der Frau ausmachte, das Gebären und das Aufrechterhalten der Lebensströme im Haus, war inzwischen von nachrangiger Bedeutung geworden. Die Vision für die zukünftige Rolle der Frau, die in der Begegnung Jesu mit Marta und Maria zum Ausdruck kommt, ist das Heraustreten aus der Rolle im Hintergrund, die ihr das Patriarchat zugewiesen hatte, und die souveräne Beschäftigung auch mit jenen Bereichen, die die Gesellschaft traditionell den Männern vorbehalten hatte. In diesem Fall geht es um den Bereich der Religion bzw. die Frage nach dem Sinn des Seins.

Nachdem meine Gesprächspartnerin bemerkt hatte, daß ich von der Geschichte über Marta und Maria etwas enttäuscht war – was damals in der Zukunft lag, ist inzwischen in Erfüllung gegangen –, brachte sie mir einen anderen Text in Erinnerung. Er handelt von der Salbung Jesu durch Maria Magdalena, von der drei Evangelien berichten. Dem Evangelium nach Markus zufolge hat sich kurz vor der Passion Christi folgendes ereignet: »Als Jesus in Betanien im Haus Simons des Aussätzigen bei Tisch war, kam eine Frau mit einem Alabastergefäß voll echtem, kostbarem Nardenöl, zerbrach es und goß das Öl über sein Haar. Einige wurden unwillig und sagten zueinander: Wozu diese Verschwendung? Man hätte das Öl um mehr als dreihundert Denare verkaufen und das Geld den Armen ge-

ben können. Und sie machten der Frau heftige Vorwürfe.«
(Mk 14/3)

Jesus nahm Maria Magdalena in Schutz und rechtfertigte
ihr Tun mit Worten, die unverkennbar darauf hindeuten,
daß sich mit der Salbung durch eine Frau etwas ereignet
hatte, das von großer Tragweite war: »Amen, ich sage
euch: Überall auf der Welt, wo das Evangelium verkündet
wird, wird man sich an sie erinnern und erzählen, was sie
getan hat.« (Mk 14/9)

Dabei muß ich hinzufügen, daß ich die anschließende Erklärung, die Jesus selbst gegeben haben soll, nicht für echt
halte. Sie lautet: »Sie hat im voraus meinen Leib für das
Begräbnis gesalbt.« (Mk 14/8) Es stimmt zwar, daß Jesus
unmittelbar nach der Salbung verraten und bald darauf
verhaftet und gekreuzigt wurde. Der Sinn seines Leidens
und Sterbens am Kreuz kann jedoch nicht das Begräbnis
gewesen sein! Schon in seinen Vorankündigungen der Passion wurde die *Wandlung*, die vom Tod zur Auferstehung
führt, als der Sinn des ganzen Weges hervorgehoben und
nicht der Tod als solcher.

Die Fee im Olivenhain lud mich aber zu einer noch diffe-
renzierteren Betrachtung des Geschehens ein. Die Salbung durch Maria Magdalena stellte die notwendige »Einverleibung des weiblichen Prinzips« dar, bevor Jesus seinen Gang durch die Hölle antrat. Durch die Salbung wurde
die weibliche Seite seines Wesens, die Gefühlsseite, erweckt und konnte von Jesus bewußt integriert werden. Das
Zerbrechen eines Gefäßes und das Ausgießen von Nardenöl über seinem Haupt ist ein Symbol dieses Erweckens,

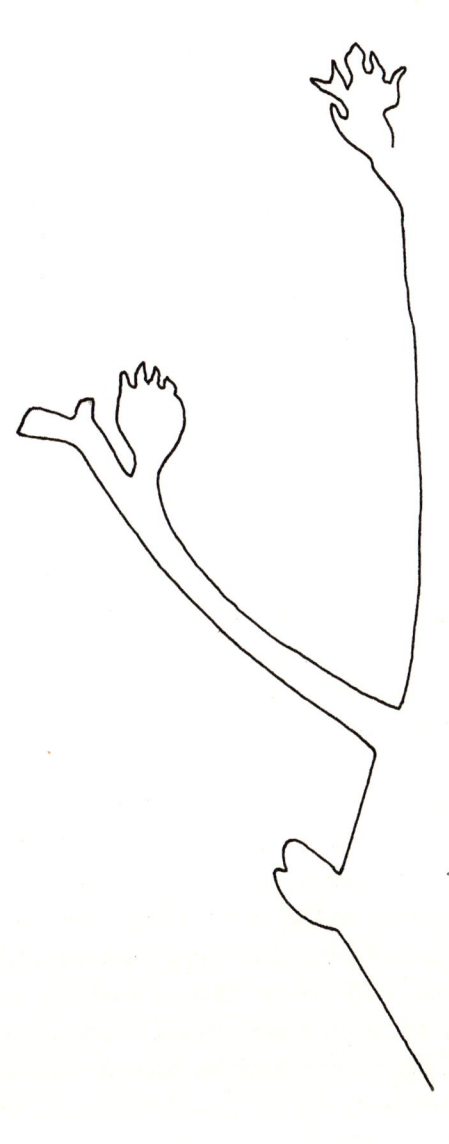

wobei der Riechstoff mit seinem Wohlgeruch die emotionale Ebene des Menschen anspricht. Die Empörung der anwesenden Juden über die angebliche Geldverschwendung und Vergeudung von kostbarem Öl zeigt wie in einem Spiegel die tabuisierte Berührung des Mannes Jesus mit der Kraft des Weiblichen.

Um die zukunftsweisende Bedeutung dieses Ereignisses zu verstehen, sollte man sich vergegenwärtigen, daß Jesus die Zukunftsentwicklung des Menschen nicht nur durch seine Lehren einzuleiten suchte, er hat sie während der drei Jahre seines öffentlichen Wirkens auch modellhaft vorgelebt. Durch gewisse Schlüsselereignisse in seinem Leben – die Salbung in Betanien gehört dazu – ist er den Pfad vorausgegangen, der in die zukünftige Menschheitsentwicklung führt. Dadurch hat er eine Spur hinterlassen, der wir heute bei unserer Suche nach den Wegen der Weiterentwicklung folgen können.

Die Fee des Olivenhains hat diesen größeren Zusammenhang in meinem Bewußtsein entstehen lassen, um die Salbung in Betanien und die Berührung Jesu mit seiner weiblichen Seite in einen entsprechenden Rahmen zu stellen.

Die Salbung ereignete sich, unmittelbar bevor Jesus durch den Tod am Kreuz gehen mußte. Als er einige Tage später, nach der Auferstehung, wieder vor seine Jünger trat, hatte er einen andersgearteten Körper. Offensichtlich ist er nicht nur durch den Tod, sondern auch durch eine tiefgreifende Wandlung gegangen. Sein Körper wurde dabei »ätherisiert«, das heißt, er wies zwar weiterhin eine irdische Qualität auf, war also geerdet, offenbarte aber gleichzeitig voll seine geistige Durchdringung. Die beiden Aspekte des Menschen, die gewöhnlich getrennt auftreten – der irdische als äußerlich sichtbar, der geistige im Inneren verborgen – waren bei Jesus nun vereint und gleichzeitig im Raum anwesend. Um die neue Qualität seiner Gegenwart zu demonstrieren, betrat er, den Evangelienberichten zufolge den Raum durch die verschlossene Tür, um seine Jünger zu treffen. Andererseits aß er vor ihnen ein Stück Fisch, um zu zeigen, daß er kein Geist war.

In der Gestalt des vom Tod auferstandenen Jesus sei, meiner Gesprächspartnerin zufolge, das Ebenbild des im Werden begriffenen Zukunftsmenschen zu sehen. Wir gehen zur Zeit durch einen Vorgang der Wandlung. In der gegenwärtigen Phase, die teilweise schon hinter uns liegt, durchschreiten wir eine extreme Vermaterialisierung unseres Wesens. Sie kann mit der Phase des Todes verglichen werden, die Jesus erlebte. Unsere geistig-seelischen Aspekte werden dabei aus der Lebensrealität in unser Unterbewußtsein verdrängt. In der folgenden Phase der Wandlung, die in den letzten hundert Jahren schon weitgehend in Gang gekommen ist, werden wir lernen, das Äußere und das Innere, das Körperliche und das Geistige in uns zu verbinden. Beide Pole werden in ausgewogener Ganzheit existieren. Das Ergebnis der Wandlung wird darin erkennbar, daß unsere körperlichen Aspekte leichter bzw. »ätherisiert«, die geistig-seelischen hingegen tiefer geerdet, das heißt für jedermann offenbar sein werden.

Damit uns Menschen diese schicksalhafte Wandlung gelingen kann, hat Jesus die Rolle eines Vorreiters übernommen und ist durch eigene leibliche Erfahrung den Pfad dieser dreiphasigen Wandlung vorangegangen. Er selbst war sich dieser Aufgabe bewußt, als er mit den Worten des Johannesevangeliums erklärte: »Und ich, wenn ich über die Erde erhöht bin, werde alle zu mir ziehen.« (Joh 12/32) Jesus hätte diese Aufgabe nicht vollbringen können – so habe ich die Mitteilungen der Fee verstanden –, wäre er sich nicht zuvor der weiblichen und emotionalen Ausdehnungen seines Wesens bewußt geworden mit der Möglichkeit, sie durch die Erfahrung zu integrieren. Es handelt sich dabei um die Einverleibung jener Kräfte und Qualitäten, die für das Gelingen des beschriebenen Wandlungsprozesses von grundlegender Bedeutung sind. Dies gilt für Frauen und Männer in gleichem Maß. Ebenso wie der Weg zur Selbsterkenntnis nicht nur den Männern, sondern auch den Frauen offensteht – siehe die Geschichte von Marta und Maria –, sind die weiblichen Kräfte und Qualitäten auch nicht nur den Frauen vorbehalten. Sie sind, wie die Salbung durch Maria Magdalena lehrt, für die Vervollkommnung der männlichen Seite unseres Wesens gleichermaßen wichtig.

In der Frühe des nächsten Morgens, als ich mein Gespräch mit der Fee des Olivenhains fortsetzte, habe ich sie gebeten, mir ein Beispiel zu zeigen, wo Jesus ausdrücklich die weiblichen Qualitäten hervorhebt. Als Antwort wurde ich zu einem aussagekräftigen Abschnitt des Matthäusevangeliums geführt, in dem von der Kraft der Liebe gesprochen wird. Es heißt dort: »Ihr habt gehört, daß gesagt worden ist: Du sollst deinen Nächsten lieben und deinen Feind hassen.

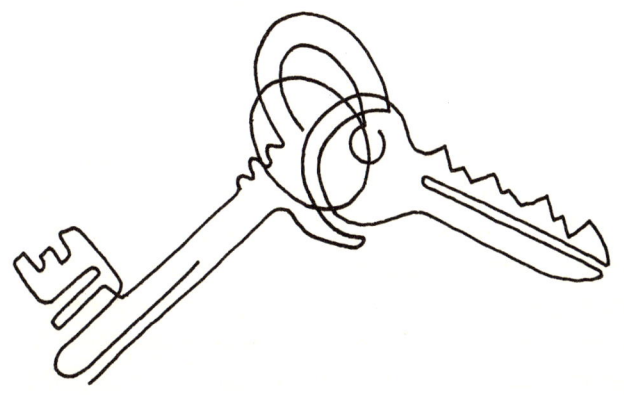

Ich aber sage euch: Liebt eure Feinde und betet für die, die euch verfolgen, damit ihr Söhne eures Vaters im Himmel werdet; denn er läßt seine Sonne aufgehen über Bösen und Guten, und er läßt regnen über Gerechte und Ungerechte.« (Mt 5/43)

Es wird darin zuerst der patriarchale Begriff der Liebe charakterisiert, der auf der Forderung beruht, die gesellschaftlichen Normen zu erfüllen. Liebe wird als wechselseitige Sympathie unter Gleichgesinnten verstanden, wobei Andersgesinnte als »Feinde« ausgeschlossen werden. Dann aber führt Jesus ein neues Verständnis des Liebesbegriffs ein: Die Liebe wird in ihrer wahren, weiblichen Gestalt hervorgehoben, sie ist fließend und versöhnend und sie schließt niemanden aus ihrem ständigen Kreisen aus.

Eine Botschaft des Engels Michael, die meine Mitarbeiterin Ana am 9. 11. 1997 erhielt, weiß mehr darüber zu sagen: »Liebe ist tatsächlich ein viel weiter gefaßter Begriff, als ihr ihn anwendet. Sie bedeutet nicht nur, etwas oder jemanden gern zu haben bzw. ihn zu lieben, sondern (bedeutet) das Leben selbst.

Die Liebe ist Grundbestandteil von allem, was ist. Sie ist eine Art Atom, aus dem die Welt, wie ihr sie kennt, zusammengesetzt ist. Eigentlich handelt es sich dabei um eine Schwingung, eine Energie, die eine unglaubliche Kraft besitzt. Die Liebe ist die direkteste und konzentrierteste Energie, die es gibt. Es ist jene wahre Lebenskraft, die einen erschüttert. Sie berührt das Herz, wenn jemand sie zu spüren bekommt. Die Liebe ist ein Licht, das fähig ist, dich zu ›umarmen‹ – und sei der Augenblick noch so schwer –

und dir neue Kraft und neuen Mut zu spenden. Eigentlich gibt es keine Worte, durch die man diese Schönheit, diese wunderbare Welt, diese Sanftheit und Kraft, die die Liebe umfaßt, beschreiben könnte. In einem Wort zusammengefaßt: Liebe ist Leben.

Ihr habt keine Ahnung, wie einfach und schön das Leben sein kann, wenn ihr fähig werdet, euch an den Strom des Lebens – der Liebe – anzuschließen. Vor allem geht es um eine andere Sicht auf das Leben und alles, was mit ihm verbunden ist. Im Menschen öffnen sich neue Einsichten und neue Dimensionen des Lebens, die vorher verschlossen waren. Das Leben wird tatsächlich ein Spiel, in dem ihr euren Auftritt habt, um zu lernen, zu erkennen und dadurch zu wachsen. Dann wird das Leben nicht mehr ein Knäuel chaotischer Ereignisse sein, das ihr gewissen vorgezeichneten Bahnen entlang zu leiten versucht. Die Regeln, die ihr im Lauf der Zeit aufgestellt habt, durch Traditionen, durch Erziehung und die Zivilisation, in der ihr lebt, werden nicht mehr so steif, sondern relativer und weniger bindend sein.«

6. *Kapitel*

Gespräche mit einem
Alten Weisen

Gespräche, die ich im Sommer 1997 mit Julius, dem im vorangegangenen Kapitel erwähnten Alten Weisen, geführt habe, hatten anfangs einen ganz anderen Charakter als die Gespräche mit der Fee. Ich nahm die Gelegenheit wahr, meine Vorgehensweise bei der Entschlüsselung des »fünften Evangeliums« im Spiegel eines Bewußtseins zu betrachten, das auf ganz anderen Gesetzmäßigkeiten beruht als mein eigenes. Es ist das Gesamtbewußtsein der Erde, das sich durch die hochentwickelte Intelligenz dieses Alten Weisen, der dem Geschlecht der Erdelementarwesen angehört, ausdrückt.

Am 18. September, kurz vor Sonnenaufgang, saß ich bei dem Stein, an dem Julius seine Kraftpräsenz fokussiert hält, und grübelte über meine Arbeit an den Evangelientexten. Auf diese Weise hoffte ich, ihm einen Einblick in die Struktur des Werkes zu geben. Nach einiger Zeit wurde ein gedanklicher Rückstrom spürbar, der sich von seiner Seite her aufzubauen begann. Sofort streckte ich alle meine Sensoren aus, um ein Gefühl davon zu erahnen, was er zu meiner Arbeit meinte. Nach einiger Zeit waren seine Gefühlsäußerungen so weit in meinem Bewußtsein verdichtet, daß sich daraus ein Satzkomplex bilden konnte. Er besagte: »Der subjektive Anteil im menschlichen Tun – zu dem auch die Evangelienschriften gehören – ist unumgänglich, weil die Selbständigkeit jedes Menschenwesens zu den grundlegenden Gesetzmäßigkeiten eurer Evolution gehört. Man kann deswegen bei allen kreativen Aktivitäten, die ihr betreibt, das subjektive Moment nicht vermeiden. In diesem Sinne sind die Evangelien auch kein objektiver Ausdruck der Botschaft Christi, sondern ein Ausdruck des Grades an menschlicher Reife bezüglich des Verständnisses seiner Botschaft.«

Das hieße im Klartext, daß unter den vielen Aspekten, die Jesu Lehre und Wirken in ihrer Mehrdimensionalität beinhalteten, von den Menschen der ersten nachchristlichen Jahrhunderte diejenigen als wichtig ausgewählt wurden, die sie am besten verstehen konnten. Diese Aspekte wurden schließlich in den vier Evangelien und in der christlichen Verkündigung festgeschrieben und an die folgenden Generationen überliefert. Man sollte sich dessen bewußt sein, daß sie die Gesamtheit der Botschaft Christi gar nicht verkörpern können, sondern diejenigen Aspekte seiner Botschaft hervorheben, die dem Zeitgeist jener Epoche und ihren Vertretern am vertrautesten waren. Es handelt sich um das subjektive Element, das man nicht vermeiden kann. Deswegen darf man aber auch niemanden dafür schuldig erklären.

Julius' kritische Einstellung prallte nicht zuletzt auch gegen meine eigene fixe Vorstellung vom »objektiven« Charakter des »fünften Evangeliums«. Ich mußte zugeben, daß ich halbbewußt die Hoffnung gehegt hatte, daß durch mein Werk an den Evangelientexten die letzte Wahrheit über die Botschaft Christi zutage gefördert würde. Demgegenüber vertrat Julis die Ansicht, ich könne höchstens ein Evangelium zusammenstellen, das die optimale Botschaft für unsere jetzige Zeit wiedergeben würde. Um das tun zu können, müsse ich meinen Ehrgeiz hinsichtlich der endgültigen Objektivität des im Entstehen begriffenen Werkes loslassen. »Du solltest bei deinem Beitrag zum Verständnis der Botschaft Christi nicht versuchen, die subjektive Komponente zu verhüllen, sondern umgekehrt, sie offen darzulegen. Es wäre nicht klug, so zu handeln, wie deine Vorgänger an diesem Werk gehandelt haben«, lautete seine an mich gerichtete Botschaft, mit der unser erstes Gespräch zu diesem Thema abgerundet wurde.

Während der folgenden Morgenmeditation mit Julius stellte ich die Frage, welche Beziehung Christus zu den Erdsystemen habe. Schon die erste Schwingungswelle, die mir seine Meinung über die Bedeutung der Christuskraft für die Erdentwicklung herüberbrachte, zeugte von großer Hochachtung. Die Antwort des Alten Weisen habe ich so verstanden, daß die Verkörperung Christi mit all den verschiedenen Ausdehnungen, die dazugehören, als Einweihung des Menschen in eine neue Stufe seiner Entwicklung betrachtet werden sollte. Durch Jesus wurde ein neues Urmuster des Menschen in den Raum gestellt. Die neuen Eigenschaften, die symbolisch in solchen Metaphern wie »unbefleckte Empfängnis«, »ohne Sünde sein« und »den Tod durch Auferstehung überwinden« zum Ausdruck gebracht wurden, wurden von den Menschen später ausschließlich auf das Leben Jesu bezogen, doch hat er da-

durch, daß er diese Eigenschaften lebte, ein Urmuster aufgestellt, das nachfolgend für das Leben jedes einzelnen Menschen zutreffen würde.

Dieser Übergang des Menschen auf eine neue Entwicklungsstufe öffnet wiederum den Erdsystemen eine Möglichkeit für ihre Weiterentwicklung, da unsere Evolutionen miteinander verkoppelt sind, seitdem Menschen auf der Erde leben. Auf der alten Entwicklungsstufe, die für die Menschheit teilweise noch in Kraft ist, gab es keinen unmittelbaren Austausch zwischen den irdisch-elementaren und den geistig-seelischen Aspekten des Menschen. Bildlich gesprochen sieht die alte Form, nach der wir uns auf der Erde verkörpern, so aus, als würde die Seele in ihrer geistigen Gestalt auf einem Tier reiten. Die neue Stufe, die durch das Wirken Jesu in Palästina initiiert wurde, ermöglicht ein vollkommeneres Durchdringen der beiden Pole des Wesens Mensch und dadurch einen intensiven Austausch, durch den nicht nur der Mensch, sondern auch die Erde und ihre Lebewelten wesentlich bereichert werden.

Um offen zu sein, ich war weniger an Julius' »theoretischen Abhandlungen« interessiert als vielmehr an Beispielen aus den Evangelientexten, die seine Ansichten illustrieren würden. Als erstes bezog er das Gesagte auf das Gleichnis von den bösen Winzern, von dem drei der vier kanonischen Evangelien berichten. Die Formulierung nach Lukas scheint mir am nächsten an der ursprünglichen Fassung zu sein: »Ein Mann legte einen Weinberg an, verpachtete ihn an Winzer und reiste für längere Zeit in ein anderes Land.

Als nun die Zeit dafür gekommen war, schickte er einen Knecht zu den Winzern, damit sie ihm seinen Anteil vom Ertrag des Weinbergs ablieferten. Die Winzer aber prügelten ihn und jagten ihn mit leeren Händen fort.« (Lk 20/9) Wie ich Julius verstanden hatte, wurde im einleitenden Teil des Gleichnisses der Planet Erde als eine göttliche Schöpfung dargestellt, deren göttlicher Charakter von den Menschen nicht erkannt wird. Es handelt sich um die paradiesische Qualität der Erde, die Jesus mit dem Begriff »Himmelreich« bezeichnete. Die Menschen sind gegenüber dieser Dimension der Erde, die ihr wahres Wesen darstellt, verschlossen und konzentrieren sich in ihrer Engstirnigkeit auf ihre egoistischen Bedürfnisse. Die universelle Bedeutung unserer Verkörperung auf Erden wird dabei ignoriert.

So kommt es, daß sich viele erleuchtete Seelen in den verschiedensten Kulturen auf der Erde verkörpert haben, um der Menschheit den Urgrund ihres Daseins auf Erden nahezubringen. Wie das Gleichnis besagt, haben wir diese Botschafter entweder zum Schweigen gebracht oder ihre Aussagen zum Fundament grandioser Religionsgebäude erhoben und sie ihrer wahren Bedeutung entfremdet: »Darauf schickte er einen anderen Knecht, auch ihn prügelten und beschimpften sie und jagten ihn mit leeren Händen fort. Er schickte noch einen dritten Knecht, aber auch ihn schlugen sie blutig und warfen ihn hinaus. Da sagte der Besitzer des Weinbergs: »Was soll ich tun? Ich will meinen geliebten Sohn zu ihnen schicken. Vielleicht werden sie vor ihm Achtung haben.«

So kam es zu dem einmaligen Ereignis in der Erd- und Menschheitsgeschichte, daß die Urkraft des Universums – wie kann man sie am besten benennen? – der Schöpfer selbst – im Titel dieses Buches wird sie Christuskraft genannt – sich unter den Menschen und auf der Erde verkörperte. Drei Jahre wanderte sie durch Palästina, lehrte und wirkte öffentlich, getragen durch das Wesen und die Gestalt Jesu, und versuchte, den Menschen die wahren Gründe ihres Daseins auf Erden nahezubringen.

Das Gleichnis fährt fort: »Als die Winzer den Sohn sahen, überlegten sie und sagten zueinander: Das ist der Erbe; wir wollen ihn töten, damit das Erbgut uns gehört. Und sie warfen ihn aus dem Weinberg hinaus und brachten ihn um. Was wird nun der Besitzer des Weinbergs mit ihnen tun? Er wird kommen und diese Winzer töten und den Weinberg anderen geben.«

Der Kommentar von Julius zum abschließenden Teil des Gleichnisses lautete, es gäbe die Hoffnung, daß der Widerhall des begangenen Frevels am Sohn des Weinbergbesitzers in den Menschen das verlorene Ganzheitsbewußtsein wachrufen würde; eigentlich, so fügte er hinzu, könnte die fast zwei Jahrtausende während Rückbesinnung auf das Verbrechen dies bewirken. Die Alternative dazu, die im letzten Satz des Gleichnisses angedeutet wird, lautet, daß die wundervolle Aufgabe, die der Erde und der Menschheit in Urzeiten zugewiesen wurde, zukünftig einem anderen Stern und einer anderen Evolution übergeben würde.

Das zweite Beispiel aus den Evangelien, das Julius, der

Alte Weise, zur Rolle des Menschen innerhalb der Erdsysteme gewählt hatte, lautete: »Ihr seid das Salz der Erde.
Wenn das Salz seinen Geschmack verliert, womit kann
man es wieder salzig machen? Es taugt zu nichts mehr; es
wird weggeworfen und von den Leuten zertreten.« (Mt
5/13)

Durch dieses Wort Jesu sei die Bedeutung des Menschenwesens für die Evolution des *Bewußtseins der Erde,* das
heißt für die *Welt der Elementarwesen,* hervorgehoben.
Durch seine Fähigkeit, unvorhergesehene Wendungen zu
denken und in Entscheidungen umzusetzen, stelle der
Mensch einen Faktor enormer Herausforderung für das
Erdbewußtsein dar. Durch schöpferische oder zerstörerische Handlungen des Menschen in allen Bereichen und auf
allen Ebenen des Erdplaneten werden unerwartete Situationen geschaffen, mit denen sich die Intelligenz der Erde
und der Natur gewollt oder ungewollt auseinandersetzen
muß, damit der Planet nicht sein Gleichgewicht verliert
und ins Chaos gestürzt wird. Die Herausforderungen dieser Art – deren zerstörerischer Anteil hoffentlich künftig
umgewandelt wird – können für die Welt der Elementarwesen und für das Gesamtbewußtsein der Erde unangenehm sein, sind jedoch willkommen, weil sie die Erde auf-
fordern, mehrschichtiger und allseitiger in ihrer Intelligenz
zu werden.

Das »Salz der Erde« verweist auf eine impulsgebende
Funktion des Menschen. In der Wendung »wenn das Salz
seine Salzigkeit verliert« wird hingegen auf die Gefahr hingewiesen, daß die Masse Mensch – damals wie heute – still-

schweigend bereit ist, ihre innere Freiheit und geistige Selbständigkeit aufzugeben und in der Lethargie der Sorgen ums tägliche Überleben untergehen zu lassen. Dadurch wird die geistig-energetische Rolle des Menschen für die Erdsysteme zunichte gemacht. Dann kann der Mensch – so Julius über den letzten Satz in den Worten Jesu – nur noch warten, bis er zum Opfer der Folgen seines eigenen Tuns wird.

Um die Frage nach der Rolle des Menschenwesens weiter zu vertiefen, lenkte der Alte Weise am folgenden Morgen meine Aufmerksamkeit auf das Gleichnis vom verlorenen Schaf, das im Evangelium nach Lukas unmittelbar nach den Worten über das Salz der Erde genannt wird. Seine Echtheit ist durch den Fund von Nag Hammadi bestätigt worden. Dem Matthäusevangelium zufolge soll Jesus das Gleichnis in folgender Weise erzählt haben: »Was meint ihr? Wenn jemand hundert Schafe hat und eines von ihnen sich verirrt, läßt er dann nicht neunundneunzig auf den Bergen zurück und sucht das verirrte? Und wenn er es findet – Amen, ich sage euch: Er freut sich über dieses eine mehr als über die neunundneunzig, die sich nicht verirrt haben.« (Mt 18/12)

Die neunundneunzig Schafe, die treu dem Gesetz der Herde gehorchen, stehen für den unerwachten Menschen, der sich vor seinen eigenen, inneren Potentialen fürchtet. Lieber klinkt er sich in das Massenbewußtsein ein und folgt den festgeschriebenen Mustern und Stereotypen, als frei und für seine eigenen Entscheidungen verantwortlich zu sein. Die Verirrung des einen Schafes hingegen symboli-

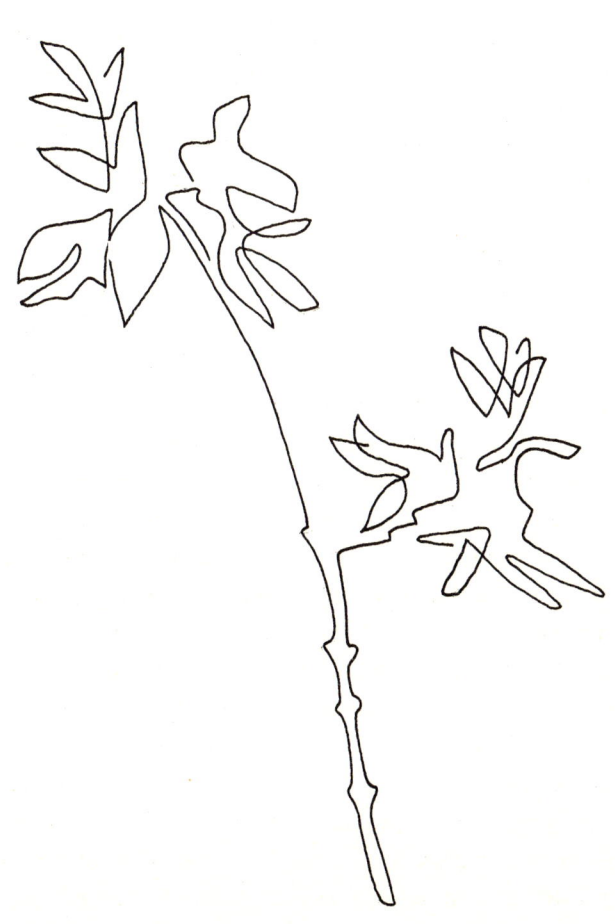

siert den Individuationsprozeß des Menschen, der eine höhere Stufe der Menschheitsentwicklung darstellt. Der Weg des persönlichen Selbständigwerdens kann nicht begangen werden, ohne daß der Betreffende es wagt, sich auf Irrwege zu begeben, sich mit unvorhersehbaren Situationen auseinanderzusetzen und unentwegt auf der Suche zu sein.

Das Gleichnis sollte, so die Empfehlung von Julius, als eine nachdrückliche Bestätigung verstanden werden, wie wichtig der Individuationsprozeß jedes einzelnen Menschen für die Weiterentwicklung der Menschheit als Ganzes ist und wie eindeutig die »Hirten der Menschheit« das Betreten des persönlichen geistigen Weges befürworten. Diese kategorische Aussage war noch von einem Impuls begleitet, der mich an die Botschaften des Engels Michael zu erinnern suchte, in denen die individuelle Verantwortung für die Wahl des persönlichen Weges immer wieder unterstrichen wird. Dabei sollten wir, so Julius, den Hirten, der dem verirrten Schaf Beistand leistet, mit der Gruppe jener erhabenen Engel gleichsetzen, die im ersten Kapitel als Inspiratoren und Lenker der Menschheitsentwicklung erwähnt worden sind. Der Engel Michael gehört zu ihnen.

7. Kapitel

Ein wesentlicher Schritt
nach vorn

Das wertvollste Geschenk, das ich durch die Gespräche mit Julius, dem Alten Weisen, erhalten habe, war eine Anweisung, wie ich vorgehen sollte, um die Aussagen Jesu bezüglich der ihnen innewohnenden Botschaft zu lesen. Er schlug vor, die betreffende Aussage ins Herz zu nehmen und sie sich in der Kraft des Herzzentrums auflösen zu lassen, so daß die Elemente der darin kodierten Botschaft freigesetzt würden.

Am 23. September 1997 wagte ich den ersten Versuch. Unter den Worten Jesu, die mich schon lange hinsichtlich ihrer verborgenen Botschaft beschäftigt hatten, entschied ich mich für das folgende: »Verkauft man nicht zwei Spatzen für ein Paar Pfennig? Und doch fällt keiner von ihnen zur Erde ohne den Willen eures Vaters. Bei euch aber sind sogar die Haare auf dem Kopf gezählt.« (Mt 10/29)

Ich konzentrierte mich zuerst auf meine Herzmitte, so lange, bis ich die Verbundenheit mit meinem inneren Selbst klar und stark spüren konnte. In dem Moment erschien es mir, als ob ich der Christusgegenwart direkt in die Augen schauen würde. Sie tauchte unerwartet in meiner Mitte auf, identisch mit meinem eigenen innersten Wesenskern. Ich kannte sie schon aus früheren Begegnungen und konnte ihre einzigartige Schwingung nicht verfehlen.

In der zweiten Phase nahm ich die ausgewählten Worte Jesu in meine Herzmitte und ließ ihre Form sich darin auflösen. Im selben Augenblick, da sie verschwunden war, wurde eine dritte Phase eingeleitet, in der aus meiner Mitte heraus ein Rückstrom nach außen zu fließen begann, den mein Bewußtsein »unterwegs« in Worte und Sätze übertrug. Ich hielt schon einen Schreibblock und Bleistift bereit, um das Heranströmende geschwind aufzuschreiben.

Als ich die oben genannten Worte Jesu diesem Übersetzungsvorgang unterzog, hieß der erste Satz, der mit dem Rückstrom meiner Herzkräfte in mein Bewußtsein getragen wurde: »Die irdische Schöpfung ist ein wunderbarer göttlicher Organismus.« In dem Augenblick blieb die Welt für mich für den Splitter einer Sekunde stehen. Es erschallten Fanfaren aus allen vier Himmelsrichtungen, und Chöre der Freude ertönten überall um mich herum. Es fühlte sich an, als ob die Erde mit ihren Lebensreichen Jahrtausende darauf gewartet habe, daß diese Aussage endlich durch einen Menschen im Namen Christi ausgesprochen würde. Im nächsten Augenblick lief die Botschaft weiter:

»Jedes Teilchen findet in diesem Organismus seinen Platz, seinen Sinn und seine Rolle. Alle Teile der Ganzheit sind untereinander auf eine so sensible Weise und so allseitig verbunden, daß kein unvorhergesehener Zufall je geschehen kann. Die Vollkommenheit der Ganzheit ist nämlich so geartet, daß ihre Teile in jedem Augenblick einander auffangen und umarmen können. Das heißt, daß jede Furcht der in die irdische Schöpfung geborenen Menschen um das eigene Wohl überflüssig und unbegründet ist. Der

Mensch hat unter den Wesenheiten der Erde sogar einen Ehrenplatz inne und ist deswegen um so mehr geschützt. Aus diesem Grund wird gesagt, daß »sogar die Haare auf eurem Kopf alle gezählt sind«.

Der ganze Vorgang der durch die innere Stimme heranströmenden Botschaft stellte eine Überraschung dar. Es fühlte sich an, als ob man blind über einen schmalen Steg gehen müßte und dabei durch eine innere Hand sicher Schritt für Schritt weiter geführt würde, bis das Ziel erreicht ist. Es gibt Momente, da man meint, in den Abgrund des Schweigens zu kippen, und schon ist im nächsten Augenblick die Sicherheit des weiterleitenden Wortes wieder da.

Von dieser Zeit an habe ich mich darangesetzt, die Worte Jesu, eines nach dem anderen, in ihre dem Geist unserer Epoche angemessene Form zu übersetzen. Die meisten habe ich den Evangelientexten nach Matthäus, Markus und Lukas entnommen, nachdem ich sie auf ihre Ursprünglichkeit hin geprüft hatte – meine Methode dazu habe ich im zweiten Kapitel dargestellt. Das Evangelium nach Johannes lieferte überraschenderweise nur wenig Material dazu, was nicht leicht zu verstehen ist, da genau das Johannesevangelium im allgemeinen als direkteste Vermittlung der Überlieferungen Christi gilt.

Es scheint so zu sein, daß das Evangelium nach Johannes nicht aufgrund der Aufzeichnungen ursprünglicher Aussagen Jesu aus der Zeit seines Wirkens in Palästina geschrieben wurde, sondern das Ergebnis späterer Offenbarungen Christi darstellt. Im Unterschied zu den erstgenannten Evangelien, die als synoptische Evangelien bezeichnet wer-

den und sich auf Erfahrungsberichte von Augenzeugen stützten, stellt das Werk des Johannes Botschaften Christi dar. Sie wurden meiner Einsicht nach durch direkte Kommunikation mit der durch den Tod und die Auferstehung gegangenen Gegenwart Christi empfangen. So gesehen handelt es sich beim Johannesevangelium um eine Rückschau auf die Ereignisse in Palästina, die wegen der darin enthaltenen geistigen Distanz wichtige Einblicke in das Wesen der Christuskraft enthält, die aber nicht unbedingt jene zweite Distanz brauchen, die ich herzustellen versuche. Zusätzlich zu den aus den vier kanonischen Evangelien ausgewählten Worten Jesu hatte ich die Absicht, sämtliche Aussagen aus dem bereits erwähnten Evangelium nach Thomas hinzuzunehmen, das man in Nag Hammadi gefunden hatte. Ich spürte keinen Grund, an ihrer Ursprünglichkeit zu zweifeln. Als ich mich jedoch auf den ersten Text aus dieser Quelle einstimmte und sie in mein Herz aufnehmen wollte, durchzog mich ein Gefühl von Furcht, das jegliche Kommunikation vernebelte. Ich spürte, wie Wogen einer Gewalttat mich überfielen, und ich zitterte am ganzen Leib. Bei dem Text handelte es sich um das bekannte Gleichnis vom Sauerteig, das auch in den kanonischen Evangelien vorkommt. Ich hatte gedacht, das Gleichnis sei bei Thomas am besten in seiner Ursprünglichkeit erhalten. Es lautet: »Jesus sagte: Das Reich des Vaters gleicht einer Frau. Sie hat ein wenig Sauerteig genommen, ihn im Teig verborgen und ihn zu großen Broten gemacht. Wer Ohren hat, möge hören.« (Tm, Log. 96)
Die Ursache für meine starke Gefühlsreaktion konnte

nicht im Inhalt der Worte liegen. Auch mußte ich dieselbe Erfahrung machen, als ich mich auf weitere Worte Jesu aus dem Thomasevangelium konzentrierte. Was ging hier im Verborgenen vor sich?

Das Evangelium nach Thomas gehörte zu den durch die amtliche Kirche verbotenen Schriften, die im 6. Jahrhundert bis auf das letzte Exemplar vernichtet werden sollten. Das Exemplar von Nag Hammadi hat die Zerstörungswelle überlebt, weil es zusammen mit sämtlichen gnostischen Schriften in einem riesigen Tongefäß in der Wüste versteckt worden war. Das Gefäß wurde erst im Jahr 1945 zufällig durch einen ägyptischen Bauern entdeckt.

Die Bewegung, die ihre Inspiration unter anderem aus dem Evangelium nach Thomas schöpfte, wurde als Gnostizismus bezeichnet. Sie stellte während der ersten christlichen Jahrhunderte einen Gegenpol zu der amtlichen Kirche dar. Während die amtliche Kirche sich nach dem Vorbild der Machtstruktur des Römischen Reiches organisierte, um sich letztlich zur Position der offiziellen Religion des Imperiums aufzuschwingen, galt das Interesse der gnostischen Bewegung dem persönlichen Erkenntnisweg. Die Spannung, die zwischen diesen zwei entgegengesetzten Konzepten des Christentums herrschte, ist unverkennbar. Der Konflikt mit der amtlichen Kirche brach schließlich aus, weil der persönliche Weg zur Erkenntnis, den die Gnostiker verfolgten, kein Glaubensbekenntnis und keine vermittelnden Priester brauchte.

Die Angst der gnostischen Bewegung vor der Ausrottung hatte ihre Spuren auf dem Text von Nag Hammadi hinterlassen und schlug mir nun entgegen. Um diese Blockade zu überwinden, die mir den inneren Weg zu den Worten Jesu versperrte, nutzte ich die Möglichkeit, die ich gerade in jenen Tagen entdeckt hatte: Ich nahm das Gefühl der Trauer, das mich beim Thomasevangelium überkam, in mein Herz hinein und bat mein inneres Selbst um Anweisung, wie ich mit dem Problem umgehen könne. Die Antwort, die ich erhielt, würde ich in folgende Worte fassen: Das Christentum war anfangs aus verschiedenen Strömungen zusammengesetzt, von denen jede einen anderen Aspekt zu der Ganzheit der Überlieferung Christi beitragen sollte. Der Sinn dieser Überlieferung liegt darin, den Menschen für die nächste Stufe seiner Entwicklung vorzubereiten. Da diese Stufe die Verschiedenartigkeit braucht, sollte sich die Überlieferung Christi auch nicht in einer einheitlichen, sondern in verschiedenen Formen niederschlagen. Sobald eine dieser Schichten verlorengeht, ist der Erfolg der ganzen Unternehmung in Frage gestellt. Dementsprechend sind einzelne christlich orientierte Strömungen der frühen, teilweise auch der späteren Epochen als Verkörperung der einzelnen Aspekte der Überlieferung durch die Christuskraft selbst inspiriert und in Gang gesetzt worden.

Die Bewegung, die als die gnostische bezeichnet wird, hatte die Aufgabe, jene Seite der Überlieferung Christi zu pflegen, die die persönliche Freiheit und die individuelle Kreativität bei der Suche nach dem Sinn des Lebens in den Vordergrund stellt. Es geht um einen Aspekt, der von der Kontrolle durch die Institutionen unabhängig sein muß.

Wie andere frühchristliche Bewegungen hatte auch die gnostische ihre Berechtigung, die man nicht leugnen kann. Durch das Ausschließen der gnostischen Schulen aus dem Dialog zwischen den verschiedenen Strömungen des werdenden Christentums und mit der endgültigen Unterdrückung der Bewegung (im 4. Jahrhundert) wurde das Gleichgewicht im Prozeß der Formierung der Überlieferung Christi gefährlich untergraben. Als Folge ist derjenige Aspekt der christlichen Bewegung, der das Bestreben nach Gemeinschaft, Institutionalisierung und Religionsbildung verkörperte, überstark geworden. Das hatte eine weitere Folge, unter der die Christusüberlieferung bis zum heutigen Tag leidet. Menschen, die in ihrer Entwicklung der institutionalisierten Überlieferung folgen, haben weitgehend die Qualität der persönlichen geistigen Selbständigkeit verloren, auch ist ihnen die einzigartige subjektive Beziehung zur Gottheit fremd. Es geht jedoch um Qualitäten, die unverzichtbar zur Überlieferung Christi gehören.

Was kann man nun tun? Als erstes gilt es, den beiden Seiten in diesem Zerwürfnis zu verzeihen. Die Gnostiker waren im Einklang mit der Inspiration, der sie folgten, eine bunte und vielfältige Gesellschaft. Viele ihrer Mitglieder kannten den tieferen Sinn der Bewegung nicht. Es kam zu extremen Positionen und Exzessen, die die Integrität der Botschaft Christi gefährdet haben. Als nächstes gilt es der offiziellen Kirche zu verzeihen, daß sie nicht in der Lage war, die Spreu vom Weizen zu unterscheiden und auf eine unchristlich grobe Weise die ganze gnostische Bewegung zerschlagen hat.

Als zweites gilt es an der Stärkung jener Seite der Überlieferung Christi zu wirken, welche durch das Auslöschen der gnostischen Strömung und späterer Bewegungen, die ihre Nachfolge anzutreten versuchten, wesentlich geschwächt worden ist. Das vorliegende Buch ist teilweise dieser Aufgabe gewidmet, ohne die gnostische Tradition wiedererwecken zu wollen. Es geht vielmehr um einen bewußten Beitrag zur Ausbalancierung der aus dem Gleichgewicht geratenen Überlieferung Christi, indem hier die Komponente des individuellen Weges in die Selbstentfaltung in den Mittelpunkt gestellt werden soll.

Nachdem ich diesen Punkt verstanden hatte, habe ich eine Kerze angezündet und den beiden in die unglückliche Auseinandersetzung verwickelten Parteien aus der Herzmitte heraus mein Verzeihen ausgesprochen. Danach erwies sich die Entschlüsselung der Worte aus dem Thomasevangelium als möglich und im Sinne der Versöhnung auch als wünschenswert. Um die noch immer ausstehende Versöhnung der amtlichen Kirche mit den unterdrückten Bewegungen des frühen und späteren Christentums anzuregen, möchte ich das Wort aus dem Matthäusevangelium zitieren, in dem ebenjener Apostel Petrus, auf den sich die amtliche Kirche gründet, Jesus danach fragt: »Da trat Petrus zu ihm und fragte: Herr, wie oft muß ich meinem Bruder vergeben, wenn er sich gegen mich versündigt? Siebenmal? Jesus sagte zu ihm: Nicht siebenmal, sondern siebenundsiebzigmal.« (Mt 18/21)

Nachdem ich die emotionale Blockade, die durch die Unterdrückung des individuellen Weges zur Erkenntnis entstanden war, persönlich überwunden hatte, tauchte bald eine weitere Hürde auf. Ich entdeckte sie etwa eine Woche später, nachdem meine Übersetzungsarbeit durch die innere Stimme wieder ins Fließen gekommen war. Die Texte, die ich niederschrieb, klangen plötzlich kopflastig. Der intellektuelle Einfluß, den ich ausüben mußte, um sie überhaupt zustande zu bringen, war überstark geworden. Als Folge versiegte die Kraft der inneren Stimme nach und nach.

Um nicht mich selbst und andere, die meinem Werk vertrauen, an der Nase herumzuführen, habe ich die Übersetzungsarbeit an den Worten Jesu durch die innere Stimme mit kleineren Unterbrechungen über drei Monate lang eingestellt und mich in der Zeit verschiedenen Phasen meines persönlichen Wandlungsprozesses gewidmet. Ich mußte von der unterschwelligen Beherrschung meiner Gedanken durch den Intellekt freiwerden. Was meine Lebensauffassung betrifft, so bestehe ich schon seit drei Jahrzehnten darauf, daß die Kraft des Intellektes durch die Gefühlsseite ausbalanciert sein muß, damit die übergeordnete Stimme der Seele mittels der Intuition hörbar wird. Ich verstehe ganz gut, wie entscheidend für die Ausgewogenheit unseres Bewußtseins die richtige Verteilung dieser drei Grundkräfte ist, und versuche sie in meinem persönlichen Leben zu verwirklichen. Dabei stellt sich alle paar Jahre erneut heraus, daß mein Intellekt eine neue, noch raffiniertere Methode gefunden hat, um sich insgeheim in eine dominierende Rolle aufzuschwingen und so das Gleichgewicht zur Gefühlsseite meines Bewußtseins zu untergraben. Es scheint wohl so zu sein, daß es sich dabei nicht nur um einen persönlichen Fehler, sondern um eine übergeordnete Aufgabe handelt, mit der der heutige Mensch unentwegt ringen muß, um in seiner Entwicklung weiterzukommen.

Glücklicherweise wurde ich auf die Gefahr des unterschwellig überstarken Einflusses der Vernunft auf die Texte, die durch meine Intuition empfangen wurden, rechtzeitig gewarnt. In der Nacht vom 22. auf den 23. September, dem Tag, als ich mit der Übersetzung der Aussagen Jesu aufgrund meiner inneren Stimme begann, hatte ich folgenden Traum: Ich war innerhalb der gewaltigen Kuppel eines Planetariums damit beschäftigt, ein Modell des Kosmos zu bauen. Dabei waren einzelne Brennpunkte des Modells, den Positionen einzelner Sterne am Himmel ähnlich, mit lebendigen Menschen besetzt. Ihre Aufgabe bestand darin, sich an dem ihnen zugewiesenen Platz am Firmament zu halten und die ihnen zugeordnete Rolle genau zu verkörpern. Ich stand am Boden und war dabei, den am Himmel schwebenden Teilnehmern des Modells die letzten Anweisungen zu geben, damit das Modell vollkommen würde.

In diesem Augenblick wird einer der Teilnehmer oben am Firmament irre. In seinem Aussehen ähnelt er den mittelalterlichen Darstellungen des heiligen Petrus. Er begann fürchterlich zu schreien und kreuz und quer über den Himmel zu fliegen, so daß er die aufgestellte Ordnung ins Wanken brachte. Meine Reaktion darauf war, daß ich wütend wurde. Anstatt innezuhalten und mich nach der Ursache des Vorkommnisses umzuschauen, begann ich zu kommandieren. Mit einer strengen Stimme, die das Geschrei des Petrus übertönen sollte, befahl ich ihm, seinen ihm zugewiesenen Platz wieder einzunehmen.

Solange ich im Traumbewußtsein war, fiel es mir leicht, die Warnung meiner Seele – des inneren Selbst – bezüglich des unterschwelligen Einflusses meines Verstandes zu akzeptieren und sie mir, umgesetzt in Traumbilder, anzuschauen. Am nächsten Morgen aber, als ich über die Botschaft des Traumes meditierte, war auch mein Verstand wach und ließ es nicht zu, daß ich die Warnung klar verstand. Ich fand sechs verschiedene Erklärungsvarianten der Traumbotschaft, schrieb sie mir sorgfältig auf und versuchte, sofort danach zu handeln. Die einzige, die es darunter nicht gab, die siebte, wäre die wahre gewesen. Leider habe ich sie erst nach der erwähnten, mehr als drei Monate dauernden Krise gefunden, nachdem ich allerlei schwierige Prozesse der Selbsterkenntnis hatte durchmachen müssen.

Interessanterweise war genau der heilige Petrus derjenige Akteur im Weltmodell, der die Umwälzung verursachte und meinen Wutanfall auslöste. Er, der doch sonst selbst der Garant für die strenge und statische Ordnung der amtlichen Kirche ist. Somit hieße die Traumbotschaft, daß ich relativ gut gelernt habe, die Macht meines Verstandes im Gleichgewicht zu halten, wenn jedoch eine extreme Situation auf mich zukommt, dann ergreift unterschwellig die mentale Ebene die Kontrolle. Das Ausbrechen des heiligen Petrus war eine solche beispielhafte Grenzsituation.

Praktisch bezog sich die Warnung darauf, daß bestimmte Vorbedingungen für das Empfangen der Botschaften durch die Stimme meines Herzens nötig waren. An erster

Stelle stand ein möglichst vollkommenes Gleichgewicht zwischen Verstand und Gefühl, was das Gehörtwerden der Stimme der Intuition erst möglich macht. Die unbemerkte Übermacht der mentalen Ebene konnte mir in dieser extremen Situation einen Streich spielen – was letztlich auch geschah.

Jesus lebte und wirkte in einer Ära, die die Fundamente für die Übermacht des Intellekts in unserer heutigen Zeit legte. Man kann sich kaum vorstellen, daß er die Gefahr übersehen hätte, die das Hochschaukeln der Ratio für unsere innere Entwicklung mit sich bringt. Meiner Einsicht nach hat er sich durch die Gruppe jener Gleichnisse, in denen die Gestalt des Kindes im Mittelpunkt steht, mit diesem Thema auseinandergesetzt. Bei Matthäus ist zum Beispiel folgende Aussage zu lesen: »Wenn ihr nicht umkehrt und wie die Kinder werdet, könnt ihr nicht in das Himmelreich kommen.« (Mt 18/3)

Das Kind symbolisiert die Kräfte der unsterblichen Seele, den Entwicklungsaspekt im Menschen. Es ist die Seele, die das Grundmuster der Entwicklung des einzelnen Menschen für das jeweilige Erdenleben durch das Tor der Geburt mitbringt und im Bewußtsein des heranwachsenden Menschen zu verankern sucht. Im Prozeß des Erwachsenwerdens tritt jedoch noch ein anderer Aspekt des Wesens Mensch in den Vordergrund: die Kräfte der eigenen Vernunft einerseits und der gesellschaftlichen Normen andererseits beanspruchen immer mehr die Vorherrschaft. Umgekehrt wird die Stimme der Seele mit ihren Offenbarungen des Generalplans für das Leben immer leiser und geht schließlich im Lärm der täglichen Verpflichtungen, Gedanken und Emotionen des Menschen unter.

Die Besinnung auf die Rolle des Kindes steht für die Besinnung auf das Urmuster, das in das Gedächtnis der Seele eingeschrieben wird. Mein persönlicher Weg, mich immer wieder mit dem Urmuster der Seele zu verbinden, ist einfach. Sobald ich entdeckt habe, daß ich wieder einmal zu stark unter die Dominanz des Intellekts geraten bin, setze ich mich in die Stille, schiebe alle meine alltäglichen Gedanken und Emotionen beiseite und begebe mich in meine Herzmitte. Dort verweile ich eine längere Zeit, ohne etwas zu erwarten, sondern nur um mich in der Stille wieder an meine eigene Quelle anzuschließen.

Der Weg »zurück zum Kind« wird in einem Wort Jesu aus dem Evangelium nach Thomas besonders eindrucksvoll als der Weg zurück zur eigenen Quelle beschrieben: »Jesus sagte: Nicht wird zögern der hochbetagte Mann, zu fragen ein kleines Kind von sieben Tagen nach dem Ort des Lebens, und er wird leben. Denn viele Erste werden Letzte werden, und sie werden ein Einziger werden. (Tm, Log. 4)

Dabei ist der »Ort des Lebens« mit der eigenen Herzmitte gleichzusetzen, durch die der Mensch die Seele als die Quelle des ewigen Lebens erreichen kann. Die »vielen Ersten, die die Letzten werden« symbolisieren die Gedankenmuster, die sich aufgrund der Dominanz des Intellekts beim modernen Menschen dauernd in den Vordergrund drängen. Sie sollen im Vorgang des Sich-Wiederverbindens in der Stille auf den »letzten Platz« gesetzt werden, damit die leise Stimme des »Einzigen«, die Stimme der Seele als Urgrund unseres Wesens gehört werden kann.

Bezeichnenderweise sind genau jene Aussagen Jesu, die der Überwindung der Vorherrschaft des Intellekts gewidmet sind, weitgehend den intellektuellen Manipulationen bei der Endredaktion der Evangelientexte zum Opfer gefallen. Es wurden ihnen verstandesmäßige Erklärungen beigegeben, die den Eindruck entstehen lassen, Jesus habe sich in seiner Barmherzigkeit tatsächlich um die Rechte der Kinder kümmern wollen. Die Warnung vor der Übermacht der Vernunft wird dabei stillschweigend überhört.

So soll Jesus zum Beispiel, nachdem er drei Aussagen hintereinander zum Thema »Kind« gemacht hatte, hinzugefügt haben: »Wer einen von diesen Kleinen, die an mich glauben, zum Bösen verführt, für den wäre es besser, wenn er mit einem Mühlstein um den Hals im tiefen Meer versenkt würde.« (Mt 18/6) Abgesehen von der Irreführung, die durch die Formulierung »diese Kleinen, die an mich glauben« entsteht, stellt die Aussage eine wichtige Ergänzung zu der Botschaft über die Wiederverbindung mit der eigenen Urquelle dar. Sie will sagen, daß einer, der der verführerischen Übermacht des Intellekts verfallen ist, keinen linearen Weg der Rettung aus diesem Dilemma suchen soll. So etwas kann nicht angehen, weil man dazu wiederum die Kräfte des Intellekts einsetzen würde. Der einzige Ausweg liegt in einer tiefgreifenden Wandlung, die durch die »Versenkung im tiefen Meer« symbolisiert ist. Das Wasser des Meeres steht dabei für die Welt unserer

Emotionen, in die es einzutauchen gilt, um ein Gegenge-
wicht zur Dominanz des Intellekts zu schaffen.

Etwas weiter im Text kommt es erneut zu einer rationalen
Ablenkung von einer Aussage über die vorrangige Bedeutung der Seele. In Vers 10 heißt es: »Hütet euch davor,
einen von diesen Kleinen zu verachten! Denn ich sage
euch: Ihre Engel am Himmel sehen stets das Angesicht
meines himmlischen Vaters.«

Es klingt, als würde Jesus ein Geheimnis verraten mit dem
Inhalt, die Engel der Kinder stünden näher bei Gott als die
der Erwachsenen. Sind wir nicht erwachsen gewordene
Kinder? Wo liegt der Unterschied zwischen uns, und wer
setzt die Altersgrenze? Offensichtlich geht es um eine intellektuelle Spielerei, durch die die Botschaft des Gleichnisses vernebelt werden sollte.

Im Zusammenhang mit unseren vorangegangenen Überle-
gungen könnte die Übersetzung der Worte »Ihre Engel im
Himmel sehen stets das Angesicht meines himmlischen Vaters« in eine nichtrationale Sprache sinngemäß so lauten,
daß Jesus damit, was die Beziehung zur eigenen Seele angeht, auf eine besonders hohe geistige Dimension hinweisen wollte. Wenn das Kind für die Kräfte der menschlichen
Seele steht, dann würde der Engel des Kindes den geistigen
Kern der Seele symbolisieren, ihr Geistselbst bzw. den göttlichen Kern des Wesens Mensch. Durch die Augen des
Geistselbst »sehen wir stets das Angesicht des himmlischen
Vaters«, weil der Kern unserer Seele eins ist mit seinem Wesen – unter der Bedingung, daß wir den Begriff des himmlischen Vaters als Synonym für die Gottheit verstehen.

Daß der Begriff des Kindes in den Aussagen Jesu symbolisch und nicht konkret gemeint ist, wird auch aus dem Logion 22 des Evangeliums nach Thomas ersichtlich. Dieser Text ist nicht durch die Revision gegangen, die die Worte Jesu in den kanonischen Evangelien getroffen hat. Es wird darin erzählt, daß Jesus kleine Kinder sah, die gestillt wurden, und daraufhin zu seinen Jüngern sagte: »Diese Kleinen, die gesäugt werden, gleichen denen, die ins (Himmel) Reich eingehen.« Die Jünger verstanden ihn aber falsch, indem sie ihn fragten: »Werden wir, indem wir klein sind, ins Reich eingehen?« Jesus wies dieses Mißverständnis von sich, indem er den symbolischen Wert seiner Aussage hervorhob: »Wenn ihr die Zwei zu Eins macht und wenn ihr das Innere wie das Äußere macht und das Äußere wie das Innere und das Obere wie das Untere ... werdet ihr ins Reich eingehen.«

Aus diesen Worten geht klar hervor, daß es bei dem Gleichnis mit dem Kind nicht um eine Aufforderung Jesu an den Menschen geht, kindhaft naiv bzw. intellektuell arm zu sein. Keineswegs! Worum es geht, ist die Überwindung der Übermacht des Intellekts, allerdings nicht durch eine Unterdrückung der Verstandeskräfte – sie sind ein Bestandteil unserer Individualität und ein Garant unserer Freiheit –, sondern durch die Erweckung einer der Vernunft übergeordneten Kraft im Menschen – der Kraft der Liebe.

Die Liebe wird in dem zitierten Wort Jesu als eine unlogische Kraft dargestellt, als Fähigkeit zu verbinden, was verstandesmäßig nicht verbunden werden kann. Wie kann man »die Zwei zu Eins« machen oder das Innere mit dem Äußeren gleichsetzen? Es ist nur möglich durch eine liebende Einstellung gegenüber dem, was einem im Leben begegnet.

Durch eine aus dem geistig-seelischen Kern des Menschen entspringende liebende Einstellung ist es möglich, die äußeren Trennungen und Zergliederungen der Welt zu überbrücken und jede Situation, die das Leben bringt, in der Harmonie ihres Eingebettetseins in die allumfassende Ganzheit zu erleben. Wenn man beharrlich in einem solchen liebenden Zustand bleibt und auch den Mut hat, ihn nach außen hin zu zeigen, dann lösen sich die künstlich errichteten Grenzen und gedanklichen Vorbehalte der Ganzheit gegenüber auf. Das Leben wird in den Zustand zurückversetzt, den Jesus als das »Himmelreich« bezeichnete.

Aus diesem Zustand heraus ist es durchaus möglich, denkend zu ordnen, zu unterscheiden und Entscheidungen zu treffen, ohne die Gesamtheit bzw. die Zusammengehörigkeit der Dinge zu verletzen. Der Verstand, der vorher im Dienst der Trennung stand, wird jetzt zu einem Werkzeug der Klarheit bzw. des schöpferischen Umgangs mit dem Leben. Symbolisch ausgedrückt geht es darum, gleichzeitig das Kind zu sein und als Erwachsener zu denken und zu handeln.

8. Kapitel

Blockierende Kraftmuster

Die im letzten Kapitel besprochene Wiederverbindung mit den seelisch-geistigen Ausdehnungen meines Wesens und die daraus resultierende Befreiung meiner inneren Stimme hat es mir letztlich ermöglicht, mich mit einem Bruchstück der Evangelien zu befassen, das ich bisher gemieden hatte. Es geht um einen Komplex von Aussagen, die um den »unfruchtbaren Feigenbaum« zentriert sind. Schon bei den früheren Vorbereitungen zu diesem Buch hatte ich gespürt, daß darin ein der Lehre Jesu fremdes Muster steckt. Seine Logik konnte ich jedoch nicht erkennen.

Es handelt sich um einen Zwischenfall, der sich auf dem Weg Jesu nach Jerusalem ereignet haben soll. Es wird darüber sowohl bei Matthäus wie bei Markus berichtet; ich habe mich für letztere Version entschieden, weil sie gründlicher ist in der Beschreibung: »Als sie am nächsten Tag Betanien verließen, hatte (Jesus) Hunger. Da sah er von weitem einen Feigenbaum mit Blättern und ging hin, um nach Früchten zu suchen. Aber er fand an dem Baum nichts als Blätter, denn es war nicht die Zeit der Feigenernte. Da sagte er zu ihm: In Ewigkeit soll niemand mehr eine Frucht von dir essen.« (Mk 11/12) Als sie am nächsten Morgen an dem Feigenbaum vorbeikamen, sahen sie, daß er bis zu den Wurzeln verdorrt war.« (Mk 11/20)

144

Meine ursprünglichen Vorbehalte gegenüber der Echtheit dieser Geschichte rührten daher, daß ich mir nicht vorstellen konnte, daß Jesus einen lebendigen Baum verfluchen würde. Weiter fragte ich mich, wie er einen Feigenbaum dafür verurteilen konnte, daß er zu einer Zeit, die – wie ausdrücklich betont wird – nicht die Zeit der Feigenernte ist, keine Früchte trägt.

Dabei gilt es sich zu vergegenwärtigen, daß der Feigenbaum von jeher das Symbol der Muttergöttin ist. Zum einen ist er fähig, fast unvorstellbar lange Wurzeln zu bilden und dadurch seine üppige Gestalt auch in Gegenden zum Strahlen zu bringen, die vegetationsarm sind und wo Dürre herrscht. Daher wurde der Feigenbaum zum Symbol der unbesiegbaren Lebenskraft der Mutter Erde erhoben. Hinzu kommt, daß die Feigenfrüchte außerordentlich süß und voller Samenkörner sind. Daher galt die Feige auch als Sinnbild der unerschöpflichen Fruchtbarkeit der Göttin.

Angesichts dieser hohen symbolischen Bedeutung des Feigenbaums wird deutlich, daß die Verfluchung des Feigenbaums durch Jesus das elementare Vertrauen des Menschen in die Weisheit der Erdsysteme bzw. in die Fruchtbarkeit der Erdmutter im Zentrum getroffen hat. Hinzu kommt, daß der Akt der Verfluchung direkt mit dem Glauben an Gott verkoppelt wurde: Die Erzählung fährt fort: »Da erinnerte sich Petrus und sagte zu Jesus: Rabbi, sieh doch, der Feigenbaum, den du verflucht hast, ist verdorrt. Jesus sagte zu ihnen: Ihr müßt Glauben an Gott haben. Amen, das sage ich euch: Wenn jemand zu diesem Berg sagt: Heb dich empor und stürz dich ins Meer!, und wenn er in seinem Herzen nicht zweifelt, sondern glaubt, daß geschieht, was er sagt, dann wird es geschehen.« (Mk 11/21) Das Gefährliche an diesen Worten ist, daß sie so verstanden werden können, als würde Jesus den Menschen suggerieren, sie könnten auf der Erde tun und machen, was sie wollen, denn er, Jesus, habe die Kraft der Mutter Erde sowieso verflucht, sprich lahmgelegt. Die einzige Bedingung, der man dabei gehorchen müsse, sei der Glaube an Gott.

Als mir klargeworden war, was für ein verzerrendes Muster hinter dem Aussagekomplex vom verfluchten Feigenbaum steckt, habe ich verschiedene Untersuchungen angestellt, um an seinen Ursprung zu kommen. Beim Abtasten der Ätherschichten des Textabschnittes stellte sich heraus, daß er aus verschiedenen Teilen zusammengesetzt ist. Einer dieser Teile, die Aussage über den Glauben im Herzen, weist ein vollkommen gesundes Äthergewebe auf, andere, wie die Erzählung von der Baumverfluchung, zeigen einen der Lehre Jesu fremden Ätherkörper. Das innere Bild, das ich dabei sehe, ist charakteristisch. Am Anfang der Geschichte taucht das Bild einer paradiesisch schönen, üppigen Landschaft auf. Sobald die Erzählung bei der Verfluchungsszene anlangt, kommt es zu einer dramatischen Umpolung: Die lebendige Landschaft kippt um, gefolgt vom Bild eines vollständig verdorrten und verwüsteten Landes. Als dritte Prüfung habe ich den Aussagekomplex in mein Herz gelegt und dem Kommentar meiner inneren Stimme gelauscht. Die Antwort, die ich aus der Herzmitte erhielt und die ich gleichzeitig niederschrieb, lautete:

»Hier bist du auf Gift gestoßen. Es wurde insgeheim in die

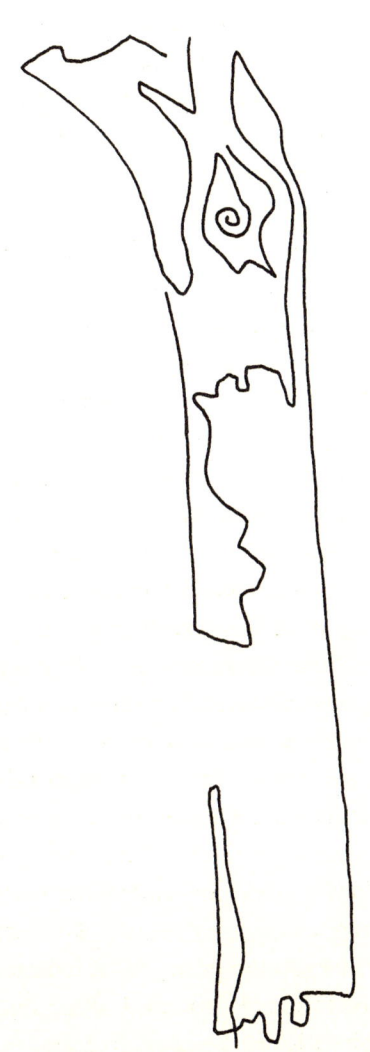

inneren Schichten der Evangelientexte hineingegossen, um die Aufmerksamkeit des Menschen unbemerkt von der ätherischen Botschaft abzulenken, durch die Jesus das Unterbewußtsein seiner Zeitgenossen zu erreichen suchte. Sie waren noch nicht reif genug, um seine Botschaft der universellen Liebe bewußt verstehen zu können.«

An dem Punkt wurde mir die giftige Kraft gefühlsmäßig zu spüren gegeben. Ich empfand einen konzentrierten Schmerz, als ob mich ein Blitz ins Herz getroffen hätte. Die innere Stimme fuhr fort: »Es schmerzt. Das Gift der falschen Botschaft hat die wahre Botschaft gelähmt. Dadurch wurde die Stimme der Mutter des Lebens in den Evangelien zum Schweigen gebracht. Die Stimme des Vaters des Lichts wurde überstark. So wurde das Gleichgewicht der Christusbotschaft gestört.«

Ferner wurde ich auf die Gefahr hingewiesen, die in der Verkoppelung der Feigenbaumverfluchung mit der Aussage über die Kraft des Glaubens und die Fähigkeit, Berge zu versetzen, besteht. Es entsteht dadurch ein Kräftedreieck, das in auffälliger Weise der allgemeinen Blockade ähnelt, die den heutigen Menschen vom Wesen der Erde und der Natur trennt. Die drei Eckpfeiler der Blockade lassen sich unter Bezugnahme auf die Aussagen zum Feigenbaumkomplex folgendermaßen benennen:

1. Die Stimme der Mutter Erde, die den Menschen ursprünglich durch das irdische Leben geführt hatte, ist für immer verstummt (Schlüsselsatz: »In Ewigkeit soll niemand mehr eine Frucht von dir essen.«).

2. Die innere Herzensbeziehung zur Erde und zur Natur wird durch den Glauben an eine außerhalb des Menschen stehende Kraft ersetzt (Schlüsselsatz: »Ihr müßt Glauben an Gott haben.«).

3. Dem Menschen wurde die Herrschaft über die Erd- und Naturkräfte zugesprochen (Schlüsselsatz: »Wenn jemand zu diesem Berg sagt: Heb dich empor und stürz dich ins Meer! ... dann wird es geschehen.«).

Der Zusammenhang dieser drei Elemente erweckt im Menschen den Eindruck, allmächtig zu werden, wenn er an eine Kraft glaubt, die über ihm steht und ihm die Vollmacht verleiht, tun zu können, was immer er will. Gleichzeitig entbindet sie ihn von der Verantwortung zur Mutter Erde, indem sie ihn glauben läßt, die Weisheit und Kraft der Erde seien nichtig. Der Mensch darf nun ruhigen Gewissens Berge versetzen, wenn er will.

Ich möchte die Schuld für das Entstehen der in mehrfacher Hinsicht mißverstandenen Beziehung des heutigen Menschen zur Erde und zur Natur nicht auf die Evangelientexte allein schieben. Ich bin sogar davon überzeugt, daß es sich dabei nicht um einen Fehler und folglich auch nicht um eine Schuld handelt.

Das Entbinden des Menschen von seiner symbiotischen Beziehung zur Weisheit der Erde und der Natur war zu einem bestimmten Zeitpunkt in der Geschichte unumgänglich geworden, damit eine neue, tiefergreifende Beziehung zu den Erdsystemen zur Entwicklung kommen konnte. Deswegen wurden Zerstörungsprozesse entfesselt, die eine Befreiung von den überholten Bindungen bewirken sollten. In diesen Zusammenhang gehört auch die unglückliche Geschichte um den verfluchten Feigenbaum.

Es schmerzt mich, wenn ich hinspüre, welch dunkle Kräfte hier unterschwellig gewirkt haben. Andererseits gibt es auch Grund, sich über den Verlust der alten, intimen Beziehung zu Mutter Erde zu freuen, wenn es unserer Kultur dadurch ermöglicht wird, die Liebe zur Weisheit der Erde und der Natur – griechisch Sophia genannt – neu zu entdecken und tiefgreifender als je zuvor in unserem Bewußtsein zu verankern.

Trotz dieser versöhnlichen Einstellung empfinde ich es als dringend geboten, daß die Kraftmuster, die, wie das obige Beispiel zeigt, unsere Kultur in eine negative Einstellung gegenüber der Erde und der Natur gestoßen haben, heute ins Licht des Bewußtseins geholt werden. Nur dadurch kann ihre hemmende Kraft erkannt und bewußt abgebaut werden. Als Folge wird der Weg für den Aufbau einer ganz neuen Beziehung zur Weisheit der Erde frei.

Meinem Gefühl nach kann ich der Blockade am besten die Kraft entziehen, wenn ich Beziehung aufnehme zu den ursprünglichen Aussagen Jesu, die in dem Komplex vom verfluchten Feigenbaum zu einer rationalen Aussage zusammengebunden wurden. Zum einen geht es um das Gleichnis vom unfruchtbaren Feigenbaum, das bei Lukas erwähnt ist. Darin ist eine Warnung an die Menschen enthalten, die möglicherweise als Vorlage für die Erfindung der Geschichte von der Verfluchung des Feigenbaumes diente. Das Gleichnis wurde von Jesus in folgender Weise erzählt:

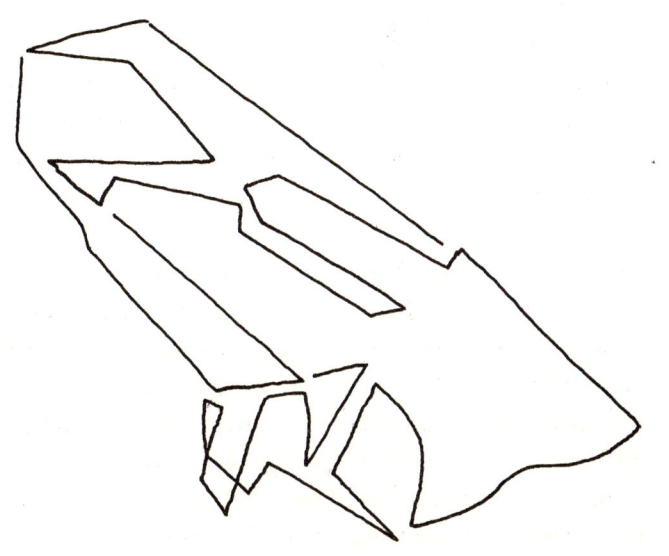

»Ein Mann hatte in seinem Weinberg einen Feigenbaum; und als er kam und nachsah, ob er Früchte trug, fand er keine. Da sagte er zu seinem Weingärtner: Jetzt komme ich schon drei Jahre und sehe nach, ob dieser Feigenbaum Früchte trägt, und finde nichts. Hau ihn um! Was soll er weiter dem Boden seine Kraft nehmen? Der Weingärtner erwiderte: Herr, laß ihn dieses Jahr noch stehen; ich will den Boden um ihn herum aufgraben und düngen. Vielleicht trägt er doch noch Früchte; wenn nicht, dann laß ihn umhauen.« (Lk 13/6)

Übersetzt in die logische Sprache hieße die Botschaft des Gleichnisses etwa so: Das Leben ist der Entwicklung des Menschen gegenüber höchst gütig eingestellt. Er bekommt nacheinander sämtliche Möglichkeiten geboten, um den nächsten Schritt auf seinem persönlichen Weg machen zu können. Doch der Mensch ist träge, er fürchtet sich vor Veränderungen und zögert. Das Leben bietet ihm noch eine Chance, ist geduldig mit ihm und bietet ihm eine weitere an. Ab einem gewissen Zeitpunkt aber ist die weitere Verschiebung der Entscheidung nicht mehr sinnvoll. Die Kräfte sind am Fließen gehindert und stauen sich. In dem Moment kommt es wegen der inneren Spannung völlig unerwartet zu einem Einbruch der Wandlungskräfte. Ein »Unglück« schlägt in die gestauten Kräfte hinein, es werden völlig neue Umstände erschaffen. Dabei geht es nicht um Schuld und Strafe, sondern um Hilfe auf einer höheren Ebene, die die Weiterentwicklung fördert. Deswegen wurde gesagt: »Vielleicht trägt er doch noch Früchte; wenn nicht, dann laß ihn umhauen.«

Es gibt noch eine zweite Aussage Jesu, die in die Verfluchungsgeschichte hineingearbeitet wurde und die ich als durchaus glaubwürdig empfinde. Um ihre wahre Botschaft nachempfinden zu können, führe ich sie hier noch einmal an: »Wenn jemand zu diesem Berg sagt: Heb dich empor, und stürz dich ins Meer! Und wenn er in seinem Herzen nicht zweifelt, sondern glaubt, daß geschieht, was er sagt, dann wird es geschehen.« (Mk 11/23)

Es ist bezeichnend, daß der Begriff des Glaubens hier nicht mit einer außerhalb des Menschen stehenden Macht verbunden wird, die gewährt, was man sich wünscht, wenn man nur stark genug an sie glaubt; im Gegenteil, die Fähigkeit des Glaubens wird auf die dem Herzen innewohnende Kraft bezogen, die wiederum über die Seele an der göttlichen Quelle teilhat. Der Mensch wird aufgefordert, seine Zweifel bewußt abzulegen und aus ganzem Herzen an die Vollkommenheit des Lebens zu glauben. Wenn es ihm gelingt zu glauben, anstatt sich lediglich verstandesmäßig um Glauben zu bemühen, dann kann er, symbolisch ausgedrückt, selbst »Berge versetzen«.

Außer in dem Komplex vom verfluchten Feigenbaum habe ich in den Evangelientexten noch ein zweites blockierendes Kraftmuster entdeckt. Ich habe es schon mehrfach als eine unheilvolle Botschaft des Matthäus-Evangeliums angesprochen. Es betrifft die Aufteilung der Menschen in »gute« und »böse«, wobei erstere Gott wohlgefällig sind und letztere von Gott verdammt werden. Die »guten« werden gepriesen und leben in der Verheißung ewiger Glückseligkeit, den »bösen« droht »die äußerste Finsternis. Dort

153

werden sie heulen und mit den Zähnen knirschen«. (Mt 25/30). Der furchteinflößende Refrain, die Bösen würden »verworfen« oder »verbrannt«, worauf das »Heulen und Knirschen mit den Zähnen« folgt, ist systematisch durch den ganzen Text des Matthäus-Evangeliums hindurch verteilt, so daß ein regelmäßiges Muster oder Netz entsteht, das die Gesamtbotschaft des Evangeliums unterschwellig prägt.

Bei dem Komplex um die Verfluchung des Feigenbaumes geht es zunächst einmal um eine verborgene Aussage, die auf der mentalen Ebene wirkt. Das Muster von der Aufteilung in Böse und Gute (Menschen) wirkt hingegen auf der emotionalen Ebene. Es werden Furchtgefühle entfesselt, die auf der Ungewißheit, welcher von beiden Gruppen man angehöre, basieren. Die Entscheidung darüber, so wird suggeriert, kann jeden Moment umkippen, weil die ethisch-moralischen Kriterien zur Beurteilung nicht klar definiert sind. Dadurch, daß der Mensch ständig aufs neue verunsichert und seine Furcht insgeheim geschürt wird, kommt es zu einer psychischen Schwächung. Alle Faktoren zusammengenommen führen zu Schuldgefühlen und letztlich zu einer Potenzierung der ursprünglichen Furcht. Der Mensch bewegt sich in einem psychischen Teufelskreis.

Als ich dieses unheilvolle Kraftmuster durch das Studium der Ätherschichten des Textes entdeckte, war ich äußerst empört. Als ich jedoch die Gesamtkomposition der Evangelien betrachtete, mußte ich eingestehen, daß der Versuch der psychischen Mißhandlung seinen Platz und seine

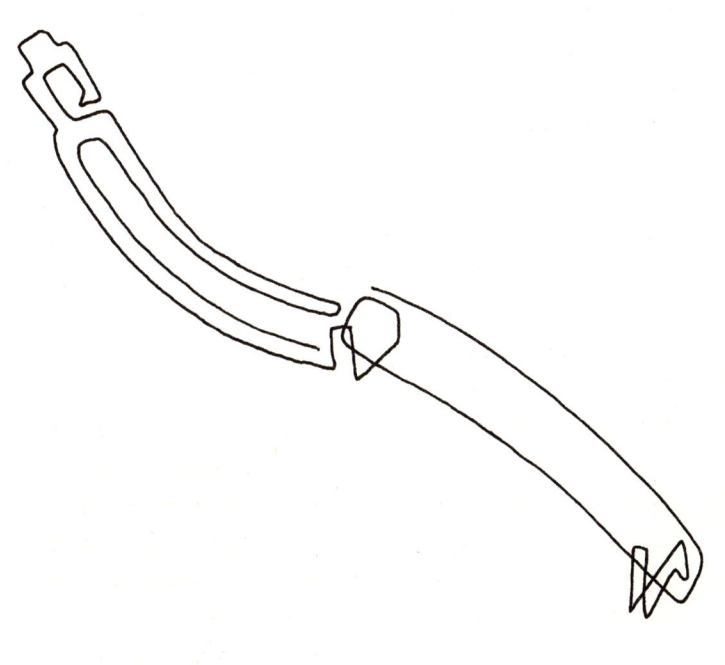

Aufgabe innerhalb der christlichen Überlieferung als Ganze hat. Zu dieser Erkenntnis hat mich nicht nur die Aussage des Gleichnisses vom Lolch (siehe Kapitel 2) bewegt, sondern auch die Rolle des Judas Iskariot innerhalb des Kreises der Apostel.

Um die Fortsetzung seines Wirkens in Palästina und später weltweit zu sichern, hat Jesus einen Kreis von zwölf Menschen erwählt, die Apostel genannt wurden. Unter ihnen gab es von Anfang an einen Mann, Judas mit Namen, durch den Jesus, so steht es in den vier kanonischen Evangelien, verraten und an seine Peiniger ausgeliefert werden sollte. Jesus hat mehrfach angedeutet, daß er wisse, welche Rolle dem Judas zukam. Er hat jedoch nie versucht, ihn zu entlarven und aus dem Kreis der Auserwählten auszuschließen. Während des letzten Abendmahls, als Jesus mit seinen Jüngern am Tisch saß, soll er, Johannes zufolge, sogar zu ihm gesagt haben: »Was du tun willst, das tu bald!« Nachdem Judas aus dem Kreis ausgeschieden war, wurde die Rolle des Verräters interessanterweise durch den ausgesprochen rechtsgläubigen Apostel Petrus – wenn auch unwillentlich – übernommen. Im weiteren Verlauf der Passionsgeschichte hat Petrus seine Beziehung zu Jesus dreimal verleugnet. Ich sehe darin einen Hinweis darauf, daß es sich um eine objektive Rolle handelt, die zu jeder sich entwickelnden menschlichen Gemeinschaft dazugehört, und nicht um die subjektive Bösartigkeit eines Judas Iskariot.

Damit sich der Mensch als ein freies Wesen entwickeln kann – um dieses Thema noch einmal anzusprechen –, bedarf es einer Vielfalt von Möglichkeiten, unter denen er selbständig wählen können muß, um unterscheiden zu lernen zwischen dem, was die Entfaltung des Lebens fördert, und dem, was in die Versuchung führt und die Lebenskräfte blockiert. Man kann sich diese Qualitäten nicht aneignen, ohne nicht selbst durch schwierige, störende oder gar zerstörerische Erfahrungen hindurchgegangen zu sein. In diesem Sinne könnte man geneigt sein, das Muster der Aufteilung in Gut und Böse als ein Element der Herausforderung und Prüfung innerhalb der Entwicklung der christlichen Kultur zu akzeptieren.

Ich wurde jedoch durch einen kristallklaren Traum aufgefordert, meiner diesbezüglichen Toleranz Grenzen zu setzen. Am 25. September 1996 träumte ich während eines Aufenthaltes in Berlin, daß um mich herum etwas Entscheidendes geschah, nur merkte ich nicht, wie ernsthaft die Lage war. Die Traumbilder hinterließen deutlich das Gefühl einer Warnung.

Der Traum stellte die Lage so dar, als sei ein Teil der Menschen im allgemeinen unnütz und als hätten sich diese Menschen bereit erklärt, freiwillig in den Tod zu gehen. Ich war bei dem Vorgang ihrer Vernichtung anwesend und konnte alles beobachten. Jeweils drei Menschen wurden auf eine einfache Holzbank gesetzt, mitsamt der Bank hochgehoben und irgendwie ins Nichts gekippt. Man konnte nicht genau sehen, was in der letzten Phase mit ihnen geschah. Was mich betraf, so habe ich den Vorgang als korrekt und selbstverständlich hingenommen. Obwohl auch meine geliebte Frau unter denen stand, die auf die Vernichtung warteten, habe ich die Lage nicht als ernst genug empfunden, um nicht gerade in dem Moment den Raum zu verlassen, um meinen Geschäften nachzugehen.

Im nächsten Augenblick wurde ich mir der Schicksalhaftigkeit der Lage bewußt; ich kehrte um, rannte zurück in den Saal, winkte heftig und rief, daß ich mich von meiner Frau verabschieden möchte. Sie saß bereits auf der hölzernen Bank, so daß der Vorgang der Vernichtung angehalten wurde. Während ich gleichgültig auf sie zuging, bemerkte einer der Teilnehmer spöttisch: »Schaut, Marika bekommt noch ein Küßchen!«

In dem Moment schrie eine weibliche Stimme am entlegensten Ende des Raumes: »Papier, Papier!« Ich schaute mich um und sah von weitem eine Frau mit einem Blatt Papier winken. Alles ereignete sich blitzschnell. Meine Intuition sagte mir etwas wie »der Freispruch ist eingetroffen«. Schon begann ich mit aller Macht zu rufen: »Ich lasse es nicht zu!« Ich stand mit meiner vollen Entschlossenheit hinter diesen Worten, die sich gegen die Selbstverständlichkeit richteten, mit der hier Menschen vernichtet wurden.

Der Traum hat eine geistige Einstellung zutage gefördert, die tief in meinem Unterbewußtsein lag und die meine kaltblütige Einwilligung in die Spaltung der Menschheit in eine »gute« und eine »böse« Hälfte zum Ausdruck brachte. Die Dringlichkeit, die den ganzen Traum durchzog, ist ein Hinweis darauf, wie wichtig es wäre, uns in diesem Augenblick der verheerenden Folgen dieses dualistischen Schwarz-Weiß-Denkens bewußt zu werden. Die Mensch-

heit, die in diesem Augenblick darum ringt, sich als ein vielfältiger und dennoch einheitlicher planetarer Organismus zu erkennen und zu organisieren, wird kraftmäßig in ihren Bemühungen wesentlich geschwächt und behindert, solange das alte dualistische Muster, wenn auch nur unterschwellig, in Kraft bleibt.

Es reicht nicht aus, wenn wir uns für die Menschenrechte jedes einzelnen Menschenwesens auf der Erde einsetzen, es genügt auch nicht, wenn wir uns für die gerechte Verteilung der Güter unter alle Bewohner des Planeten engagieren. Der Kern meiner Traumbotschaft besagt, daß alle diese Bemühungen nicht zum Ziel führen können, wenn nicht gleichzeitig auch an der Bewußtwerdung der überholten und blockierenden Kraftmuster gearbeitet wird, die unsere Kulturen auf der seelisch-geistigen Ebene prägen.

Die Teilung der Menschheit in zwei Hälften, von denen die eine – wie im Traum gezeigt – in Gefahr ist, von unserer gemeinsamen Entwicklung ausgeschlossen zu werden, steht im krassen Gegensatz zu den Botschaften eines der »Hirten der Menschheit«, des Engels Michael. Es wird darin außerhalb jedes Zweifels bestätigt, daß jeder, wirklich jeder einzelne Mensch seinen unverwechselbaren Platz in der Gesamtkomposition der Menschheit innehat. Eine dieser Botschaften, die meine Mitarbeiterin Ana am 15. 9. 1996 erhalten hat, wurde im 4. Kapitel zitiert. Eine zweite hat sie am 22. 9. 1996 niedergeschrieben, drei Tage vor meinem Traum, den ich mehr als tausend Kilometer entfernt in Berlin empfing. Die Hauptpunkte würde ich wie folgt zusammenfassen:

- Jeder einzelne Mensch stellt ein Steinchen im Mosaik der gesamten Menschheit dar. Jede Einheit ist für das Ganze von gleichwertiger Bedeutung, ohne Rücksicht darauf, wie hoch oder weniger entwickelt der Mensch ist, der diese Einheit darstellt.

- Der einzelne Mensch ist eine abgerundete und mehrschichtige Einheit, die unentwegt Erfahrungen und Informationen sammelt, verarbeitet und weitergibt und die mit anderen im Austausch steht. Dadurch entsteht etwas, das man mit einem Hochspannungsnetz auf einer übergeordneten Ebene vergleichen könnte, das die einzelnen Menschen untereinander verbindet.

- Dieses Beziehungsnetzwerk unter den Menschen ist unglaublich fein und präzise ausgearbeitet, so daß der einzelne Mensch genau diejenigen Kontakte anknüpfen und diejenigen Informationen erhalten kann, die er in jedem Augenblick für seine Entwicklung braucht.

- Die Qualität des Austausches und der Beziehungen, an die jemand herangezogen wird, hängt von der Stufe der Entwicklung ab, auf der er steht, und davon, was er im gegebenen Moment braucht; das können sowohl angenehme als auch unangenehme und herausfordernde Erfahrungen sein.

- Keine Begegnung ist sinnlos, jede Beziehung, die jemand eingeht, birgt in sich eine Erfahrung, die zu einer Erkenntnis führen kann – je nachdem, ob jemand sich ihrer bewußt wird oder ob der gebrauchte Austausch unterbewußt abläuft.

- Es gilt daraus zu lernen, jeden Mitmenschen als einen Knotenpunkt in dem großen Netz zu betrachten und sich zu vergegenwärtigen, daß man selbst ebenfalls ein solcher Knotenpunkt ist.

- So können wir die Welt um uns herum und die vielen Menschen, die uns umgeben, als einen mehrdimensionalen Organismus sehen, durch den es allen Beteiligten möglich wird, Erkenntnisse zu sammeln und zu wachsen.
- Damit man sich kreativ in diese Vielfalt eingliedern kann, ist es nötig, zuerst einmal nach innen zu lauschen und das eigene Wesen bis zu einem gewissen Grad kennenzulernen. Erst dadurch wird man zum Austausch mit der Ganzheit bereit.

Ich meine, genügend Zeugnisse in den Evangelientexten dafür gefunden zu haben, daß Jesus selbst die Überwindung des matthäischen Dualismus lehrte und daß seine Gesamtbotschaft nicht der Teilung in Schwarz und Weiß, sondern der Integration der Gegensätze gewidmet war. Bekannt ist die Geschichte, in der er es ausdrücklich ablehnte, die Rolle eines Teilers zu übernehmen. Die Begebenheit ist sowohl im Evangelium nach Thomas wie in dem nach Lukas erhalten. Leider ist sie bei Lukas in einen moralisierenden Kontext gestellt worden (Lk 12/13), so daß ihre eigenständige Botschaft verlorengegangen ist. Ich zitiere sie daher nach Thomas:

»Ein Mann sagte (zu Jesus): Sage meinen Brüdern, daß sie die Sachen meines Vaters teilen sollen mit mir. Er sagt zu ihm: O Mann, wer hat mich zum Teiler gemacht? Er wandte sich an seine Jünger und sagte zu ihnen: Bin ich denn ein Teiler?« (Tm, Log. 72)

Der Verfasser des Lukas-Evangeliums konnte verstandesmäßig nichts mit dieser Aussage anfangen. Er hat sie so
umgestaltet, daß der Eindruck entsteht, der Mann sei begierig nach den Gütern seines verstorbenen Vaters gewesen. Dadurch wurde der Akzent verschoben, und infolge-
dessen mündet das Ereignis in eine offensichtlich selbstge-
schmiedete Aussage, die er Jesus in den Mund legt: »Gebt
acht, hütet euch vor jeder Art von Habgier.« (Lk 12/5)
Ergiebiger in seiner Botschaft ist der Logion 61. Eine Spur
dieser zweifellos ursprünglichen Worte Jesu blieb auch in
den kanonischen Evangelien – bei Lukas und Matthäus –
erhalten. Leider wurde auch diese Aussage als Baustein
verwendet, um einen sekundären Inhalt zu untermauern,
den man für wichtiger hielt als die Botschaft selbst. Bei
dem sekundären Inhalt handelt es sich um Zukunftsoffen-
barungen Jesu. Dabei wurde ein Teil der Worte Jesu, der
zu dem neuen Inhalt paßte, übernommen, der andere weg-
gelassen.

Diese Worte bestehen, nach Thomas, aus drei Teilen. Der
erste Teil ist in einer modifizierten Form in die kanonischen Evangelien übernommen worden: »Jesus sagte:
Zwei werden sich auf einem Bett ausruhen. Der eine wird
sterben, der andere wird leben.« (Tm, Log. 61)

Bei Lukas heißt es dementsprechend: »Von zwei Männern,
die in jener Nacht auf einem Bett liegen, wird der eine mitgenommen und der andere zurückgelassen. Von zwei
Frauen, die mit derselben Mühle Getreide mahlen, wird
die eine mitgenommen und die andere zurückgelassen.«
(Lk 17/34)

Wenn man diesen Teil losgerissen von der Gesamtaussage betrachtet, wird der Eindruck erweckt, Jesus habe über die Teilung der Menschheit in zwei Hälften gesprochen, von denen eine in die Zukunft hinübergeführt, die andere jedoch dem Zerfall preisgegeben wird. Diese Art von Interpretation entspricht der Rolle, die der Teilaussage im Kontext der beiden kanonischen Evangelien zugewiesen wurde: Sie dient der Einführung in die Idee eines zukünftigen »Jüngsten Gerichts«, bei dem angeblich »die Schafe von den Böcken« bzw. die guten von den bösen Menschen für alle Ewigkeit getrennt werden.

Dabei wird übersehen, daß in den Worten Jesu besonders betont wird, daß die beiden Personen, die eine Trennung erfahren, in ein und demselben Bett liegen, an derselben Mühle mahlen oder – bei Matthäus – auf demselben Feld sind. Das deutet darauf hin, daß es sich nicht um zwei verschiedene Personen handelt, sondern um zwei Seiten ein und derselben Person. Es geht um eine innere Spaltung im Menschen, auf die Jesus hinweist. Diese Spaltung ist vorübergehend notwendig, um die innere Entwicklung zu ermöglichen. Dann aber kommt der Zeitpunkt, wo sie überwunden werden muß. Im Vorgang des Einswerdens hebt sich die Seite, die in der Verblendung gelebt hat, von selbst auf. Diesen komplexen Zusammenhang wollte Jesus in den oben zitierten zwei Sätzen ins Bewußtsein heben.

Laut Thomas-Evangelium hat Jesus diese Worte gesprochen, als er mit seiner Gastgeberin, einer Frau namens Salome, zu Tisch saß. Daraufhin wurde Salome hellhörig und fragte, wer er sei. Jesus erwiderte: »Ich bin der, der aus dem

Gleichen ist. Man hat mir von (den Dingen) meines Vaters gegeben.« Als sie das hörte, erwiderte sie aus voller Überzeugung: »Ich bin deine Jüngerin.«

Jesus hat zur Überwindung der inneren Spaltung die Lehre vom ganzheitlichen Menschen in die Welt gebracht. Der heutige Mensch ist innerlich in mehrfacher Hinsicht gespalten. Einerseits ist er der materiellen Welt teilhaftig, andererseits in sein Traumbewußtsein versenkt. Als ein Mensch der Öffentlichkeit denkt er anders als in seiner Eigenschaft als Privatperson usw. Um eine heilende Entwicklung unter den Menschen einzuleiten, müssen psychisch-geistige Spaltungen dieser Art aufgehoben werden. Der Weg dorthin führt über die Entscheidung, welche der uns innewohnenden Kräfte und Qualitäten zukunftsfördernd und welche entwicklungshemmend sind.

Um zum Einssein mit sich selbst zu gelangen – Jesus charakterisierte sich als »der, der aus dem Gleichen ist« –, muß der Weg der Wandlungen beschritten werden, auf dem die zukunftstragenden Aspekte gepflegt und gefördert werden. Diejenigen Aspekte jedoch, die den Menschen in Zwiespalt, Zerrissenheit, Zweideutigkeit und Zweifel führen, müssen erkannt, entmachtet und ausgeschieden werden. In diesem Sinne sollte die Aussage verstanden werden: »Zwei werden sich auf einem Bett ausruhen, der eine wird sterben, der andere wird leben.«

Die Wichtigkeit der Lehre von der Wiedervereinigung des Menschen wird noch durch den Satz unterstrichen: »Man hat mir von (den Dingen) meines Vaters gegeben.« Damit will Jesus sagen, daß ihm diese Lehre durch die »Hirten der

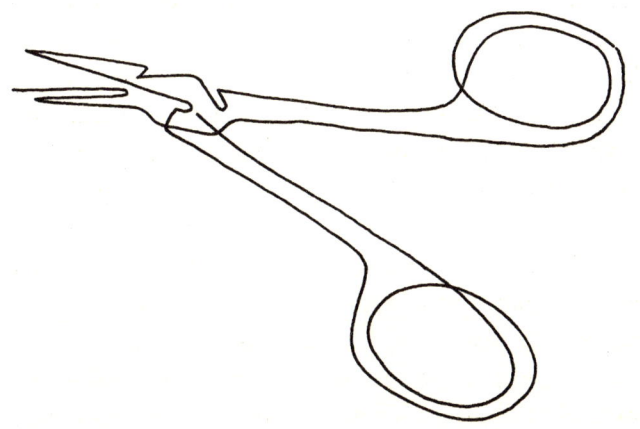

Menschheit« bzw. durch das höchste Prinzip, das unterstützend über unsere Entwicklung wacht, zuteil geworden ist.

Um ihren Inhalt nochmals in aller Klarheit auszusprechen, fügte Jesus hinzu: »Deshalb sage ich: Wenn er gleich ist, wird er sich mit Licht füllen. Wenn er aber getrennt ist, wird er sich mit Finsternis füllen.« (Tm, Log. 61). Braucht man dem noch etwas hinzuzufügen, um das Kraftmuster der Spaltung der Menschheit in eine gute und eine böse Hilfe als zeitbedingt und heute überholt zu erkennen?

9. Kapitel

Die Mehrschichtigkeit
der Lehre Jesu

Von allen Gleichnissen, die von Jesus überliefert sind, ist das Gleichnis vom Sämann wohl das bekannteste. Es ist durch alle drei synoptischen Evangelien in recht übereinstimmender Form tradiert worden. Durch das neuerlich entdeckte Evangelium nach Thomas kam noch eine überzeugende Bestätigung seiner Echtheit ans Tageslicht. Mehr noch, die Evangelien bringen sogar noch eine Deutung, die Jesus selbst zugeschrieben wird. Das Problem liegt darin, daß die Botschaft des Gleichnisses vom Sämann mehrschichtigen Charakters ist, die Deutung, die Jesus seinen Jüngern anvertraut hat, greift jedoch nur eine dieser Schichten heraus und erhellt sie im Licht der Lehre, die er seinen Jüngern zu vermitteln suchte.

Jesus hat seine Jünger dazu bestimmt, das Wort des Evangeliums unter den Menschen zu verbreiten. Im Sinne dieses Auftrags hat er ihnen, als sie einmal unter sich waren, das Gleichnis vom Sämann so gedeutet, daß sie daraus lernen sollten. Das heißt aber nicht, daß er einer anderen Gruppe von Menschen das Gleichnis nicht in einer anderen Form gedeutet hätte. Soviel möchte ich vorausschicken, bevor ich das Gleichnis zitiere, damit die gewohnte Deutung nicht die Mehrschichtigkeit der Botschaft verhüllt, die nämlich genau von der Mehrdimensionalität des Lebens handelt.

»Ein Sämann ging aufs Feld, um seinen Samen auszusäen. Als er säte, fiel ein Teil der Körner auf den Weg; sie wurden zertreten, und die Vögel des Himmels fraßen sie. Ein anderer Teil fiel auf Felsen, und als die Saat aufging, verdorrte sie, weil es ihr an Feuchtigkeit fehlte. Wieder ein anderer Teil fiel mitten in die Dornen, und die Dornen wuchsen zusammen mit der Saat hoch und erstickten sie, ein anderer Teil schließlich fiel auf guten Boden, ging auf und brachte hundertfach Frucht.« (Lk 8/5)

In eine logische Form übersetzt würde die Botschaft des Gleichnisses lauten, daß die Menschheit bezüglich der Entwicklungsstufe, die einzelne Menschen durch ihre persönliche Entfaltung erreicht haben, aus vier Gruppen besteht. Diese Gruppen leben auf dem Erdplaneten nicht voneinander getrennt, also eine im Norden, eine im Süden, eine andere im Osten und die vierte im Westen, sondern untereinandergemischt. Auf dieser Weise stehen sie in dauernder Interaktion miteinander, die sich wiederum fördernd auf die Entfaltung der gesamten Menschenfamilie auswirkt. Aufgrund des Gleichnisses vom Sämann könnte man die vier sich durchdringenden Schichten, aus denen die Menschheit zusammengesetzt ist, folgendermaßen definieren:

1. Zu der ersten und meistverbreiteten Schicht gehören viele Einzelmenschen, die bewußtseinsmäßig noch »schlafen«, das heißt, sie ringen mit den Umständen des täglichen Lebens und haben sich dem inneren Wachstum noch nicht bewußt gewidmet. Symbolisch gesprochen

bemühen sie sich noch nicht, den Acker ihres Bewußtseins zu pflügen. Seine Oberfläche ist hart und kompakt, wie die eines Weges. Deswegen wird gesagt: »Ein Teil der Körner fiel auf den Weg; sie wurden zertreten und die Vögel des Himmels fraßen sie.«

2. Die zweite Schicht ist aus Personen zusammengesetzt, die sich gelegentlich für gesunde Lebensformen, die Entwicklung einzelner seelischer Fähigkeiten und für bestimmte geistige Ideale interessieren. Sie lesen gern Berichte über andere Menschen, die sich auf ihrem geistigen Entwicklungsweg ausgezeichnet haben, tun aber von sich aus nichts, um selbst in die Erfahrung zu gehen. (»Ein anderer Teil der Körner fiel auf Felsen und als die Saat aufging, verdorrte sie, weil es ihr an Feuchtigkeit fehlte.«)

3. Zu der dritten Schicht gehören Persönlichkeiten, die reif genug wären, ihren Entwicklungsweg bewußt zu gehen. Sie sind auch geneigt, sich für gewisse geistige Strömungen zu begeistern, dem einen oder anderen Lehrer oder Guru zeitweilig zu folgen oder sich in einer bestimmten geistigen Disziplin zu üben. Sie sind darin aber nicht beständig und tiefgreifend genug. Folglich werden sie immer wieder durch die Umstände und Bedrängnisse des äußeren Lebens mitgerissen, wobei ihre innere Entfaltung vergessen wird. (»Wieder ein anderer Teil fiel mitten in die Dornen, und die Dornen wuchsen zusammen mit der Saat hoch und erstickten sie.«)

4. Schließlich gibt es innerhalb der menschlichen Familie noch eine vierte Schicht, zu der relativ wenige Individu-

en gehören, die bewußt und beharrlich an ihrer persönlichen Entfaltung arbeiten und versuchen, das, was sie innerlich erfahren und gelernt haben, in ihrem alltäglichen Leben zu verwirklichen. Sie werden im Gleichnis durch den Satz charakterisiert: »Ein anderer Teil (der Körner) schließlich fiel auf guten Boden, ging auf und brachte hundertfach Frucht.«

Man sollte das Gleichnis keineswegs so lesen, wie es gewöhnlich verstanden wird, daß nämlich Jesus damit die Angehörigen der ersten drei Gruppen tadelte und die der vierten pries. Alle vier Gruppen sind für die Entfaltung der Ganzheit unserer Evolution gleichermaßen wichtig und bedingen einander in ihrer Weiterentwicklung. Wenn es die erste, die »dumpfeste« Gruppe nicht gäbe, könnten die Menschen der zweiten Gruppe niemandem von ihrer Begeisterung erzählen, für niemanden ihre Romane schreiben, Politik betreiben, die Wirtschaft aufbauen ... Wenn es aber jemanden gibt, der durch ihre Kreativität in seiner Entwicklung weiterkommen kann, sind sie motiviert, ihren Weg weiterzugehen und dadurch auch selbst zu wachsen. Ähnliches könnte man für die Beziehungen zwischen allen vier Menschengruppen sagen. Sie alle fördern sich gegenseitig, und keine ist überflüssig.

Der Verschiedenheit der Menschen entsprechend ist auch die Botschaft Jesu nicht als eine eindimensionale Lehre zu verstehen. Sie wird jedesmal vergewaltigt, wenn sie auf eine einzige Bedeutung reduziert wird. Das Gleichnis vom Sämann liefert einen vorzüglichen Schlüssel, wie man die

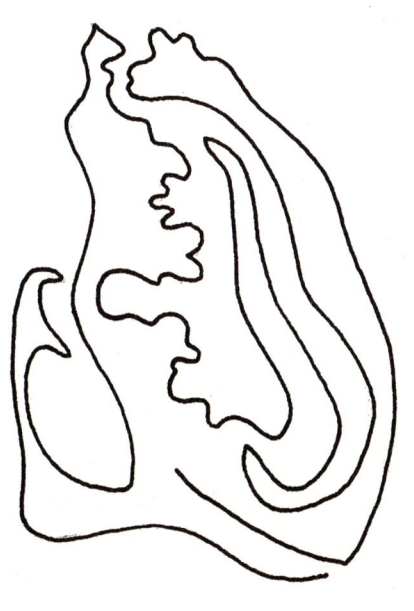

Mehrdimensionalität seines Wirkens in Palästina zu Beginn unserer Zeitrechnung deuten kann. Kurz gesagt, Jesus hat simultan auf vier verschiedenen Ebenen gelehrt bzw. seine Botschaft unters Volk zu bringen versucht.

Die zuerst genannte Schicht der Menschenfamilie, die gewöhnlich als »die Masse« bezeichnet wird, wurde von Jesus als »diese Generation« angesprochen. Sie wurde in seinen Aussagen öfter erwähnt, so zum Beispiel in dem Wort: »Mit wem soll ich also die Menschen dieser Generation vergleichen? Wem sind sie ähnlich? Sie sind wie Kinder, die auf dem Marktplatz sitzen und einander zurufen: Wir haben für euch auf der Flöte (Hochzeitslieder) gespielt, und ihr habt nicht getanzt; wir haben Klagelieder gesungen, und ihr habt nicht geweint.« (Lk 7/31) Das Leben mit all seinen wunderbaren, oft aber auch herausfordernden Möglichkeiten, die es zum inneren Wachstum anbietet, geht an ihnen mehr oder weniger vorbei.

In einem Logion aus dem Thomas-Evangelium wird die Beziehung der Massen zur Christusbotschaft noch anders ausgedrückt: »Ich stand inmitten der Welt und erschien ihnen in Fleisch. Ich fand sie alle trunken, ich fand keine Durstigen unter ihnen, und meine Seele empfand Schmerz über die Söhne des Menschen, weil sie blind in ihrem Herzen sind und nicht sehen, daß sie leer in die Welt gekommen sind und auch wieder leer aus der Welt zu kommen suchen. Jetzt sind sie zwar trunken. Wenn sie ihren Wein abgeschüttelt haben, dann werden sie sich bekehren.« (Tm, Log. 28)

Der abschließende Teil der Worte deutet an, daß es nicht

Jesu Art war, dem Massenmenschen den Rücken zu kehren und nichts zu unternehmen, um auch ihm weiterzuhelfen auf seinem Weg. Wie das zu tun ist, ohne daß die Kraft sinnlos vergeudet wird, erfordert eine besondere Vorgehensweise: Jesus machte dazu folgende Aussage: »Diese böse und treulose Generation fordert ein Zeichen, aber es wird ihr kein anderes gegeben werden als das Zeichen des Propheten Jona. Denn wie Jona drei Tage und drei Nächte im Bauch des Fisches war, so wird auch der Menschensohn drei Tage und drei Nächte im Innern der Erde sein.« (Mt 12/39)

Es ist offensichtlich, daß mit dem Zeichen Jonas seine Kreuzigung, die Wandlung im Inneren der Erde und die darauffolgende Auferstehung vom Tod gemeint ist als das auffälligste unter den Wundern, die Jesus vor der Öffentlichkeit vollbracht hat. Dazu gehören auch seine Wunderheilungen und -taten. Es sind solche Ereignisse, die die Seele der betreffenden Menschen unmittelbar berührten, so daß seine Botschaft auch das Massenbewußtsein erreichen konnte.

Wir können heutzutage die Nase rümpfen und die Echtheit der Wunder bzw. die Zuverlässigkeit der Berichte darüber in Frage stellen. Es ist aber eine Tatsache, daß aufgrund dieser Zeichen eine neue Religion gegründet werden konnte, die eine entsprechende gesellschaftliche Form darstellt, durch die vor allem den Menschen der einfachsten der vier Schichten geholfen werden kann. Ich denke dabei an die Form der christlichen Kirche.

Zur zweiten Gruppe von Menschen haben wir jene Personen gezählt, die sich für die Entwicklungen auf dem inneren Weg interessieren. Sie sind jedoch noch nicht fähig, diesen Weg selbständig zu gehen. Jesus hat sie in einem Gespräch mit seinen Jüngern folgendermaßen charakterisiert: »Euch ist es gegeben, die Geheimnisse des Reiches Gottes zu erkennen. Zu den anderen Menschen aber wird nur in Gleichnissen geredet; denn sie sollen sehen und doch nicht sehen, hören und doch nicht verstehen.« (Lk 8/10)

Es handelt sich dabei um Menschen, die sich durch die Lehre Jesu angezogen fühlten, sich öfter um ihn versammelt haben, als er von Dorf zu Dorf und von Stadt zu Stadt zog, und ihm gerne zuhörten. Er sprach zu ihnen in der verschlüsselten Sprache der Gleichnisse, deren Botschaften sie eher durch Bilder, Gefühle und durch die Intuition aufnehmen konnten. Sie »hörten« zwar die Botschaft, konnten sie aber nicht verstehen. Demzufolge waren sie auch noch nicht fähig, sie bewußt in ihren Alltag einzubringen. Doch konnten sie, jenseits der bewußten Ebene, auf den Weg gebracht werden.

Die dritte Gruppe von Menschen ist in den Evangelientexten durch die Schriftgelehrten und die strenge jüdische Sekte der Pharisäer vertreten. Sie sind diejenigen, die in der Frage der geistigen Gesetze und Wahrheiten ausgebildet sind, aufgrund dieser Ausbildung oft sogar ein entsprechendes öffentliches Amt ausüben und doch zu oft der Versuchung durch Ehrgeiz und Reichtum erliegen. Die Evangelientexte sind voll der Kritik, die Jesus an ihnen übt. Hier einige Beispiele:

»Jesus sagte: Die Pharisäer und die Schriftgelehrten haben die Schlüssel der Erkenntnis empfangen und haben sie versteckt. Sie sind auch nicht hineingegangen, und die, die hineingehen wollten, ließen sie nicht.« (Tm, Log. 39)

»O ihr Pharisäer! Ihr haltet zwar Becher und Teller außen sauber, innen aber seid ihr voll Raubgier und Bosheit. Ihr Unverständigen! Hat nicht der, der das Äußere schuf, auch das Innere geschaffen?« (Lk 11/39)

»Blinde Führer seid ihr: Ihr siebt Mücken aus und verschluckt Kamele.« (Mt 23/24)

Schließlich gelangen wir zu der vierten, der am meisten verfeinerten Schicht von Individuen, bei der, wie es das Gleichnis vom Sämann ausdrückt, »die Körner auf guten Boden gefallen sind, folglich aufgehen und hundertfach Frucht bringen werden«. Es handelt sich um Einzelmenschen, die sich bemühen, ihren Lebenspfad bewußt als geistigen Weg zu erwandern. Jesus hat sich über sie wie folgt geäußert:

»Wer sucht, soll nicht aufhören zu suchen, bis er findet; und wenn er findet, wird er erschüttert sein; und wenn er erschüttert worden ist, wird er sich wundern und wird über das All herrschen.« (Tm, Log. 2)

Aus diesen Worten geht klar hervor, daß es bei der vierten und höchsten Entwicklungsstufe nicht nur um die Aneignung von Wissen geht, sondern vorrangig um Vorgänge der inneren Wandlung, die der Suchende dabei durchmacht. Es beginnt mit der Erschütterung und dem Zusammenbruch der alten Glaubens- und Handlungsmuster. Der Prozeß führt weiter zum Wundern über das neue und bis-

177

lang Unbekannte, das nun dem Menschen zuteil wird, und findet durch dessen Verankerung im Ewigkeitskern seines Wesens die ersehnte Abrundung: Einer wird »über das All herrschen«.

Man sollte aber keineswegs meinen, die höchstentwickelte Schicht innerhalb der Menschheit sei einheitlich. Wenn die Menschen die Stufe erreicht haben, auf der sie selbständig ihren Weg zur Erkenntnis zu suchen beginnen, wird das Leben recht reich verzweigt. Es kommt zu einer neuen Verschiedenartigkeit, die einer anderen Ebene von Potenz angehört. Als Suchende stehen wir auf unterschiedlichen Stufen der persönlichen Entwicklung.

Da gibt es diejenigen, die ihre inneren Unsicherheiten und Ängste überwachsen haben und sich folglich relativ mühelos auf den Wogen des Lebens bewegen können, ohne daß sie mit tiefergreifenden Problemen zu kämpfen hätten. Und es gibt andere, die durch persönliche Erschütterungen oder erniedrigende Umstände gehen müssen, um Erfahrungen zu machen, die ihnen helfen werden, auf ihrem Weg weiterzukommen.

Es ist durch das Evangelium nach Matthäus das Gleichnis Jesu von den Arbeitern im Weinberg überliefert, das uns versichert, daß das göttliche Muster des Lebens für jeden Menschen gerecht ist. Da wir jedoch mit der Gabe des freien Willens beschenkt wurden, hängt es von uns ab, welchen Weg wir wählen werden, um dieses Muster zu verwirklichen. Es hängt letztlich von uns ab, wie lange wir auf diesem Weg leiden oder uns freuen werden.

»Denn mit dem Himmelreich ist es wie mit einem Gutsbesitzer, der früh am Morgen sein Haus verließ, um Arbeiter für seinen Weinberg anzuwerben. Er einigte sich mit den Arbeitern auf einen Denar für den Tag und schickte sie in seinen Weinberg. Um die dritte Stunde ging er wieder auf den Markt und sah andere dastehen, die keine Arbeit hatten. Er sagte zu ihnen: Geht auch ihr in meinen Weinberg! Ich werde euch geben, was recht ist. Und sie gingen. Um die sechste und um die neunte Stunde ging der Gutsherr wieder auf den Markt und machte es ebenso. Als er um die elfte Stunde noch einmal hinging, traf er wieder einige, die dort herumstanden. Er sagte zu ihnen: Was steht ihr hier den ganzen Tag untätig herum? Sie antworteten: Niemand hat uns angeworben. Da sagte er zu ihnen: Geht auch ihr in meinen Weinberg! Als es nun Abend geworden war, sagte der Besitzer des Weinbergs zu seinem Verwalter: Ruf die Arbeiter, und zahl ihnen den Lohn aus, angefangen bei den letzten, bis hin zu den ersten. Da kamen die Männer, die er um die elfte Stunde angeworben hatte, und jeder erhielt einen Denar. Als dann die ersten an der Reihe waren, glaubten sie, mehr zu bekommen. Aber auch sie erhielten nur einen Denar. Da begannen sie, über den Gutsherrn zu murren, und sagten: Diese letzten haben nur eine Stunde gearbeitet, und du hast sie uns gleichgestellt; wir aber haben den ganzen Tag über die Last der Arbeit und die Hitze ertragen. Da erwiderte er einem von ihnen: Mein Freund, dir geschieht kein Unrecht. Hast du nicht einen Denar mit mir vereinbart? Nimm dein Geld und geh! Ich will dem letzten ebensoviel geben wie dir.« (Mt 20)

Wenn wir hartnäckig darauf beharren, unser wahres Selbst

zu verleugnen und die Vielschichtigkeit unseres Lebens zu unterdrücken, dann werden wir durch Schwierigkeiten hindurchgeführt, die uns früher oder später die Augen öffnen werden. Und umgekehrt: Wenn wir den Erkenntnissen, die an uns herankommen möchten, Gehör schenken und uns den Wandlungen, die unser Leben mit sich bringt, hingeben, dann wird unser Weg leicht und fröhlich.

Deswegen ist es nicht weise, »den Gutsbesitzer, der Arbeiter zu verschiedenen Stunden für denselben Lohn mietet«, für unser Unglück verantwortlich zu machen. Statt dessen gilt es sich zu bemühen, die nötigen Wandlungen zu vollziehen, um ebenfalls die Stufe zu erreichen, auf der der Mensch sich aus ganzem Herzen des Lebens erfreuen kann.

Aufgrund des Gleichnisses vom Sämann kann man vorzüglich die Mehrschichtigkeit der Menschheit verstehen und auch die dementsprechende Mehrschichtigkeit der Botschaft, die Jesus an die' Menschheit gerichtet hat. Aber auch der einzelne Mensch ist in seinem Wesen in mehrere Schichten oder Dimensionen gegliedert. Die Person Jesu, so wie sie durch die Evangelien vermittelt wird, steht als Modell für diese Mehrdimensionalität des Wesens Mensch. Auch das hat Jesus uns vorgelebt, damit es uns, den nachfolgenden Generationen, leichter fallen würde, die eigene Mehrdimensionalität zu erkennen und im persönlichen Leben zu verwirklichen.

Zunächst einmal wird von der Persönlichkeit Jesu berichtet, die in Zeit und Raum und in die gesellschaftlichen Formen seiner Epoche eingebettet war. Diese Schicht seines

Wesens wird durch eine Frage seiner Nachbarn in Nazareth ins Bewußtsein gebracht: »Woher hat er diese Weisheit und die Kraft, Wunder zu tun? Ist das nicht der Sohn des Zimmermanns? Heißt nicht seine Mutter Maria und sind nicht Jakobus, Josef, Simon und Judas seine Brüder? Leben nicht alle seine Schwestern unter uns?« (Mt 13/54) Diese Sichtweise, die die menschliche Individualität in ihrer Mehrschichtigkeit nicht erkennt, sondern versucht, sie allein auf ihre äußere Erscheinung zu reduzieren, hat Jesus heftig kritisiert, um seinen Zeitgenossen, die so dachten und lebten, ihre einseitige Sicht bewußt zu machen. Typisch dafür ist die folgende Begebenheit aus seinem Leben:

»Eines Tages kamen seine Mutter und seine Brüder zu Jesus. Sie konnten aber wegen der vielen Leute nicht zu ihm gelangen. Da sagte man ihm: Deine Mutter und deine Brüder stehen draußen und möchten dich sehen. Er erwiderte: Meine Mutter und meine Brüder sind die, die das Wort Gottes hören und danach handeln.« (Lk 8/19)

Dabei geht es nicht um eine Verleugnung der Wichtigkeit, die das tägliche Leben für die Entwicklung des Wesens Mensch besitzt, sondern um eine Ablehnung der eindimensionalen Beziehung zum Leben, die seine Vielfalt verdrängt. Aus dem Gleichnis von einem reichen Mann, von dem mehrere Evangelien berichten, geht seine kritisch-warnende Einstellung vor einer zu einseitigen, linearen Konzentration auf das Lebensgewebe klar hervor:

»Es war ein reicher Mann, der viel Vermögen hatte. Er sagte: Ich werde mein Vermögen verwenden, um zu säen, zu ernten, zu pflanzen und meine Vorratskammern mit Frucht zu füllen, damit ich an nichts Mangel leide. Das ist es, was er in seinem Herzen dachte, und in jener Nacht starb er. Wer Ohren hat, möge hören.« (Tm, Log. 63)

Außer jener Persönlichkeit Jesu, die in Raum und Zeit eingebettet und in den Lebenslauf zwischen Geburt und Tod eingespannt war, werden durch die Evangelien noch zwei weitere Dimensionen seines Wesens offenbar. Am aufschlußreichsten in diesem Sinne ist der Absatz, in dem Jesus selbst seine Jünger fragt, was sie meinen, wer er sei. Es gibt vier Berichte über dieses entscheidende Gespräch, drei in den kanonischen Evangelien und einen weiteren in dem neugefundenen Evangelium nach Thomas. Äußerlich mag es so scheinen, als ob die ersten drei in ihrer Einheitlichkeit von dem vierten abweichen. Es ist aber doch so, daß die Individualität Jesu bei allen vieren als dreifaltig dargestellt wird. Im Logion 13 bei Thomas nimmt die Dreigliederung des Wesens Jesu folgende Gestalt an:

1. »Du gleichst einem weisen, klugen Menschen.«
2. »Du gleichst einem gerechten Engel.«
3. »Meister, mein Mund wird es ganz und gar nicht über sich bringen, daß ich sage, wem du gleichst.«

Als erstes wird die irdische Ebene des Wesens Mensch genannt (1), die in die Gesetzmäßigkeiten der Erdsysteme eingebunden ist und die Wandlungen von Geburt und Tod durchmachen muß, um des irdischen Lebens teilhaftig zu werden. Anders die zweite Ebene unseres Wesens: Sie existiert von Ewigkeit zu Ewigkeit (2). Es handelt sich um unsere Seele, die eine geistig-energetische Gestalt hat und ihrem Bewußtsein nach mit einem Engel verglichen werden kann. Hinzu kommt der göttliche Kern des Menschen (3), der in seinem Wesen so allumfassend ist, daß es sich wahrheitsgetreu nicht aussprechen läßt; deswegen die Aussage: »Mein Mund wird es ganz und gar nicht über sich bringen, daß ich sage, wem du gleichst.«

Da Jesus, wie im 6. Kapitel besprochen, durch seine Gegenwart den heute sich verwirklichenden, damals aber noch zukünftigen Menschen vorgelebt hat, kann man die Dreigliederung seines Wesens als Vorbild sehen. Die drei Aspekte des Wesens Mensch könnte man, dem zitierten Logion zufolge, so benennen:

1. Der irdische Aspekt des Menschen
2. Die engelhafte Seele des Menschen
3. Der göttliche Kern des Menschen

Durch die Formulierung desselben Gespräches in den kanonischen Evangelien werden die drei Aspekte des Wesens Jesu in biblische Symbole verhüllt. Die erwähnte Grundstruktur ist jedoch erkennbar:

1. Einige halten Jesus für Johannes den Täufer, der als ein frommer und heiliger Mensch gilt.
2. Einige halten Jesus für Elija oder für einen anderen Propheten. Da die Aufgabe der Propheten darin besteht, den Menschen eine göttliche Botschaft zu überbringen,

ist sie mit der Rolle der Engel vergleichbar, die als Boten zwischen der geistigen und der manifestierten Welt dienen.

3. »Simon Petrus antwortete ihm: Du bist der Messias!« (Mk 8/29). (Messias heißt übersetzt »der Gesalbte Gottes«.)

Dabei lehne ich es jedoch ab, diese drei Schichten des Wesens Mensch mit der üblichen Vorstellung von der Dreiheit Körper-Seele-Geist gleichzusetzen, weil in der letzteren eine hierarchische Anordnung mitschwingt, die den Körper als den niedrigsten und den Geist als den höchsten Aspekt unserer Identität ansieht. Demgegenüber ist die irdische Ebene des Menschen meiner Erfahrung nach nicht nur einem Körper gleich, der als ein Träger der Seele dient, sondern eine abgerundete Schöpfung der Erdsysteme, so vollkommen wie ein Berg, ein Fluß oder ein Baum. Sie hat zwar keine individuelle Existenz, weil sie ebenso wie der Baum, der Fluß oder der Berg Teil des Gesamtwesens Erde ist. Es gehört aber zu der irdischen Schicht des Menschen auch ein vollkommen in sich abgerundeter, vital-energetischer Organismus und eine unbegrenzte Intelligenz, an der wir wie alle Geschöpfe der Erde teilhaben – und keineswegs nur der materialisierte Körper. In diesem Sinne kann man die Aussage des Logion 63 verstehen: »Du gleichst einem weisen, klugen Menschen.«
Der dritte, göttliche Aspekt des Menschen ist wiederum kein Teil unserer Identität, der den anderen beiden einfach hierarchisch übergeordnet wäre. Vielmehr werden die an-

deren beiden Aspekte, der »Erdenmensch« und der »Seelenmensch« von der göttlichen Gegenwart durchdrungen und getragen; das höhere Selbst schwebt keineswegs wie eine Wolke über ihnen. Der göttliche Geist durchdringt uns sowohl von der kosmischen wie von der irdischen Seite her, was Jesus vortrefflich auszudrücken verstand, indem er sich mit dem göttlichen Aspekt seines Wesens identifizierte: »Es ist das All aus mir hervorgegangen und das All ist zu mir gelangt. Spaltet ein (Stück) Holz, ich bin da. Hebt den Stein auf und ihr werdet mich da finden.« (Tm, Log. 77) Die göttliche Gegenwart im Menschen wird hier sowohl in ihrem universellen wie irdischen Aspekt bestätigt.

Jener Aspekt, der zwischen dem göttlichen Kern des Menschen und seiner irdischen Gestalt vermittelt, ist die Seele. In einer Botschaft des Engels Michael, die die Mehrdimensionalität des Lebens zum Thema hat, wird die Rolle der Seele im Leben eines Menschen folgendermaßen beschrieben:

- Die Seele schaltet sich in die Vorbereitung des Erdenweges eines Menschen eine geraume Zeit vor der Empfängnis ein und steigt erst langsam nach dem Tod des Körpers aus.
- Dabei ist die Seele nicht an die Zeit gebunden, sie existiert sowohl vorher wie nachher.
- Im Unterschied zum irdischen stellt sie den geistigen Aspekt des Menschen dar, dessen Rolle es ist, ihn durch das Leben zu führen.

- Sie führt den Menschen in verschiedene Erfahrungen und läßt dabei die nötigen Informationen aus seinen vergangenen Leben einfließen.
- Die Seele hält das ganzheitliche Muster der individuellen Entwicklung aufrecht und vermag dadurch den Menschen durch Impulsgebung seinem Ziel zuzuführen.

Die universelle Qualität der Seele eines Menschen wird im Evangelium nach Thomas folgendermaßen geschildert:
»Jesus sagte: Wenn man zu euch sagt: Woher seid ihr gekommen?, sagt zu ihnen: Wir sind aus dem Lichte gekommen, wo das Licht durch sich selbst entstanden ist. Es stand und es schien in ihrem Bilde.
Wenn man zu euch sagt: Wer seid ihr?, sagt: Wir sind seine Söhne und wir sind die Auserwählten des lebendigen Vaters.
Wenn man euch fragt: Was ist das Zeichen eures Vaters an euch?, sagt zu ihnen: Bewegung ist es und Ruhe.« (Tm, Log. 50)
Besonders beachtenswert an dieser Aussage ist, daß für das Zeichen unseres göttlichen Kerns – hier als »Vater« vorgestellt – ein Paradoxon gewählt wurde. Wie soll sich etwas, das in einer vollkommenen Stille ruht, mit Lichtgeschwindigkeit bewegen? Das ist in unserer Welt unmöglich, weil unlogisch; in der Dimension, aus der die Seele stammt, ist eine solche Gegensätzlichkeit jedoch real. Sie ist sogar ein charakteristisches Merkmal für die jenseits der linearen Logik liegende Natur der Seele. Der Mensch als ein verkörpertes Wesen, der Mensch als eine Lichtgestalt

und der Mensch als eine Offenbarung des göttlichen Urwesens sind drei Dimensionen unserer Identität. Jesus hat sie modellhaft vorgelebt, damit die Menschen der nachfolgenden Generationen ein Vorbild hätten, dem sie in ihrer eigenen Entwicklung nachfolgen könnten. Dadurch konnte Jesus, nachdem er aus dem Leben in der linearen Zeitdimension ausgeschieden war, auch weiterhin als Inspiration zur Entfaltung unserer persönlichen Mehrdimensionalität dienen.

10. Kapitel

Wer Jesus war, wer Christus ist

Leider ist bei der Konsolidierung der Evangelientexte und ihrer Auslegung die Mehrdimensionalität der Person Jesu zu oft vergessen worden. Genauer gesagt, man hat versucht, sie auf eine einzige Dimension seines Wesens zu reduzieren. Gerade indem der göttliche Aspekt Jesu überbetont und hochge»jubelt« wurde, hat man der Allumfassendheit seines Wirkens und seiner Lehre für die Menschheit einen Schaden zugefügt.

Das Bestreben, die Person Jesu auf einen einzigen Nenner zu beschränken und diese Sichtweise als den einzig möglichen Weg darzustellen, möchte ich an zwei verschiedene Schwerpunkte setzenden Beispielen zeigen. Eines stammt aus dem orthodoxen Evangelium nach Matthäus, das andere aus dem stellenweise gnostisch gefärbten Evangelium nach Thomas.

Im ersten Fall hat man versucht, die Institutionalisierung der Christusbotschaft zu begründen und zu untermauern, im zweiten eine esoterische Variante zu unterstützen. Bezeichnenderweise wurden beide Versuche auf ein und dasselbe Ereignis im Leben Jesu bezogen. Es handelt sich um das bereits zuvor erwähnte Gespräch des Meisters mit seinen Jüngern, in dem er sie über seine Person befragt.

Bei Matthäus (nicht aber bei Markus und Lukas, wo dasselbe Gespräch auch vorkommt) wird die Antwort des Apostels Petrus auf die Frage Jesu, wer er sei, als die einzig richtige hervorgehoben. Sie lautete: »Du bist Messias, der Sohn des lebendigen Gottes.« (Mt 16/16). Aufgrund dessen wird sie zum Fundament der zukünftigen kirchlichen Gemeinschaft und späteren Institution erklärt:

»Jesus sagte zu ihm: Selig bist du, Simon Barjona, denn nicht Fleisch und Blut haben dir das offenbart, sondern mein Vater im Himmel. Ich sage dir: Du bist Petrus[1], und auf diesem Felsen werde ich meine Kirche bauen, und die Mächte der Unterwelt werden sie nicht überwältigen. Ich werde dir die Schlüssel des Himmelreichs geben; was du auf Erden binden wirst, das wird auch im Himmel gebunden sein, und was du auf Erden lösen wirst, das wird auch im Himmel gelöst sein.« (Mt 16/17).

Wir haben hier ein Bild von der zukünftigen Anbindung des Menschen an die Botschaft Christi vor uns, das sich auf das Prinzip einer Gemeinschaft unter patriarchalischer Führung stützt. Sie stützt sich stark auf eine Einwirkung auf den Menschen von außen.

Demgegenüber bietet die Variante desselben Gesprächs zwischen Jesus und seinen Jüngern, wie sie im Evangelium nach Thomas niedergelegt wurde, eine genau entgegengesetzte Vision an, die aber genauso eindimensional ist wie die erste. Da heißt es, daß Jesus dem Thomas, nachdem er auf die Frage, wer Jesus sei, geantwortet hatte: »Meister, mein Mund wird es ganz und gar nicht über sich bringen, daß ich sage, wem du gleichst«, zur Seite nahm und ihm

1 *Petros* (gr.) bedeutet »Fels«, der Name, den Jesus seinem Apostel Simon gab.

189

drei geheime Worte offenbarte, die er den Mitaposteln nicht preisgeben durfte. Thomas wehrte sich vor ihren eindringlichen Fragen in einer Weise, die geeignet war, das Geheimnis der drei Worte in seiner Bedeutung weit zu übersteigern: »Es sagte zu ihnen Thomas: Wenn ich euch eines der Worte sage, die er mir gesagt hat, werdet ihr Steine nehmen und nach mir werfen, und Feuer wird aus den Steinen kommen« und euch verbrennen.« (Mt, Log. 13)

In diesem Fall wird das Bild von der zukünftigen Anbindung des Menschen an die Botschaft, die Jesus in die Welt brachte, in einem transzendenten Geheimnis begründet. Statt dem Glaubensbekenntnis und anderen Vorschriften zu folgen, die die Kirche für alle Mitglieder als verbindlich aufstellt, wird hier der einzelne Mensch aufgefordert, sich allein auf einen ungesicherten Weg der Suche nach Erleuchtung zu begeben. Die drei geheimen Worte stehen für den Schlüssel, mit dem die Tore der letzten Erkenntnis geöffnet werden können. Ist es derselbe Schlüssel, der nach der orthodoxen Version dem Petrus in die Hand gedrückt wurde?

Den Versuchen, die Person Jesu auf diese oder jene Weise aus dem Lebensgewebe herauszureißen und zu verherrlichen, möchte ich meine persönliche Erfahrung der Gegenwart Jesu gegenüberstellen. Sie geht zurück auf meine Erinnerung an ein Leben, in dem ich ein Zeitgenosse Jesu in Palästina war.

Dazu muß ich vorausschicken, daß ich während der letzten Jahre, seitdem sich meine Sensibilität spürbar erhöht hat, eine interessante Beobachtung gemacht habe. Jedesmal wenn ich in meinen Vorträgen Jesus und seine Lehre erwähnte, wurden die Menschen plötzlich hellhörig. Es fühlte sich an, als ob die Zuhörer – vermutlich unbewußt – wahrnehmen würden, daß meine Worte auf einer Erfahrung gründeten, die sie glaubwürdig macht. Mir selbst war aber dieser Hintergrund noch unbekannt; ich wunderte mich nur, um was es sich wohl dabei handeln mochte.

Erst während meiner Klausur im September 1997, als ich des Zugangs zur inneren Stimme teilhaftig wurde, habe ich den Versuch gewagt, diesem Geheimnis nachzugehen. Ich hatte das Gefühl, daß meine Untersuchungen in dieser Richtung nun durch genügend Objektivität abgesichert sein müßten.

Als ich mich in meiner Herzmitte konzentrierte und die Frage nach dem Ursprung der besagten Erfahrung stellte, wurde meine Aufmerksamkeit nach unten gezogen, in das große Meer des Unterbewußtseins. Dann begannen bestimmte Gefühle und Schwingungsmuster in mein Bewußtsein aufzusteigen. Dabei nahmen sie gewisse bildhafte und logisch nachvollziehbare Ausdrucksformen an, die ich sofort aufzuschreiben begann.

Meine erste Berührung mit der Gegenwart Jesu war keine unmittelbare Begegnung. Ich war ein junger Mann und ging einmal durch die schmale Gasse unseres Dorfes. An der Ecke zu einer Nebengasse sah ich eine Gruppe von Dorfbewohnern stehen, unter denen eine Frau laut von einem Ereignis erzählte. Magnetisch wurde ich von ihrer Stimme angezogen, blieb stehen und hörte zu. Es war die Rede von einem Mann, der aufzutreten pflegte, als sei einer der alten Propheten wiedergekehrt. Am meisten beeindruckte mich die Tatsache, daß die Frau an einem Punkt in Weinen ausbrach, weil sie offensichtlich von der Erinnerung an die Wahrheit jener Worte übermannt wurde. Es war auch nicht mehr zu verstehen, was sie sagte. Ergriffen setzte ich meinen Weg fort.

Ihre Erfahrung hatte mich selbst zutiefst erschüttert und in Verwirrung versetzt. Ich ahnte, daß etwas auf mich zugekommen war, das meine Überzeugung in Frage stellen würde. Bislang glaubte ich mich für ein Leben vorzubereiten, wie es schon meine Vorfahren gelebt hatten. Ich sah mich nur als ein Glied in einer langen, vorgezeichneten Generationenkette. Nun spürte ich, daß eine überraschende Wendung bevorstand, die mich aus dieser Kette herausreißen würde.

Die zweite Begegnung mit der Gegenwart Jesu ereignete sich in einer benachbarten Stadt. Es erreichte unser Dorf die Nachricht, daß der Prophet zur Zeit dort weilte, lehrte und heilte. Ich wußte sofort, daß ich dort hingehen mußte. Ich brach also eilends auf, lief die vertrauten Pfade entlang, die von einem trockenen Hügel hinabführten, und erreichte am Abend die Stadt. Ich erkundigte mich und wurde zu einem vornehmeren Haus geschickt. Dort fand ich einen dichten Kreis von Menschen um den Schein einer Öllampe versammelt. Unter ihnen saß ein Mann und redete. Er sprach mit einer auffallend ruhigen Stimme, deren Wirkung auf die Zuhörerschaft mich in Erstaunen versetzte. Ich schloß mich dem Kreis an und hörte mit meinem ganzen Körper zu. Verstehen konnte ich nichts, alles war neu für mich. Ich spürte jedoch, daß der Mann die Wahrheit sprach und daß durch seine Worte eine Liebe floß, die die tiefsten Schichten meines Wesens berührte.

Als der Kreis in Stille auseinanderging, war es späte Nacht geworden, und mir wurde durch die Gastgeber angeboten, in der Ecke des Zimmers zu übernachten. Dort schlief ich zusammengekauert, mit einem härenen Gewand bedeckt. In jener Nacht träumte ich, daß ich noch ein kleiner Junge war und daß der Fremde, der mich durch seine Worte verzaubert hatte, mich zum Rand eines Abgrundes führte. Mit der Hand deutete er auf das Tal unterhalb von uns. Es war ein paradiesisch schönes Tal zu sehen, das im Licht und in allen Regenbogenfarben badete. Ich spürte – noch immer träumend –, daß es der Sinn meines Lebens sei, dieses Tal zu finden.

Während die Erinnerungen aus dem Speicher meines Unterbewußtseins aufstiegen, sind mir parallel dazu Assoziationen gekommen, die zeigten, wie sehr das Muster meines gegenwärtigen Lebens auf den Grundlagen aufgebaut ist, die damals in Palästina gelegt wurden. Den erwähnten Traum, zum Beispiel, habe ich auch an einem anderen Wendepunkt meines Lebens geträumt; es war am 24. Dezember des Jahres 1980, als ich vor der Entscheidung stand, meinem Leben eine Wende zu geben und mein künstlerisches Werk der vertieften Beziehung zur Erde und ihrer Heilung zu widmen.

Auch damals stand ich am Rand über einem wunderschönen Tal und überlegte mir, ob ich nicht lieber das Tal überfliegen sollte, anstatt mich hinunterzubegeben und mich seiner Stärke zu stellen. Jetzt verstand ich. Dieses wunderbare Tal war damals wie heute als ein Symbol jener Lebensqualität in den Mittelpunkt meiner Aufmerksamkeit gerückt worden, die Jesus das Himmelreich nannte. Es ist keine einfache Herausforderung, diese Qualität im Leben zu suchen und dem Bewußtsein der Mitmenschen nahezubringen.

Die dritte Begegnung mit der Gegenwart Jesu, an die ich mich erinnerte, war mir in Jerusalem widerfahren. Ich ging in einer belebten Straße – es wimmelte dort von Menschen, Tieren und Verkaufsständen –, als ich Jesus mit einer Gruppe von Jüngern mir entgegenkommen sah. Augenblicklich faßte ich einen Entschluß, drängte mich durch die Menge zu ihm und sprach die Bitte aus, sein Jünger werden zu dürfen. Seine Reaktion machte mich stutzig: Anstatt mich zu umarmen, trat er einen Schritt zurück, als wolle er mich von Kopf bis Fuß durchschauen. Dann sagte er zu mir: »Geh, mein Sohn, und werde, der du bist.«

Ich war schockiert. Ich hatte mir vorgestellt, er würde nach Gleichgesinnten suchen und sich über meine Entscheidung freuen. Statt dessen wies er mich ab. Inzwischen war er mit seinen Jüngern in der Menge verschwunden, während ich noch immer wie angewurzelt dastand. Meine Befürchtung war, ich sei nicht gut genug, um sein Schüler zu werden. Gleichzeitig gab es jedoch ein Gefühl, das mir Mut machte. Etwas in mir ahnte, der Meister habe aus einer Einsicht in das Geheimnis meiner Seele heraus gesprochen.

Es scheint so zu sein, daß ich Jesus nach dem Ereignis in Jerusalem nie mehr begegnet bin, auch habe ich nie nach

ihm gesucht. Nicht, daß ich beleidigt gewesen wäre; vielmehr habe ich gespürt, daß seine Zurückweisung einen tieferen Grund hatte, den ich noch nicht verstehen konnte.
Immer wieder wendete ich die Worte, die er in Jerusalem
zu mir gesprochen hatte, in meiner Erinnerung hin und
her. Wenn er gesagt hätte: Geh, und sei, wer du bist«, hätte
das bedeuten können, daß er mich in mein alltägliches Leben zurückschickte. Er hatte aber gesagt: »Werde, der du
bist.« ...

An dem Punkt wollte ich die Vertiefung in den Speicher
meiner Erinnerungen abbrechen, weil ich keine nützliche
Information mehr erwartete. Da schoß wie ein Geysir aus
der Tiefe eine Erinnerung hoch, die offensichtlich nicht
übersehen werden wollte: Ich bin damals in Palästina noch
einmal mit Jesus in Berührung gekommen, wenn auch
nicht unmittelbar.

Ich war während jenes Passahfestes in Jerusalem anwesend, als Jesus gekreuzigt wurde. Ich konnte mich an das
Klima, ein Gemisch aus Angst, Verunsicherung und Be-
drückung in der Stadt erinnern. Weil ich den Wunsch des
Meisters respektierte, Abstand zu halten, versuchte ich
auch diesmal, mich seinem Kreis nicht zu nähern. Alles,
was ich über die Ereignisse erfuhr, entnahm ich den Gesprächen auf der Straße und dem, was ich dabei empfand.
Als ich das Gerede hörte, er solle gekreuzigt werden,
glaubte ich, es handele sich nur um einen Konflikt zwischen ihm und der Priesterschaft, der sich zwar dramatisch
zugespitzt haben mußte, jedoch vorübergehen würde. Als
mich später die Nachricht erreichte, er sei tatsächlich auf

dem Weg zur Kreuzigung, wurde ich stutzig. Wogen des Zweifels überfluteten mich. Wenn er wirklich ein Bote Gottes war, hätte er doch die Weisheit besessen, die Kreuzigung zu verhindern?

Ich spürte, daß die Lage durch die Wendung zur Kreuzigung mich psychisch überforderte. Ich begann, durch die Stadt zu irren und nach jemandem zu suchen, der mir eine Erklärung geben konnte.

Dabei erblickte ich eine Frau, von der ich wußte, daß sie dem Kreis angehörte, der Jesus nahestand. Ich war verwundert darüber, daß sie ruhig durch die Stadt ging, während ihrem Lehrer etwas Furchtbares widerfuhr. Sie sah mir in die Augen und sagte mit ruhiger Stimme: »Was du reden hörst, ist nur die Außenseite von etwas, das im Kern wunderbar ist. Er wird uns das Tor in die Zukunft öffnen.« Dann setzte sie still ihren Weg fort.

Wieder erlebte ich, was mir schon zweimal zuvor bei den Begegnungen mit ihm widerfahren war: Die Welt drehte sich mir auf den Kopf. Kaum hatte ich mich an seine revolutionäre Lehre gewöhnt und angefangen, sie in meinem Leben umzusetzen – ich hörte, wie viele meiner Zeitgenossen, auf seine Worte, die sich herumsprachen –, schon stolperte ich über ein neues Geheimnis. Ich spürte, daß es meinem Leben einen viel weiteren Rahmen gab – heute würde ich ihn als den Prozeß der Menschwerdung bezeichnen. Damals hatte ich noch keine Begriffe, um das Geheimnis zu benennen. Und doch überkam mich nach dieser kurzen Begegnung die Stille, und ich wußte, daß trotz des furchtbaren Ereignisses alles gut werden würde.

Ich meine, daß meine Erinnerungen an die Gegenwart Jesu, wenn auch nur vom Erleben einer am Rande stehenden Person vermittelt, gut genug dem Glanz widersprechen, mit dem man Jesus später überzogen hat. Die geerdete und bescheidene Art seiner Anwesenheit ist in meinen Erinnerungen unverkennbar zu spüren. Dem entspricht auch sein eigenes Bemühen, sich den Wünschen und Versuchen seiner Zeitgenossen zu entziehen, ihn zum Auserwählten Gottes zu erklären. Die Evangelien berichten an mehreren Stellen, wie er den Menschen, die seine göttliche Abkunft erkannten, verboten hat, darüber zu reden. Auch wird der Bericht über die Frage Jesu, wer er sei, bei den Evangelisten Markus und Lukas nicht mit einer Einsetzung des Jüngers Petrus zum Oberhaupt der zukünftigen Kirche abgeschlossen, sondern mit einem einfachen Verbot, über seine Christusrolle öffentlich zu sprechen.

Und doch zeigt meine Erinnerung an die geschilderte Erfahrung aus Jerusalem, daß durch die Person Jesu tatsächlich eine Kraft hindurchwirkte, die seine persönlichen Leistungen überschritt und die in engem Zusammenhang mit der zukünftigen Entwicklung des Menschen gesehen werden muß. Es ist diese Kraft, die mit dem hebräischen Namen »Messias« bzw. in der griechischen Übersetzung mit »Hristos« benannt wurde. Wie aber läßt sich die Beziehung zwischen Jesus und der Christuskraft verstehen, ohne in die verherrlichenden Muster zu verfallen?

Eine gute Erklärung dafür habe ich in der schon erwähnten Botschaft des Engels Michael über die Mehrdimensionalität des Lebens gefunden, die meine Mitarbeiterin Ana Pogačnik am 16. September 1996 erhalten hat. Darin wird bestätigt, daß es zusätzlich zu den drei Aspekten, die die Identität jedes Menschen bilden, weitere Dimensionen gibt, die die Weiterentwicklung eines Menschen bewirken, indem sie zeitweilig eine Rolle in seinem Leben spielen, dann aber wieder verschwinden, nachdem sie ihre Aufgabe erfüllt haben. Es wurden drei solcher Dimensionen erläutert:

- Während der Kindheit bestehen verschiedene Zeitschichten parallel zueinander. Einerseits lebt das Kind in den Erinnerungen, die es aus den vorangegangenen Zyklen seiner Entwicklung mitgebracht hat. Andererseits lernt es den Zeitgeist, die Kultur kennen, in die es diesmal hineingeboren wurde. Es legt damit die Grundlagen für das bevorstehende Leben. Mit dem Übergang in die Pubertät verbinden sich die beiden Schichten und werden zur Basis der aufbrechenden Persönlichkeit.

- Etwas Ähnliches geschieht im hohen Alter bzw. bevor der Mensch die Inkarnation verläßt. Einerseits lebt er weiterhin im gewohnten Rhythmus, während sich äußerlich die Erfahrungen des sich abschließenden Lebenslaufes verdichten und abrunden. Gleichzeitig laufen die Vorbereitungen für eine neue, geistige Ebene des Lebens, auf die der Mensch gelangt, nachdem er das physische Leben verlassen hat. Es ist ein Vorgang, in dessen Verlauf die Erfahrungen und Informationen, die er in dem zu Ende gehenden Leben gesammelt hat, in das Erinnerungsvermögen der Seele eingeprägt werden, damit sie über den Tod hinaus in die Zukunft getragen werden können.

- Eine weitere Dimension – die uns hier interessiert – kann ins Leben eines Menschen eintreten, wenn in einer bestimmten Phase seiner Entwicklung ein Wesen aus den unsichtbaren Lebensbereichen hinzutritt, dessen Aufgabe es ist, dem Menschen eine besondere Information zu übergeben oder ihn etwas Bestimmtes zu lehren. Es kann sich dabei um ein hochentwickeltes Elementarwesen handeln, das dem Menschen als hilfreicher Begleiter dient. Eine ähnliche Rolle kommt einem Engel oder einem geistigen Meister zu, der mit bestimmten Menschen Kontakt aufnimmt und ihnen seine geistige Führung anbietet. Eine solche zusätzliche Dimension kann sich öffnen, wenn jemand dafür reif geworden ist, und sie kann sich auch wieder schließen, wenn sie ihren Sinn erfüllt hat.

Eine derartige Erweiterung der Dimensionen hat offensichtlich auch Jesus in seinem dreißigsten Lebensjahr erlebt. Bevor er in die Beziehung zu »seinem Vater« eingeweiht wurde, war er ein anonymer Mensch aus Nazareth. Dann kam es zur Offenbarung dieser neuen Beziehung, die sich der Überlieferung nach während seiner Taufe im Jordan ereignete. Die Evangelien berichten, Jesus habe, nachdem er dem Wasser des Flusses entstiegen war, gesehen, »daß der Himmel sich öffnete und der Geist wie eine Taube auf ihn herabkam. Und eine Stimme aus dem Himmel sprach: »Du bist mein geliebter Sohn, an dir habe ich Gefallen gefunden.« (Mk 1/10)

Nachdem die Beziehung zum »Vater« hergestellt war – Jesus gebrauchte den aramäischen Ausdruck »Abba«, zu deutsch »Papa«, hat sich seine Lebensweise grundlegend verändert. Er begann von Stadt zu Stadt zu ziehen und öffentlich zu lehren, »und die Menschen waren sehr betroffen von seiner Lehre, denn er lehrte sie wie einer, der göttliche Vollmacht hat; nicht wie die Schriftgelehrten.« (Mk 1/22) Schon bald vollbrachte er die ersten Wunderheilungen. »Da erschraken alle, und einer fragte den anderen: Was hat das zu bedeuten? Hier wird mit Vollmacht eine ganz neue Lehre verkündet. Sogar die unreinen Geister gehorchen seinem Befehl. Und sein Ruf verbreitete sich rasch im ganzen Gebiet von Galiläa.« (Mk 1/27)

Jesus selbst war sich der Schlüsselbedeutung seiner Beziehung zu der geistigen Wesenheit, die er »Vater« nannte, bewußt und sprach auch öffentlich darüber. In einem Gespräch mit einer Gruppe von Juden, über das im 8. Kapitel des Evangeliums nach Johannes berichtet wird, soll er sie in folgender Weise charakterisiert haben: »Ihr werdet erkennen, daß ich nichts im eigenen Namen tue, sondern nur das sage, was mich der Vater gelehrt hat. Und er, der mich gesandt hat, ist bei mir; er hat mich nicht allein gelassen, weil ich immer das tue, was ihm gefällt.« (Joh 8/28) Zwei Verse zuvor drückt er es noch klarer aus: »Was ich von ihm gehört habe, das sage ich der Welt.«

Ich möchte vorschlagen, diese Worte nicht nur symbolisch zu verstehen, sondern als eine Beschreibung der realen Beziehung zwischen Christus in der Rolle des Meisters und seinem Schüler Jesus. Der Schüler bestätigt darin, daß

Christus ständig bei ihm ist. Er verwirklicht nur, wozu er von seinem Meister inspiriert wird. Man kann Jesus sogar so verstehen, daß er alles, was er der Öffentlichkeit in der Form von Worten offenbart, zuvor durch die innere Stimme Christi als Botschaft empfangen hat.

Bei der Beziehung zwischen einem geistigen Meister und seinem Schüler geht es – wie im Fall der Verbindung zwischen Christus und Jesus – um eine Begegnung auf einer höheren Ebene, die nur durch ständige Selbstprüfung und geistige Pflege seitens des Schülers zustande kommen kann. Die Evangelien berichten mehrfach darüber, wie Jesus sich zum Gebet in die Einsamkeit zurückzog und Gespräche »mit seinem Vater« führte, die von den anwesenden Aposteln im Zeichen einer tiefen Erschütterung wahrgenommen wurden. Offensichtlich ging Jesus durch einen Prozeß des inneren Dialogs mit Christus, der in das Einswerden mit ihm mündete.

Ein Abschnitt im 14. Kapitel des Evangeliums nach Johannes sagt uns viel über die beschriebene Verbindung Jesu zu seinem geistigen Meister. Es handelt sich um eine dreistufige Beziehung, wobei die erste Stufe als das »Einswerden im Herzen« bezeichnet werden kann. Sie wird in folgender Weise geschildert:

»Philippus sagte zu Jesus: Herr, zeig uns den Vater, das genügt uns. Jesus antwortete ihm: Schon so lange bin ich bei euch, und du hast mich nicht erkannt, Philippus? Wer mich gesehen hat, hat den Vater gesehen. Wie kannst du sagen: Zeig uns den Vater? Glaubst du nicht, daß ich im Vater bin und daß der Vater in mir ist?« (Joh 14/8)

Durch dieses Einswerden, dessen ein Mensch in einer Periode seiner Entwicklung teilhaftig werden kann, kommt es in einer zweiten Stufe zu einem Austausch zwischen ihm und der höherentwickelten Wesenheit. Der Schüler wird dadurch befähigt, Werke zu vollbringen, die er aus eigener Kraft nicht tun könnte, oder Aussagen zu machen, zu deren Formulierung er selbst nicht fähig wäre. Es sind die Kraft und die Weisheit des geistigen Meisters, die all das durch ihn bewirken. In diesem Sinne wird das Gespräch mit den Jüngern vertieft:

»Die Worte, die ich zu euch sage, habe ich nicht aus mir selbst. Der Vater, der in mir bleibt, vollbringt seine Werke. Glaubt mir doch, daß ich im Vater bin und daß der Vater in mir ist; wenn nicht, glaubt wenigstens aufgrund der Werke.«

Indem der Schüler gelernt hat, sich mit dem Meister zu verbinden und »seine« – des Meisters – Werke zu tun, erlangt er auf der dritten Stufe selbst die Meisterschaft. Nun ist er fähig, andere zur Vollbringung ihrer Werke zu befähigen. Im Einklang damit fährt der Abschnitt des Johannes-Evangeliums fort:

»Amen, Amen, ich sage euch: Wer an mich glaubt, wird die Werke, die ich vollbringe, auch vollbringen, und er wird noch größere vollbringen, denn ich gehe zum Vater.«

Der Glaube an Jesus wird damit allen Menschen als Eintritt in den dargestellten Lernprozeß angeboten. Dabei möchte ich hinzufügen, daß es bei dem letzten Satzteil möglicherweise zu einer Verstümmelung gekommen ist. Dem besprochenen Inhalt zufolge müßte die Aussage ursprünglich geheißen haben: »... denn ich (selbst) werde zum Vater.«

Der Mensch schwingt, wie wir gesehen haben, zwischen verschiedenen Dimensionen, ganz gleich, ob er sich dessen bewußt ist oder nicht. Ich würde die drei Dimensionen als Erdenmensch, Seelenmensch und Gottmensch bezeichnen. Sie können in bestimmten Wendephasen des Lebens um weitere Dimensionen erweitert werden, wie zum Beispiel durch das Angebot seitens hochentwickelter Elementarwesen oder seitens der geistigen Welt, dem Menschen Beistand zu geben, damit er entscheidende Schritte auf dem persönlichen Entwicklungsweg tun oder ein für die Menschheitsentfaltung bedeutendes Werk vollbringen kann.

Jesus konnte während der letzten drei Jahre seines Wirkens zu Christus werden, weil er durch alle Wandlungen gegangen ist, die notwendig sind, um die drei genannten Dimensionen des Wesens Mensch in sich zu vereinigen. Damit hat er nicht nur eine neue Phase im Prozeß der Menschwerdung eingeleitet und für die zukünftige Entwicklung der Menschheit Impulse gesetzt, er blieb auch, nachdem er die irdische Ebene verlassen hat, als Christus für alle Ewigkeit anwesend.

11. Kapitel

Die kulturübergreifende Entdeckung des Urchristus

Im vorangegangenen Kapitel habe ich mich bemüht, die Exklusivitätsmuster abzubauen, die Jesus als eine Verkörperung des Messias bzw. des Weltenerlösers über die Menschheit stellen. Den Schaden, der durch das Bestehen auf den messianischen Vorstellungen angerichtet wurde, sehe ich unter anderem darin, daß die Botschaft, die durch Jesu Lehren und Wirken der *ganzen* Menschheit nahegebracht werden sollte, für viele nichtchristliche Kulturen unannehmbar war und ist. Das betrifft auch viele Einzelpersonen in unserer Kultur, die zu Recht nicht auf die Freiheit verzichten wollen, ihren Weg aus der eigenen Mitte heraus zu gestalten, ohne sich einer von außen kommenden Autorität beugen zu müssen.

Ich meine Erfahrungen gemacht zu haben, die dafür sprechen, daß die Wesenheit und die Kraft, die in den Evangelientexten »Christus« genannt wird, die Entwicklung der Menschheit als Ganzes betrifft. Ihre Rolle sehe ich, wie mehrfach betont, darin, die Menschheit in jene Phase ihrer Entwicklung zu führen, die durch die Selbständigkeit des Individuums charakterisiert ist. Es handelt sich dabei um einen Prozeß, der vor vielen Jahrtausenden in Gang gesetzt wurde und noch nicht abgeschlossen ist. Folglich kann auch der leitende Impuls, der die Menschheit dabei beglei-

tet, nicht auf die Zeitspanne der Verkörperung Jesu in Palästina begrenzt werden.

Um die westliche Überlieferung zu ehren, in die ich hineingeboren wurde, möchte ich den göttlichen Impuls, durch
den die Zukunftsentwicklung des Menschen inspiriert
wird, auch weiterhin mit dem Begriff »Christus« belegen.
Um jedoch eine zu starke Personalisierung zu vermeiden,
habe ich mich für den Ausdruck »Christuskraft« entschieden. Nach meinem Empfinden sind darin zwei Aspekte
seiner Gegenwart gut ausgewogen. Es handelt sich einerseits um eine Kraft der Inspiration zur Weiterentwicklung,
die die Menschheit durchdringt und umgibt, andererseits
aber auch um eine Wesenheit der universellen Dimensionen, die ihre inspirierende Rolle bewußt und aus persönlicher Liebe heraus ausübt.

In dem bekannten Prolog zum Evangelium nach Johannes
wird das, was ich als Christuskraft bezeichnet habe, in folgender Weise charakterisiert:

»Das wahre Licht, das jeden Menschen erleuchtet
kam in die Welt.
Er war in der Welt
und die Welt ist durch ihn geworden,
aber die Welt erkannte ihn nicht.« (Joh 1/9)

Bezogen auf die Überlieferung durch die Evangelien wäre
Christus diejenige Kraft/Wesenheit, die Jesus durch die drei
Jahre seines öffentlichen Wirkens in Palästina begleitete,
mit der er während dieser Zeit verkehrte und die von ihm

liebevoll als sein Vater angesprochen wurde. Es war Jesus aber bewußt, daß es dabei um eine Zeitdimension ging, die seine Lebenszeit weit überschreiten würde. Als bei einer Gelegenheit seine Landsleute ihn mit der Frage nach seiner Person bedrängten, äußerte er sich dazu in folgender Weise: »Amen, Amen, ich sage euch: Noch ehe Abraham wurde, bin ich.« (Joh 8/58) Dabei muß man anmerken, daß Abraham für die Juden die äußerste Zeitgrenze symbolisiert, bis zu der sich ihr Geschlecht zurückverfolgen ließ.

Die älteste Spur der Christuskraft in der Geschichte der Menschheitsentwicklung kann man innerhalb des biblischen Kontextes im Mythos von Eva und Adam finden. Es handelt sich um den sogenannten »Sündenfall«, durch den die Menschheit ihre Teilhabe am Paradies verlor. Ich möchte aber sofort hinzufügen, daß ich darin keine Spur von Sünde sehen kann, sondern vielmehr einen Meilenstein auf dem Entwicklungsweg des Menschen.[1] Solange die Menschheit noch im Paradieszustand weilte, war sie aufgrund einer unbegrenzten Selbstverständlichkeit in die irdisch-kosmische Ganzheit eingebettet. Nachdem – um in der Sprache der Bibel zu sprechen – die Menschen den Apfel vom Baum der Erkenntnis von Gut und Böse gekostet hatten, mußten sie das Paradiesbewußtsein verlassen. Der Mensch sollte fortan lernen, selbständig zu denken und selbständig zu unterscheiden zwischen dem, was im Sinne der Förderung des Lebens ethisch-moralisch vertretbar ist, und dem, was zerstörerisch auf das Leben wirkt. Er sollte

---

1 Vgl. dazu das Kapitel »Der ethisch-moralische Aspekt der Menschwerdung« (S. 97) in meinem Buch *Schule der Geomantie.*

lernen, aus seiner eigenen Mitte – aus persönlicher Liebe heraus – ganz neue Beziehungen zur Erde, zum Göttlichen und zu seinen Mitmenschen aufzubauen. Man kann wohl zu Recht von einem äußerst umfassenden Lernprogramm sprechen!

Um die günstigsten Umstände für die Verwirklichung dieser wundervollen Aufgaben zu schaffen, wurde die Menschheit mit der sogenannten »Vertreibung aus dem Paradies« in einen ganz anders beschaffenen, viel stärker materiell geprägten Lebensraum hinübergeführt. Es handelt sich dabei keineswegs um eine Bestrafung des Menschen als Antwort der Gottheit auf die ersten Schritte in die Selbstbefreiung. Der Gott der Genesis selbst kommentiert das Ergebnis der großen Wende, die unter dem Baum der Erkenntnis vollbracht wurde, mit Worten des Entzükkens: »Seht, der Mensch ist geworden wie wir; er erkennt Gut und Böse.« (Gen I/3/22)

Dieser neue »außerparadiesische« Raum, in dem wir uns noch heute befinden, unterstützt unsere neue Linie der Entwicklung dadurch, daß wir aufgrund seiner festen materiellen Beschaffenheit die Folgen unseres Handelns handfest am eigenen Leib oder an unseren Lebensumständen zu spüren bekommen. Dadurch sind wir in der Lage, mehr und mehr selbst zu beurteilen, was lebensfördernd, d. h. für unsere und die Entwicklung der Mitwelt günstig ist und Freude bringt und was die Kehrseite dieser Qualitäten darstellt. Wir sind folglich nicht mehr auf die von außen an uns herangetragenen ethisch-moralischen und religiösen Normen und Gebote als einzige Autorität für unsere Lebensentscheidungen angewiesen. Wir können Schritt für Schritt aus der eigenen Freiheit und Kreativität heraus denken und handeln.

Die älteste Spur der Christuskraft habe ich an Zeugnissen aus der megalithischen Kultur in Portugal entdeckt. Es handelt sich um einen komplexen Steinkreis aus dem dritten Jahrtausend vor unserer Zeitrechnung. Er befindet sich in der Nähe von Evora. Sein offizieller Name ist Cromeleque dos Almendres. Es ist kein regelmäßig errichteter Steinkreis, sondern er besteht aus etwa vierzig in einer Kreisform angeordneten stehenden Steinen, die sich teilweise in Gruppen zusammenschließen, teilweise selbständig im Raum stehen.

Der Steinkreis von Dos Almendres ist auf einem Kraftplatz errichtet worden, der auf verschiedenen Ebenen wirkt. Zum einen geht es um ein starkes Ausatmungszentrum, durch das irdische Kräfte ausgestrahlt und über die Erdoberfläche verteilt werden. Man könnte es bildhaft mit einem Vulkan vergleichen. Das dazugehörige Einatmungszentrum befindet sich ungefähr 80 km östlich davon und ist als Steinkreis Do Xares bekannt. Dort fließen kosmische Kräfte in das Erdinnere hinein.

Zum zweiten geht es bei dem Steinkreis Dos Almendres um einen Kraft- und Informationsspeicher, den ich im Inneren des Hügels wahrnehmen kann, auf dem die Komposition steht. Dieser Speicher ermöglicht wiederum einen intensiven Austausch der Kräfte zwischen der Erde und ihrem galaktischen Umfeld. Alle diese geomantischen Besonderheiten wurden schließlich von den Erbauern des

Steinkreises genutzt, um einen einmaligen Ritualplatz zu erschaffen, der der Einweihung des Menschen in die Geheimnisse des mehrdimensionalen Lebens diente.

Als ich im Oktober 1996 auf dem Gelände des Zentrums für Humanökologie »Tamera« im Westen Portugals ein Seminar leitete, habe ich zusammen mit meiner Tochter Ana den Steinkreis besucht. Nachdem wir die Mehrdimensionalität des Platzes und seinen erstaunlichen Reichtum erfahren hatten, bat ich Ana, den von uns als »Engel der Erinnerungen« bezeichneten Engel nach der ursprünglichen Funktion dieses Ortes zu befragen. Ana kommuniziert seit mehreren Jahren mit diesem kosmischen Bewußtsein, das die Erinnerungen der verschiedenen Kulturen der Erde hütet.

Die Antwort lautete, kurzgefaßt, daß die damalige Kultur mit der Aufstellung dieses komplexen Steinkreises zwei Ziele verfolgte: Zum einen wurde jeder einzelne Stein so ausgerichtet, daß er mit der Kraftquelle an seinem jeweiligen Platz in Resonanz steht. Dadurch wirkt die ganze Komposition unterstützend auf die Funktion des Ausatmungszentrums, so daß seine Tätigkeit gefördert und bereichert wird.

Die zweite Funktion der Steinsetzung bestand darin, einen »Lebensbaum« darzustellen, wobei bestimmte Gruppen von Steinen bzw. Einzelsteine verschiedene Aspekte des Lebens repräsentieren. Die Steine tragen jedoch keine sichtbaren Zeichen der Rolle, die sie im Rahmen des »Lebensbaumes« innehaben; die entsprechenden Symbole, Informationen und Farbqualitäten wurden ihnen auf rein geistig-energetischem Weg eingeprägt. Die Menschen der damaligen Kultur pilgerten aus dem ganzen Land zu diesem »Lebenskreis«, um die verschiedenen Dimensionen des Lebens, an dem sie teilhatten, im Spiegel der Steine zu erfahren und um einen tieferen Einblick in die Wandlungen ihres eigenen Lebens zu gewinnen.

Die Steine des Lebenskreises bilden drei Gruppen. Die erste ist mit dem Prozeß der Geburt und dem Aufbau der persönlichen Identität verbunden. Die zweite ist den Lebens- und Wachstumsvorgängen gewidmet. Innerhalb der zweiten Gruppe gibt es auch Steine, die andere Dimensionen des Lebensgewebes repräsentieren, z. B. die der Engel, der Elementarwesen, anderer Erdevolutionen usw. Die Rolle der dritten Gruppe der stehenden Steine bestand darin, den Übergang auf eine neue Daseinsebene, d. h. den Prozeß des Sterbens zu repräsentieren, bei dem sich der Mensch wieder auf die Ebene der Seele einschwingt. Zusätzlich zu den drei erwähnten Gruppen gibt es unter den Steinen weitere, die den Kräften der vier Elemente – Wasser, Erde, Luft und Feuer – gewidmet sind, da sie die Grundstruktur des Lebensgewebes bilden.

Da ich in der Zeit, als ich den Steinkreis Dos Almendres besuchte, schon an der Vorbereitung des vorliegenden Buches arbeitete, hat mich besonders interessiert, ob es innerhalb des »Lebensbaumes« auch Steine gibt, die der Christuskraft gewidmet sind. Sie hat ja meiner Erfahrung nach eine wichtige Rolle im Rahmen des Lebensgewebes inne. Auf meditativem Weg habe ich den entsprechenden Stein gefunden. Er wird in seiner Funktion durch zwei weitere

Steine an seiner Seite unterstützt. Wenn ich in sein Inneres schaue, um die darin eingeprägte Information zu sehen, werde ich erstaunlicherweise in meinen eigenen Innenraum versetzt. Der Raum ist dunkel, mit einem Gefühl von Rötlich-Braun. Nach einiger Zeit taucht in seiner Mitte ein weißer Punkt auf, der nach und nach zu leuchten beginnt und schließlich die Form eines Embryos annimmt. Die Assoziation, die dabei auftauchte, war die der schwarzen Madonna mit dem strahlenden Christuskind im Schoß.

Die anderen zwei Steine, die mit dem erwähnten Stein eine Dreieckskomposition bilden, weisen ganz gegensätzliche Informationen auf. Der eine zeigt ein graues Auge im Gesicht eines uralten, sterbenden Menschen, der andere hingegen eine in den lebhaftesten Farben strahlende Frucht. Die Intuition, die dazu auftauchte, erinnerte mich an den Wandlungsprozeß, den Jesus beispielhaft durchgemacht hat und der vom Tod zur Auferstehung auf einer neuen Ebene der Entwicklung führt. Im sechsten Kapitel habe ich dargelegt, wie entscheidend dieser dreistufige Wandlungsprozeß für die Zukunftsentwicklung des Wesens Mensch ist. Es geht um einen entscheidenden Aspekt der Menschheitsentfaltung, für den die Christuskraft als Inspirations- und Führungsquelle steht.

Ein zweites Beispiel für die globale, kulturübergreifende Bedeutung des Bewußtseins, das ich als Christuskraft bezeichnet habe, fand ich in der indianischen Kultur des alten Mexiko. Ich war anläßlich eines Idriart-Festivals[1], das in

1 Die Stiftung »Idriart« wurde durch meinen Bruder Miha Pogačnik gegründet, um Brücken zwischen verschiedenen Ländern und Kulturen durch die Kunst zu schlagen.

Cuernavaca im Bundesstaat Morelos stattfand, eingeladen, erdheilerisch mit der dortigen Landschaft zu arbeiten. Der erste Pyramidenkomplex, den ich erforschen sollte, um ihn der Festivalgruppe vorzustellen, befindet sich südlich von Cuernavaca bei Xochicalco. Am Fuß des Berges auf dessen Rücken die Pyramiden stehen, breitet sich ein runder Vulkansee aus, der das weibliche Zentrum – den Yin-Pol – der dortigen Landschaft darstellt. Der Pyramidenkomplex, der aus zwei größeren und mehreren kleineren Pyramiden besteht, stellt den rituellen Überbau dieses weiblichen Kraftortes dar.

Als ich mich vor der Pyramide vertiefte, nahm ich zu meiner Überraschung eine zweite Pyramide wahr, die eine Lichtgestalt hatte und eine der physischen Pyramide genau entgegengesetzte Position aufwies. Ihre Basis war dem Himmel zugekehrt und die Spitze zur Erdmitte ausgerichtet. Es stellte sich heraus, daß eine derartig polarisierte physisch-ätherische Struktur auch für andere Pyramiden Mexikos, die ich später besucht habe, zutrifft. Sie wurde auch durch den Erdheilungsengel, den Ana befragte, als grundlegend für den Pyramidenbau jener Kulturen bestätigt.

Die aus Stein erbaute physische Pyramide repräsentiert die irdischen Kräfte, die durch den stufenartigen Aufbau der Pyramide zum Kosmos emporgetragen werden. Die umgekehrte Lichtpyramide verkörpert demgegenüber die kosmischen Kräfte, die tief in den irdischen Körper hineinsteigen. Auf diese Weise bewirkt jede Pyramide einen regen Austausch zwischen den irdischen und den kosmi-

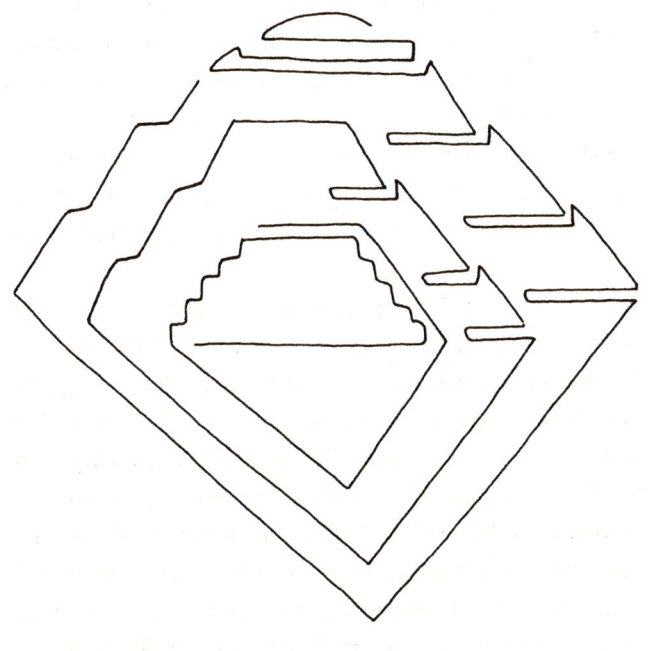

Eine Stufenpyramide aus Tihuacan, Mexiko,
mit ihrem in die Erdtiefe weisenden Lichtpol.

schen Kräften, in dessen Mitte der Mensch mit seinen Ritualen und Festen stand.

Es entsteht dadurch ein Urmuster, das fast identisch ist mit dem Kosmogramm, durch das Jesus die neue Bewußtseinsebene jener Menschwerdung darstellte, die er durch seine Tätigkeit in Palästina initiierte. Ich habe es aufgrund der Erzählung von der wundersamen Brotvermehrung entdeckt und im Zusammenhang mit den unsichtbaren Urmustern der Evangelien aufgezeichnet (siehe S. 71). Es handelt sich um eine Lemniskate, in deren Mitte der Mensch steht. Mit einer ihrer zwei Spiralbögen schafft sie die Verbindung zum kosmischen, mit der anderen die Verbindung zum irdischen Pol der Weltganzheit. Es geht um den Neuen Bund, den Jesus im Bewußtsein der Menschen zu verankern suchte. Im Zeichen eines vollkommenen Gleichgewichts erlaubt er uns, uns sowohl mit den kosmischen wie mit den irdischen Ausdehnungen unseres Universums neu zu verbinden – ohne dabei unser Ich zu verlieren.

Die zwei Heiligtümer, die auf der großen Pyramide von Xochicalco nebeneinander stehen, sind noch gut erhalten. Das rechte, verziert mit acht gefiederten Schlangen, ist den kosmischen Kräften geweiht. Ich sehe eine gewaltige ätherische Flamme, die in seiner Mitte fokussiert ist. Der linke ist dem irdischen Pol geweiht. Innerlich kann ich einen senkrechten Gang in die Erdtiefe sehen, der die Verbindung mit der Welt der Vorfahren darstellt, die in einer bestimmten Dimension des Erdkerns verweilen.

Den dritten sakralen Raum der Anlage repräsentiert eine innere Kammer, die während der Ausgrabungen entdeckt

Der nach oben gerichtete Blick des Wolfes und der sich im Flug
herablassende Adler symbolisieren die zwei Richtungen, nach
denen sich die mexikanischen Pyramidenbauten orientieren –
ihre Silhouetten sind an der Seite der beiden Tiere zu sehen.
Hinzu kommt die zwischen den beiden Richtungen
ausgleichende Rolle des Menschen.
(Nach einem Tonsiegel der Tolteken-Kultur)

wurde. Darin standen drei bildhauerisch ausgestaltete Stelen, die man heute im Anthropologischen Museum in Mexiko City bewundern kann. Die Stele des Quetzacoatl zeigt ein fast weißes, westlich anmutendes Gesicht. Er ist der Gott-Held, der zeitweilig besiegt wurde und im Osten verschwand, jedoch zukünftig aus dem Westen kommend erwartet wurde. Wenn ich mit meinem Bewußtsein in die Stele einsteige, werde ich in die Mitte meines Wesens verwiesen, ähnlich wie bei dem »Urchristusstein« im megalithischen Steinkreis in Portugal. Da die Pyramiden von Xochicalco relativ spät, erst zwischen den Jahren 1000–1500 n. Chr. errichtet wurden, liegen zwischen den beiden Anlagen mehrere Jahrtausende. Wie tragisch, daß die Christen, die das Land eroberten und die indianischen Hochkulturen zerstört haben, das Siegel der Christuspräsenz in diesen Kulturen nicht erkennen konnten!

Eine andere Erfahrung, die ich in Tibet machte, ähnelt auf erstaunliche Weise dem, was ich bei den mittelamerikanischen Pyramiden fand. Es war im August 1997, als ich im Rahmen eines anderen Idriart-Festivals in Katmandu und Lhasa tätig war. Schon als mein Bruder Miha Pogačnik in einem tibetischen Kloster in Nepal auf der Geige spielte – es erklang die schönste der Bachschen Solosonaten –, bemerkte ich, daß im Raum unsichtbar ein Urmuster entstand, das dem erwähnten Kosmogramm Jesu glich. Es bildete sich zuerst eine Spiralverbindung zur Erde, dann zum Himmel.

Das betreffende Kloster gehört zu den vielen Klöstern, die tibetische Buddhisten im Exil gegründet haben. Hinsichtlich ihrer geistig-energetischen Atmosphäre unterscheiden sie sich wesentlich von den hinduistischen Tempeln, die in der unmittelbaren Umgebung stehen. Bei den einheimischen Heiligtümern bietet sich dem inneren Auge eine überbordende Mischung verschiedener Farb- und Lichterscheinungen dar. Die Räume, die durch die Buddhisten geistig gepflegt werden, zeigen demgegenüber eine reine Leere, in der während der Rituale im Äther Kosmogrammformen entstehen. Darunter habe ich einige Male das »Brotvermehrungs-Kosmogramm« wahrgenommen. In der buddhistischen Tradition findet es eine formale Entsprechung in dem bekannten Dorje, dem unzerstörbaren Diamanten, der als Symbolgegenstand für die allem zugrundeliegende, unveränderliche, klare Essenz der Wirklichkeit steht. Wenn er aufrecht gehalten wird – so wie ich das Symbol innerlich sehe –, ähnelt er zwei Kronen, von denen die eine nach unten, die andere nach oben weist. In der Mitte sind sie fest zu einer Ganzheit verbunden.

Eine weitere Beobachtung dieser Art machte ich in dem berühmten Kloster Dreprung in der Nähe von Lhasa. Zum Auftakt wurde von der Festivalgruppe in einem der Höfe des Klosters für die Mönche Musik der europäischen Klassik gespielt, darunter Werke von Bach und Mozart, und es wurden Renaissance-Lieder vorgetragen. Danach rezitierte eine große Gruppe junger Novizen Sutras. Nach einiger Zeit begann sich im Erdbereich unterhalb des Hofes eine leuchtend dunkle Schale zu bilden, die die Beziehung zu den irdischen Kräften darstellte, und anschließend eine silbrig helle Schale in der Atmosphäre oberhalb der Grup-

217

pe – sie stand für den kosmischen Pol. In der nächsten Phase begann sich in der Mitte zwischen beiden, also zentriert in der Gruppe der jungen Mönche, ein fokussierter Kristallraum aufzubauen, der für die die beiden Pole verbindende Rolle des Menschen steht.

Wenn mein Bruder Miha Pogačnik das »aktive Hören« der Musik lehrt, betont er immer wieder, daß das Geheimnis der Individualisierung des Menschenwesens am deutlichsten in das Gewebe der klassischen abendländischen Musik eingeschrieben sei. Bei der Individualisierung handelt es sich um einen Prozeß, der unter anderem durch die Christuskraft gelenkt wird. Ich vermute, daß durch die Berührung mit der klassischen europäischen Musik genau derjenige Aspekt des Buddhismus angeregt wird, der dem westlichen Begriff der Christuskraft entspricht. Er offenbarte sich mir – wie im Fall der rezitierenden Novizen in Drepung – als das Kosmogramm des Neuen Bundes, den Jesus im Ereignis der zweifachen Brotvermehrung demonstriert hatte.

In einem der tibetischen Klöster wurde uns unter zwei Meter hohen vergoldeten Buddha-Statuen auch die des »Buddha der Zukunft« gezeigt. Er heißt Maitreya Buddha. In der theosophischen Überlieferung wird er mit dem kosmischen Christus gleichgesetzt, den Jesus als »mein Vater« anzusprechen pflegte.

Um der Gerechtigkeit Genüge zu tun, muß ich hinzufügen, daß dasselbe Kosmogramm des Neuen Bundes, das für die ausgeglichene Wiederverbindung des Menschen mit Himmel und Erde steht, auch während der christlichen

Dorje, ein buddhistischer Symbolgegenstand, der den Urmustern ähnelt, die ich in den Tempeln Tibets beobachtet habe.

Messe wahrnehmbar ist. Im ersten Kapitel habe ich schon darauf hingewiesen, daß es nach meiner Erfahrung, ganz unabhängig davon, in welcher Kirche das Ritual der Eucharistie gefeiert wird und wer der amtierende Priester ist, jedesmal zur Ausgießung einer aufbauenden, liebevollen Kraft kommt, die ich anfangs in der Form einer Christusfigur wahrgenommen hatte. Sie senkt sich während der Kommunion herab und schenkt ihre Kräfte allen Anwesenden. Bei meinen späteren Beobachtungen hat sich gezeigt, daß die Christusfigur, über deren Auftauchen ich anfangs so erstaunt war, nur ein Zeichen zur Identifizierung der sich ausgießenden Kraft darstellte. Das Entscheidendste daran ist jedoch die emotionale Qualität, die dabei zum Ausdruck kommt und der alle Anwesenden teilhaftig werden.

Nachdem durch die Feier der Eucharistie die Verbindung mit dem geistig-*kosmischen* Aspekt der Ganzheit ihren Ausdruck gefunden hat, würde man erwarten, daß im weiteren Verlauf der Messe noch die Wiederverbindung mit dem *irdischen* Aspekt folgen würde. Auf diese Weise würde das »Urmuster des Neuen Bundes« vollständig rituell zum Ausdruck gebracht werden. Das geschieht jedoch leider nicht. Hier wirken sich die blockierenden Muster, von denen ich im achten Kapitel erzählt habe, auf verheerende Weise aus. Ich nehme diese Auswirkung so wahr, daß bald nach der freudigen Ausgießung der Christuskraft eine Kraft aus der Erde auftaucht, die die bei der Messe versammelte Gemeinde in ein unheilvolles Gefühl der Trauer hüllt. Es fühlt sich dunkel und bedrohlich an.

Anfangs war ich durch den sich hinunterlassenden Segen während der Messe so begeistert, daß ich die Kehrseite ganz übersehen habe. Nachdem ich aber das Muster der Spaltung in Gut und Böse und die Generalblockade gegenüber den Erdsystemen in den Evangelientexten entdeckt hatte, ließ mich die Erfahrung der aus der Erde aufsteigenden Negativität nicht los. Ich wurde von ihr so lange gequält, bis ich ihrem Geheimnis nachging.

Bei den ersten inneren Beobachtungen dieser dunklen Kraft nahm ich sie in der Gestalt des Widersachers wahr, der in den biblischen Texten als »Satan« oder »Teufel« bezeichnet wird. So, wie sich der Segen Christi in der vertikalen Achse hinunterläßt, die auf den Standort des Priesters vor dem Altar gerichtet ist, hat auch die dunkle Gegenkraft einen bestimmten Brennpunkt eingenommen, aus dem sie in umgekehrter Richtung der Erde entsteigt. Ihr Platz befindet sich gewöhnlich in einem entlegenen Winkel des Kirchenraumes, dem keine Aufmerksamkeit geschenkt wird.

Spätere Beobachtungen haben ergeben, daß die vermeintliche Widersachergestalt eigentlich ein verdrehter Aspekt der Christuskraft selbst sein muß und keineswegs ein Gegner, der ihr lichtvolles Herrschen auf der Erde bedrohen will. Wenn ich mich durch alle dunklen Schichten hindurchgearbeitet habe, die der »Widersacher« über sich gestülpt trägt, wenn er aus der Erde emporsteigt, dann gelange ich wiederum zu der Gestalt Christi. Als Gegenstück zu jener Gestalt, die sich mit ihrem Segen von oben herabläßt, steigt sie aus der Erde auf, gebückt unter der Last der Sünde und Dunkelheit, die als Folgen des schwarz-weißen Spaltungsmusters auf den irdischen Pol der Weltganzheit projiziert wurde und wird.

Es handelt sich offensichtlich um dasselbe Christuskosmogramm, das ich in den Tempeln Tibets erfahren habe. Es muß jedoch durch die christliche Kultur der letzten zwei Jahrtausende zu einer Verstümmelung gekommen sein. Von den beiden Grundelementen, aus denen das Kosmogramm gebildet ist, wurde das irdische Element blockiert und dadurch in seiner Funktion verdreht. Statt die Wiederverbindung mit den Lebenssystemen der Erde zu ermöglichen, wird der Geist der Erde zu einem Sündenbock, auf den alle jene Kräfte geladen werden, die die Menschen von sich weisen.

Die christliche Kirche hat uns nicht befähigt, uns aus eigener Kreativität heraus (und mit göttlicher Hilfe) mit diesen Kräften auseinanderzusetzen. Es handelt sich dabei um nichts anderes als die Kräfte der Erde und der Natur, die durch unseren Leib, unser Ich und unser Bewußtsein wirken. Man hat uns im Rahmen der christlichen Erziehung nicht gelehrt, sie als einen Ausdruck der Weisheit der Erde zu verstehen und zu lieben.

Während eines meiner Besuche in Brasilien im November 1997 habe ich glücklicherweise ein christliches Ritual erlebt, das nicht den beschriebenen Zwiespalt hervorruft. Es handelt sich um ein Ritual, das zu Beginn unseres Jahrhunderts in den Urwäldern Amazoniens entstanden ist. Die Messe besteht aus verschiedenen Hymnen, die, begleitet durch eine fröhliche, rhythmische Musik, von allen

Teilnehmenden – Kindern, Frauen und Männern –, tanzend gesungen werden. Es wird dabei in einem ständig sich wiederholenden Muster getanzt: zwei Schritte rechts zur Seite, zwei links und wieder zwei rechts.

Die »amazonische Messe« habe ich in einer größeren Gemeinschaft im Süden des Staates Minas Gerais miterlebt, die sich stark im Bereich des Wasser- und Waldschutzes engagiert und den Namen »Matutu-Stiftung« trägt. Man hat für diesen Zweck einen runden Raum gebaut, dessen Dach von einer zentralen Holzsäule getragen wird.

Als ich den Raum besuchte, noch bevor ich zum Ritual eingeladen wurde, fiel mir auf, daß er vitalenergetisch klar polarisiert ist: Die Kräfte der rechten Hälfte sind männlichen Charakters und ziehen himmelaufwärts. Die linke Hälfte ist weiblich polarisiert und zieht zum Erdinneren hin. Die Mitte fühlt sich hingegen ausgeglichen an und schwingt in einem Yin-Yang-Rhythmus. Als sich die Mitglieder der Gemeinschaft zum Ritual versammelt hatten, konnte ich die energetische Beschaffenheit des Raumes verstehen. Die Männer singen und tanzen immer auf der rechten, die Frauen auf der linken Seite. Im Bereich der ausgeglichenen Strahlung, zwischen den Frauen und Männern, nahmen die Kinder Platz, die Mädchen im hinteren, die Jungen im vorderen Bereich des Raumes. Die Musikanten sitzen um die Säule in der Mitte herum. Ich durfte bei ihnen sitzen, um den Vorgang des Rituals innerlich gut beobachten zu können. Es beginnt und endet mit einem gemeinsam gebeteten Vaterunser, um dem Ritual seinen christlichen Rahmen zu sichern. Dazwischen werden ungefähr eine Stunde lang ununterbrochen einzelne Hymnen gesungen und getanzt.

Meine Erfahrung war einmalig. Im Unterschied zu einer gewöhnlichen Messe, wo ich unentwegt mit Unklarheiten kämpfen muß, war meine innere Schau von der ersten bis zur letzten Hymne nie getrübt. Nur bei einem Gesang legte sich ein Schleier über das innere Bild. Mit einiger Mühe habe ich herausgefunden, daß die Hymne einer Nymphe, einem Wesen des Elementes Wasser, gewidmet ist. Offensichtlich versucht man, ihren wahren Inhalt zu verdecken, weil man den Vorwurf scheut, heidnisch zu sein.

Das innere Bild, das die ersten Hymnen begleitete, begann mit einer Gruppe von drei hohen Palmen, von denen eine eine reife Kokosnuß trägt. Die Nuß fällt auf die Erde und öffnet sich in vier Teile. Von ihrem weißen Kern aus laufen strahlend weiße Bänder in den vier Himmelsrichtungen über die Erde, so daß ein gleichschenkliges Kreuz entsteht, das die ganze Welt umfaßt. Aus der Mitte dieses Weltenkreuzes erwachsen wiederum drei Palmen, von denen eine eine reife Kokosnuß trägt. Die Nuß fällt auf die Erde ...

Eine Kokosnuß trägt die Merkmale des Christuskosmogramms aus der Brotvermehrungsgeschichte als Urbild in sich: Die braune, rauhe Außenseite der Nuß steht für die irdischen, die weiße, süße Innenseite für die geistig-seelischen Ausdehnungen des Seins. Beide sind in einem Fruchtkörper vereint.

Während einer der Hymnen trat an die Stelle der drei Palmen in der Mitte des weißen Kreuzes eine wundervolle weibliche Gestalt, die ich mit Maria-Sophia, dem weiblichen Aspekt Christi, gleichsetze. Auch gab es eine Gruppe von Liedern, bei denen meine Aufmerksamkeit wieder in meine Herzmitte gezogen wurde. Von dort aus bot sich meiner Schau eine unbeschreiblich freudige Ausstrahlung aller möglichen Farben, die sich in die Umwelt ausbreiteten.

Als die Gemeinde bei der letzten Hymne angelangt war, spürte ich in mir und um mich herum die Gegenwart Christi, die keine Form annahm, sondern sich in ihrer einmaligen geistig-emotionalen Qualität kundtat. Nicht nur wir, die Teilnehmenden, unsere gesamte Mitwelt war von Glückseligkeit und Geist durchtränkt.

12. Kapitel

Sakrale Geomantie[1]: Ausdruck der Christuskraft auf Erden

Um den Eindruck zu korrigieren, in der christlichen Kultur sei, was ihre Beziehung zur Christuskraft anbelangt, in den letzten zwei Jahrtausenden alles schiefgelaufen, möchte ich zwei herausragende Gegenbeispiele nennen. Als erstes führt unsere Reise nach Frankreich, zu der Kathedrale von Chartres.

Zweifellos handelt es sich hier um das bedeutendste mittelalterliche Kathedralenbauwerk, durch das ein ganz neuer Baustil in die europäische Kunstgeschichte eingeführt wurde: der Baustil der gotischen Kathedralen. Die Kathedrale von Chartres ist nicht nur eine Kulturschöpfung ersten Ranges, sondern auch eines der meistbesuchten Pilgerziele des Mittelalters.

Geomantisch gesehen steht die Kathedrale auf einem ähnlichen Kraftplatz wie der Steinkreis Dos Almendres in Portugal, nämlich auf einem »Vulkan«, aus dem die Lebenskraft aus dem Erdinneren herausströmt. Auch handelt es sich um ein Ausatmungszentrum der Erde, das aber gewaltige Ausmaße hat. Ein ganzes Land wird durch die reinen und feinen Lebenskräfte ernährt, die sich von diesem Ort

---

1 Der Begriff »Geomantie« ist abgeleitet von *ge* (gr.) – die Erde – und *manteia* (gr.) – Wahrsagung. Er wurde seit dem 18. Jh. als Bezeichnung für eine Art der Divination gebraucht, erst seit dem Ende des 19. Jh. im Sinne des Umgangs mit den Kräften der Erde.

Die Kathedrale von Chartres in ihrer räumlichen Gestalt.

aus durch den umliegenden Raum verteilen. Die Kathedrale steht mitten in diesem Ausatmungsstrom, der durch ihre Struktur allerdings auch teilweise daran gehindert wird, sich frei in den Raum auszugießen.

Das Bauwerk besteht aus zwei Stockwerken. Im unterirdischen Bereich gibt es eine Krypta, die, einem breiten Tunnel ähnlich, unter dem gesamten Gebäude verläuft. Ihr Eingang liegt unter dem Nordturm, der Ausgang unter seiner südlichen Entsprechung. Es sind die einzigen zwei von den neun aufgesetzten Türmen, die vollendet worden sind. Sie stehen beide auf der Seite der Hauptfassade.

Die physische Kathedrale, die auf den Gewölben der Krypta steht, repräsentiert die irdischen Kräfte, die, in einer Reihe hochaufstrebender Spitzbögen abgestuft, den geistigen Dimensionen des Alls entgegenwachsen. Die irdische Welt wird darin durch den Zauber der gotischen Formen, die einen schwerelosen Raum vortäuschen, zur Lichtwelt erhoben.

Wenn ich den physischen Baukörper mit dem inneren Blick betrachte, sehe ich, daß dieser durch eine Lichtkathedrale ergänzt wird. Sie weist symmetrisch nach unten in die Erdtiefe. Es sieht aus, als sei eine himmlische Kathedrale von oben nach unten – als irdische Ergänzung – in Richtung Erdmitte gebaut worden. Es kommt zu einer ähnlichen Durchdringung zwischen den irdischen und den geistig-kosmischen Kräften, wie ich sie bei den indianischen Pyramiden Mittelamerikas wiederentdeckt habe.

Die steinernen Wände einer gotischen Kathedrale sind so gebaut, daß sie leicht nach außen geneigt sind, um dem Bau das Gefühl des Zum-Himmel-Emporstrebens einzuprä-

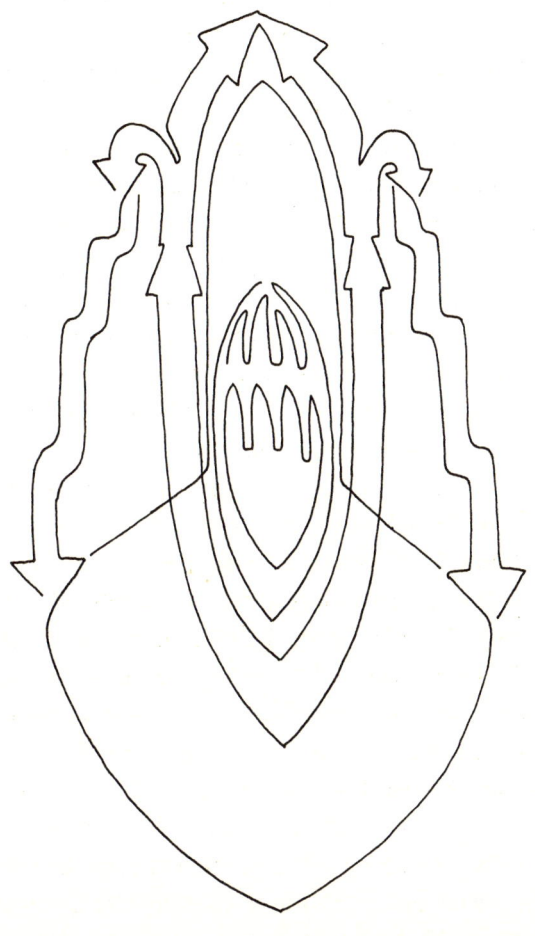

Die aufsteigenden Kräfte der physischen Kathedrale werden durch die Strebebögen nach unten geleitet und bilden eine spiegelverkehrte Lichtkathedrale. (Chartres, Frankreich, 12. Jh.)

gen. Der Baukörper fällt trotzdem nicht auseinander, weil die Wände von außen durch eine Reihe von Strebepfeilern gestützt werden. Die enormen Kräfte, die durch diese Pfeiler aufgefangen und in die Erde geleitet werden, dienen, meiner Intuition nach, als ätherischer Baustoff der nach unten gerichteten Lichtkathedrale. Sie wird durch die beschriebene Krypta erlebbar. Bei der Kathedrale ist es genau so wie mit dem Himmelreich, von dem Jesus sagte, man müsse sich mit der Erde verbinden, um die himmlischen Kräfte zu erfahren.

So ist es zu erklären, daß das heilige Bild von Chartres, eine schwarze Madonna[1], in der Krypta aufbewahrt wurde. Auch hat man Kranke für einige Tage und Nächte in die Krypta gebracht, damit sie geheilt werden. Der Gang durch die Krypta war für die Pilgerfahrt nach Chartres im wahrsten Sinne des Wortes grund-legend.

Die Pilger stiegen vom Erdgeschoß des nördlichen Turms in die Krypta ein, gingen betend und singend durch den ganzen U-förmigen Kryptatunnel hindurch und stiegen durch das Treppenhaus im südlichen Glockenturm wieder herauf ans Licht. Es war ein Wiedererleben des neunmonatigen Verweilens im Mutterleib mit erneutem Gang durch den Geburtsprozeß. So wie die Seele an der Hand eines Engels durch die verschiedenen Ebenen zur Verkörperung geführt wird, stieg der Pilger, geführt durch einen Engelstrahl, in die Dunkelheit der Krypta-Gebärmutter hinab.[2]

1 Sie wurde während der Französischen Revolution leider verbrannt.
2 Der ursprüngliche Eingang ist heute zugebaut, weil sich an dem Platz ein Souvenirladen befindet.

Nachdem er mit dem Gang durch die Krypta noch einmal alle vorgeburtlichen Phasen durchlebt hatte, stieg er durch das Tor der Geburt ans Tageslicht in die Sphäre des materiellen Lebens. Die »Neugeburt« findet unter dem südlichen Turm statt, wo man die Gegenwart der Naturgeister und Elementarwesen wahrnehmen kann. Sie repräsentieren die Erdkräfte, die dem Menschen seine Verkörperung ermöglichen. An der Außenwand des Turms sind sie bildhauerisch dargestellt.

Der Gang durch die Krypta von Chartres erinnert an die Aufforderung Jesu, die Menschen sollten, um zur Selbsterkenntnis zu gelangen, wieder zu Kindlein werden. Wie im siebten Kapitel erläutert, findet man den Zugang zur Stimme der eigenen Seele, indem man seine kultur- und gesellschaftsbedingte Prägung transzendiert und geistig den Weg zurück zur eigenen Quelle sucht, die jenseits der Geburt frei sprudelt. Der Gang durch die Krypta vollzieht sich im Raum der ätherischen Lichtkathedrale, also in einem Raum, dem die kosmische Qualität innewohnt und der wahrlich geeignet ist, jenen Raum zu repräsentieren, dem die Seele entstammt.

In der Nähe des alten Altars ist in einem bunten Glasfenster die Gestalt der Jungfrau von Chartres abgebildet. Sie trägt ein himmelblaues Gewand, das Christuskind hingegen ein irdisch braunes, so daß sie zusammen die heilige Hochzeit von Himmel und Erde darstellen. Nachdem ich in der Nähe einen Akupunkturpunkt gefunden hatte, durch den ich am besten mit der Madonna in Verbindung treten konnte, sprach sie unerwartet Worte zu mir, die in das Gefühl eines tiefen Geheimnisses gehüllt waren. Geschwind schrieb ich sie in mein Notizbuch:

»Das Geheimnis des zweiten Kommens Christi unter den Menschen liegt darin, daß es ununterbrochen im Gang ist. Die Kathedrale ist so erbaut, daß sie das zweite Kommen Christi in jedem Augenblick ermöglicht – nicht als ein Ereignis in der Zukunft, sondern jetzt und immer, wenn sich das Prinzip der ewigen Seele mit dem Prinzip der ewigen Erde verbindet.«

Was die konkrete Ebene dieser Worte betrifft, so beziehen sie sich nicht nur auf die Krypta, sondern auch auf das berühmte Labyrinth, das mitten im Hauptschiff angelegt ist. Sein gewundener, 250 Meter langer Weg zur Mitte wird durch eine Pflasterung aus verschiedenen Steinarten erkennbar. Die Pilger haben ursprünglich den Weg durchs Labyrinth als Teil ihrer Pilgerreise nach Chartres begangen, möglicherweise sogar getanzt.

Die Mitte des Labyrinths ist in Form einer sechsblättrigen Rosette ausgestaltet, die um einen quadratischen Stein herum angelegt ist. Man würde erwarten, daß an diesem zentralen Stein ein wichtiges Symbol angebracht wäre, um dem ganzen mühsamen Weg durch das Labyrinth einen Sinn zu geben.

Statt die Sinngebung im Außen zu suchen, empfehle ich, sich auf den Mittelstein hinzustellen und nach innen zu lauschen. Ich sehe dort einen hellblauen Strahl, der den Bereich durchdringt. Seine Farbe ist identisch mit der Farbe des Mantels der Jungfrau von Chartres aus dem erwähnten Glasfenster. Wenn ich mich in seine Mitte stelle, erlebe ich das erschütternde Gefühl, daß ich selbst im Schoß der Jungfrau sitze und dabei meiner eigenen Mitte als Treffpunkt der geistigen und der irdischen Dimensionen des Alls bewußt werde.

Der Weg des Labyrinths von Chartres ist als ein Selbsterkenntnisweg gestaltet nach demselben Prinzip, wie es Jesus verkörpert hat, indem er mit dem Christus als seinem Meister einsgeworden ist. Dasselbe widerfährt dem Pilger, der durch das Labyrinth wandert. Das Labyrinth ist so plaziert, daß es ein Abbild der großen zwölfblättrigen Rosette des westlichen Rundfensters darstellt, in dessen Mitte Christus thront. Würde man die Rosette auf den Boden klappen, so würde sie genau den Labyrinthpfad abdecken, wobei die Christusfigur in dessen sechsblättrige Mitte käme.

Nun repräsentiert Christus den Vater. Der Pilger, der in die Mitte des Labyrinths gelangt ist, erlebt sich als sein Sohn. Symbolisch ausgedrückt, wird er zu seinem eigenen Christus-Ich erhoben. Dabei spielt der hellblaue Strahl der Maria-Sophia, den ich zuvor erwähnt habe, eine ebenbürtige Rolle. Analog dem Vater-Sohn-Prinzip wird hier zugleich die Mutter-Tochter-Beziehung erlebt, wobei ich unterstelle, daß sie beide zum innersten Wesen jedes Menschen, ob Frau oder Mann, gehören.

Man kann sich nicht vorstellen, daß die Pilger all das bewußt erleben und verstehen konnten. Es geht dabei vielmehr um eine unterbewußte Einwirkung auf ihre Psyche, die man aber in ihrer Wirkung nicht unterschätzen sollte. Durch sich wiederholende Erfahrungen dieser Art wurde den Menschen geholfen, sich der Christusbotschaft innerlich zu öffnen, um auf der nächsten Stufe fähig zu sein, den Gang zu ihrer Mitte selbständig und bewußt zu gehen. Die Zeit war damals noch nicht reif dafür, ist aber dadurch nach und nach reif geworden.

Das zweite Beispiel stammt aus Venedig. Ich denke an die Basilika des heiligen Markus – San Marco genannt –, in deren Hinterhof die Geschichte dieses Buches ihren Anfang genommen hatte. So wie die Kathedrale von Chartres wurde auch die Basilica San Marco um einen vitalenergetischen Ausatmungspunkt zentriert. Es handelt sich um das Atmungssystem des Ortes, das aus einem Ein- und einem Ausatmungszentrum komponiert ist. Das Zentrum, das zur Einatmung der kosmischen Kräfte dient, ist bei der Kirche San Alvise am nordöstlichen Rand von Venedig gelegen. Die Kräfte, die dort eingeatmet werden, gehen im Erdinneren durch einen Prozeß der Wandlung und Einstimmung auf die Erdfrequenz und werden am Ausatmungszentrum ausgestoßen und als lebensfördernde Kräfte über die Erdoberfläche verteilt. Das Zentrum der Ausatmung befindet sich nun seit mehr als tausend Jahren mitten in der Basilica San Marco, überspannt von einer Komposition aus fünf goldüberzogenen Kuppeln.

Man würde erwarten, daß das Überbauen eines so sensiblen Ortes eine bittere Störung der Erdsysteme in ihrer lebenerhaltenden Funktion darstellt. Die Störung wird in diesem Fall aber dadurch aufgehoben, daß die Basilika als ein gut eingestimmtes Instrument gebaut wurde, durch das die ausströmenden Kräfte aufgefangen, potenziert und an die Umwelt weitergeleitet werden. Sie werden dabei nicht

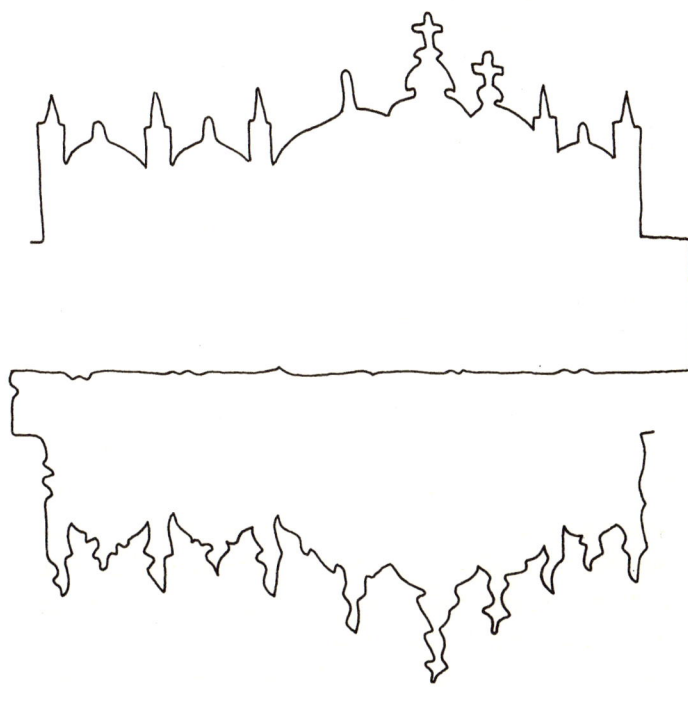

Die Fassade der Basilica San Marco in Venedig
spiegelt sich im Wasser des überfluteten Markusplatzes.

nur gestärkt, sondern mit zusätzlicher geistig-seelischer Information angereichert. Damit wäre der vermeintliche Verstoß gegen die Erdsysteme mehr als ausgeglichen, wenn es nicht während der letzten zwei Jahrhunderte zur Verstümmelung der geomantischen Struktur der Basilika gekommen wäre, durch die ihre wahre Funktion weitgehend lahmgelegt wurde.[1]

Bei unseren jetzigen Betrachtungen der Basilica San Marco sind wir nicht unmittelbar an ihren vitalenergetischen Wirkungen und Problemen interessiert. Es geht uns vielmehr darum herauszufinden, wie die mittelalterliche Kultur es möglich gemacht hat, daß Menschen die Gegenwart Christi innerlich erfahren konnten, um auf ihrem Weg der Individualisierung weiterzukommen.

Um die diesbezügliche Rolle der Basilika besser zu verstehen, sollte man die Aufmerksamkeit auch zum Presbyterium lenken, wo es noch ein weiteres Kraftzentrum gibt, das Wesentliches zu der Gesamtwirkung der Basilika beiträgt. Es handelt sich um ein »Herzzentrum«, das sich tief unter dem Altarraum in der Erde befindet. Es ist aus zwei Subzentren zusammengesetzt, von denen das Hauptzentrum zum Ausdehnen, das Nebenzentrum jedoch zum Zusammenziehen der Kräfte dient, so daß sie gemeinsam in ihrem alternierenden Rhythmus von Kontraktion und Expansion wie ein Herzmuskel wirken.

Die Rolle eines Herzzentrums innerhalb der Erdsysteme bestünde, poetisch ausgedrückt, darin, das Leben auf der

1 Genaueres darüber findet sich in meinem Buch *Geheimnis Venedig. Modell einer vollkommenen Stadt.*

Erdoberfläche mit der Liebeskraft von Mutter Erde zu durchspülen. Ähnlich wie durch die Schwerkraft alle Dinge an ihrem Platz gehalten werden, wird durch die Liebeskraft der Erde allen Wesen, die sie bewohnen, der Sinn ihres Seins zuteil. Die Wirkung des Herzzentrums kann man mit dem Blutkreislauf vergleichen. So wie das Blut, das vom Herzen ausgehend und zum Herzen zurückkehrend unseren Körper durchströmt, so durchströmt die Information, die von einem Herzzentrum ausgeht, die Landschaft und vermittelt ihr dabei ihre Erdidentität.

Die Herzkraft, die im Bereich des Presbyteriums ihre Quelle hat, und die Lebenskraft, die dem Ausatmungszentrum entströmt, das sich in der Mitte des basilikalen Körpers befindet, stellen die zwei Quellen dar, durch die der Raum der Basilika mit Kraft und Information gespeist wird. Der Raum selbst bildet den Gegenpol dazu, den Speicher, durch den die heranquellenden Kräfte aufgefangen und transformiert werden. Der basilikale Raum wurde so gestaltet, daß er ein vollkommenes Instrument darstellt, auf dem die heranströmenden Kräfte ihre »Musik« spielen können.

Der Grundriß des basilikalen Raumes bildet ein gleichschenkliges Kreuz – Ursymbol für das Gleichgewicht zwischen Geist und Materie. Über die vier Schenkel des Kreuzes und ihren Kreuzungspunkt in der Mitte wölben sich die fünf prachtvollen Kuppeln, geschmückt mit bunten Mosaiken, die in goldüberzogene Flächen eingelegt sind. Alles, was unten am Boden der Basilika eckig vorkommt, wird oben an der Decke durch Bögen, Gewölbe oder Kuppeln in Rundformen übersetzt. So kommt es zu einer Wandlung des Raumes, die auf der rein formalen Ebene bleiben würde, wären in diesen Vorgang nicht die Herz- und Lebenskräfte einbezogen, über die ich oben berichtet habe.

Durch die Einwirkung seitens der Kräfte des Ortes – entscheidend dabei sind die aus dem polarisierten Herzzentrum stammenden Kräfte – entstehen innerhalb des physischen Raumes noch weitere Dimensionen, die man mit dem äußeren Auge zwar nicht sehen kann, die aber für das innere Gefühl nicht minder gegenwärtig sind als die physischen. Wer sich auf die Qualität des Raumes wirklich einläßt, kann kaum das Gefühl vermeiden, daß er durch seine Mehrdimensionalität in eine andere Raumqualität hineingetragen wird. Es ist die Raum- und Lebensqualität, die Jesus mit dem Begriff »Himmelreich« bzw. »Reich Gottes« bezeichnet hat.

Diese Mehrdimensionalität des Raumes entsteht in der Basilika dadurch, daß die transformative Spannung zwischen den eckigen Formen des Grundrisses und den Rundungen der Kuppeln durch Informationen und Kräfte aus den vitalenergetischen Quellen potenziert und auf die feinstofflichen Ebenen des Raumes ausgeweitet wird. Dadurch ist der basilikale Raum fähig, dem Menschen, der sich in die innere Stille, ins Gebet oder eine andere Herzenshaltung vertieft, zu helfen, seine einseitige Konzentration auf die materielle Ebene zu transzendieren und seine eigene Mehrdimensionalität zu erfahren. Es ist diese Mehrschichtigkeit des Seins, die dem Menschen Raum bietet, frei zu werden und sich in Richtung auf die Zukunfts-

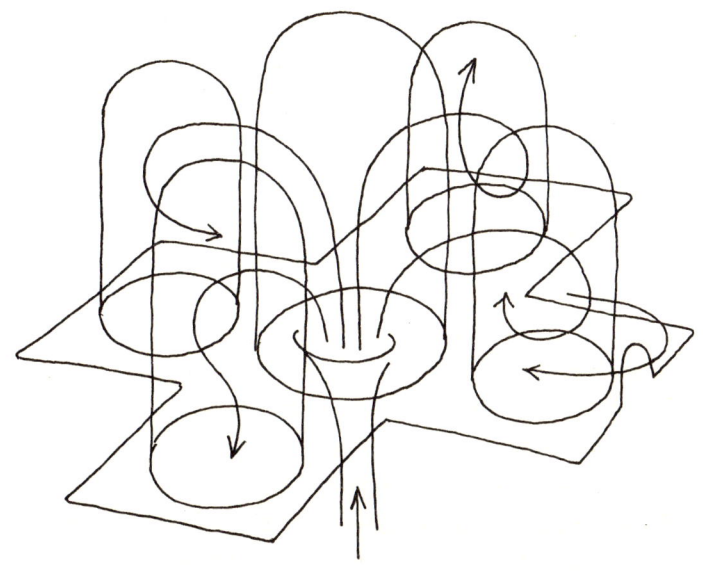

Die fünf Kuppeln von San Marco und das Ausatmungszentrum in der Mitte des basilikalen Raumes. Die ausgeatmeten Kräfte werden durch die Kuppeln angeregt, durch den Raum der Basilika zu kreisen.

vision vom Menschen hin frei zu entfalten. Wo dieser Freiraum fehlt, sind wir auf die lineare Ausnutzung und Verschwendung der Lebens- und Gefühlskräfte als die einzige Möglichkeit angewiesen.

Als ich, eingetaucht in die Mehrdimensionalität des Raumes von San Marco – das modellhaft verwirklichte Himmelreich –, beobachtete, wie diese Raumqualität auf mich wirkt, stellte ich fest, daß mein Kopf mit dem quadratischen Grundriß der Basilika in Resonanz steht, mein Herz jedoch mit den Wölbungen der Kuppeln. Alles ist umgekehrt: Was im basikalen Raum unten ist, ist beim Menschen oben, und was beim Menschen unten ist, ist bei San Marco oben. Es handelt sich also einerseits um eine Korrespondenz zwischen der Basilika und dem Menschen, der in ihr steht, andererseits um eine kreative Spannung, die durch die erfahrene Umpolung zustande kommt. Die Basilika möchte den Menschen etwas Bestimmtes lehren.

Als ich dieser Frage nachgehen wollte, hatte ich plötzlich das Gefühl, daß sich mein Kopf weit nach vorn neigte – mehr als der Hals je erlauben würde – und sich zu meinem Herzzentrum hinbeugte. So etwas könnte nur ein Schwan mit seinem langen Hals vollbringen! Der Vorgang ging aber noch weiter. Der Kopf tauchte in die Herzmitte ein und verschwand darin! Was mochten wohl die Besucher der Basilika denken, als ich plötzlich kopflos dastand?

Als ich mit meinem Kopf im Herzen verweilte, kam es zu jener Wandlung, die der Wandlung des physischen Raumes der Basilika in seine mehrdimensionale Gestalt entspräche. Es fühlte sich an, als sei ich mit meinem Kopf in

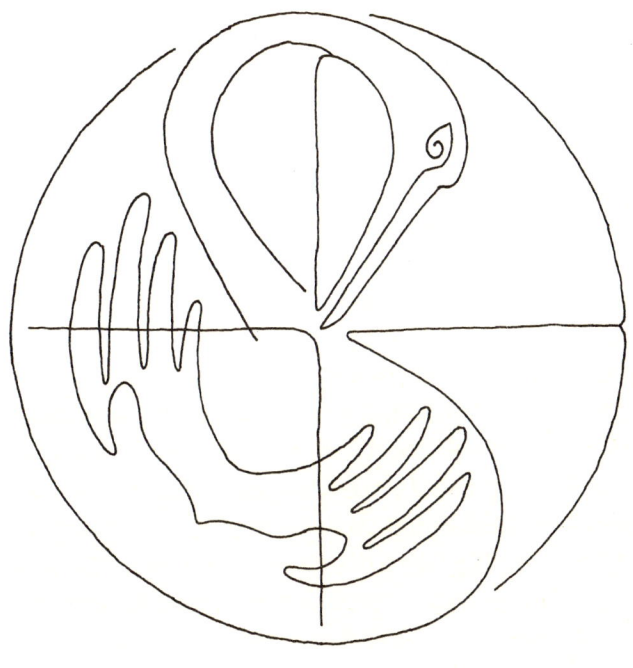

Der Herzkraft spendende Pelikan – ein Christussymbol –
vom Altar der St.-Margareten-Kirche in Kranj, Slowenien.
(Ein Werk des Autors, Kalkstein, 1990)

kristallklarem Wasser untergetaucht – ohne dabei Schwierigkeiten mit dem Atmen zu bekommen. Die »Eckigkeit« meiner mentalen Muster wurde abgerundet. Plötzlich fühlte sich der Kopf so leicht an, daß er wie eine Luftblase der Wirbelsäule entlang aufzusteigen begann, um sich schließlich auf seinem naturgemäßen Platz wiederzufinden. Ich war nicht mehr kopflos.

Die Botschaft, die durch meine Erfahrung gestützt wird, läßt sich besser verstehen, wenn man bedenkt, daß die Lehre Christi die Menschheit durch Jesus genau in einer Epoche zu erreichen suchte, da die antike Entdeckung des logischen Denkens durch die römische Kultur alle Bereiche des öffentlichen und privaten Lebens zu durchdringen begann. Einerseits ist es wichtig, daß die innere Selbständigkeit sich auf die Fähigkeit des logischen Denkens stützt. Andererseits wird, wenn das Logische zu einer flachen Rationalität entartet, die Gefahr heraufbeschworen, der Freiheit der Seele die Flügel zu beschneiden.

Die Lehre vom Himmelreich auf Erden, die Jesus verkündete, zeigt, wie durch die Einbeziehung der Liebe der Gefahr einer verflachten Rationalität vorgebeugt werden kann. Mit Liebe ist hier aber nicht nur ein Gefühl gemeint oder eine gesellschaftlich geförderte Zuwendung des einzelnen zu seinem Nächsten. Vielmehr geht es um die Kraft des Herzens, durch die sich die Stimme der Seele über die Intuition offenbaren kann, die wiederum in unmittelbarer Verbindung zum göttlichen Selbst des Menschen steht. Wenn man seine Gedanken durch das Herz laufen läßt, damit sie durch die Intuition bereichert werden und eine

Auffächerung in der Mehrdimensionalität erfahren können, bevor sie ausgesprochen und ins Handeln umgesetzt
werden, dann ist die Gefahr, die das logische Denken mit
sich bringt, überwunden.

Ein Raum, wie ihn die Basilica San Marco darstellt, der das
Ziel von Millionen von Pilgern war, ermöglichte vielen Generationen, die Warnung vor dieser Gefahr und die Anleitung des »Vaters« zu ihrer Überwindung zu erleben und
tief ins Unterbewußte aufzunehmen – soweit sie nicht fähig waren, sie bewußt zu verstehen. Dadurch wurde die
Menschheit auf die Neuzeit vorbereitet, in der sie der Gefahr der Ratio, gekoppelt mit dem egozentrischen Denken,
voll ausgeliefert ist.

13. Kapitel

Aschenputtel: Ein Märchen
der Menschwerdung

Während ich am vorangegangenen Kapitel schrieb, ist mir bewußt geworden, wie die Anwesenheit Christi unter den Menschen, um sich durch die Jahrhunderte der kirchlichen Herrschaft hindurch offenbaren zu können, genötigt war, andere Ausdruckswege zu suchen. Die vier kanonischen Evangelien, die als ihr offizieller Ausdruck galten, waren zu verschnürt, um die mehrdimensionale Botschaft Christi ganz hinüberbringen zu können. Dieser unglückliche Zustand ist zum einen auf die beschriebenen Blockierungsmuster in der Textsubstanz der Evangelien zurückzuführen, zum anderen auf die Starrheit der kirchlichen Dogmen, die einen freien Umgang mit der Botschaft Christi verhindert haben.

Schon während meiner inneren Vorbereitungen auf die Aufschlüsselung des verborgenen »fünften Evangeliums« im Herbst 1996 wurde mir ein Traum zuteil, den ich als eine Aufforderung empfand, mich nicht nur auf das Studium der Evangelientexte zu begrenzen. Ich sollte auch der Weisheit der Sophia Gehör schenken. Sie hat den Menschen in seinen Bemühungen, die Verbindung zur Christuskraft nicht zu verlieren, durch die Jahrhunderte hindurch unterstützt. Ihre Stimme sprach gewöhnlich nicht durch Schriften und kirchliche Dogmen, sondern durch die mündliche Volksüberlieferung, die ihren Ausdruck unter anderem in den Märchen fand.

In dem erwähnten Traum war ich der Sohn eines Försters. Tagelang schleppte ich schwere Bündel von totem Holz zu unserer Hütte am Waldrand. Unweit der Hütte floß ein Bach. Eines Tages, als ich mit der schweren Holzlast unter dem rechten Arm am Bachufer angelangt war, bemerkte ich, daß zwischen den Hölzern eine eiserne Zange klemmte. Ich wollte sie, während ich den Bach überquerte, mit der linken Hand aus dem Bündel herausziehen, als ich bemerkte, daß an meinem Ringfinger ein eiserner Ring steckte.

Genau in dem Augenblick rutschte der Ring vom Finger und fiel in das Wasser des Baches. Ich wollte aber meine Last vor dem nahen Ziel nicht loslassen und beschloß, den Ring später suchen zu gehen. Als ich das Ziel erreicht und das Holzbündel auf dem väterlichen Hof niedergelegt hatte, setzte ich mich darauf und wurde von Leid und Trauer überwältigt. Ich dachte mir, warum muß ich so schwere Fron leisten, ohne einen klaren Sinn in meiner Last zu sehen. Darüber vergaß ich den Ring. Inzwischen war es dämmrig geworden, und ich sprang auf die Beine, um den verlorenen Ring zu suchen. In der Bachrinne war es jedoch zu dunkel geworden, und so mußte ich jegliche Hoffnung aufgeben, den Ring zu finden.

Als ich, überflutet von dem Gefühl, wie wichtig es wäre, den Ring wiederzufinden, erwachte, wurden mir einige Elemente des Traumes sofort klar:

Der *eiserne* Ring und die *eiserne* Zange symbolisieren den herrschenden Geist unseres Zeitalters. Wegen des Materials, das beim Aufbau unseres Zeitalters die entscheidende Rolle spielte, wird es als das Eisenzeitalter bezeichnet – im Unterschied zu den vorangegangenen Bronze- bzw. Steinzeitaltern.

Ring und Zange symbolisieren zwei komplementäre Werkzeuge unseres Bewußtseins. Die Zange mit ihrer Fähigkeit, ein einzelnes Element zu packen und es aus der Ganzheit – wie einen Nagel aus dem Holz – herauszuziehen, ist ein vortreffliches Symbol für das analytisch-rationale Denken. Der Ring in seiner abgerundeten, einschließenden Form steht hingegen für die Qualität der Intuition und der gefühlsmäßigen Erfahrung der Geheimnisse des Lebens.

Das Charakteristikum des Eisenzeitalters liegt darin, daß das Ringprinzip verlorengegangen ist und wir uns gleichzeitig immer mehr auf das Zangenprinzip beschränkt haben. Was dabei abhanden gekommen ist, ist das Gefühl des Menschen für die alles einschließende Ganzheit des Lebens und unseres eigenen Wesens. Die Folge davon ist die Zersplitterung der Ganzheit in unzählige Teile, von denen wir jeden einzelnen zwar mit der Zange unseres Verstandes gut »packen« können, deren glückliches Zusammenfinden im »Ring der Ganzheit« jedoch unmöglich wird.

Der Stimme der Sophia nachgehend wurde meine Aufmerksamkeit zu Schneewittchen, Dornröschen, Rotkäppchen und Aschenputtel hingezogen, die wichtigsten Heldinnen der mittelalterlichen Märchen, die die Brüder Grimm im 19. Jahrhundert nach der Volksüberlieferung aufgeschrieben haben. In ihrer Bildersprache sind die Urmuster der Menschheitsentwicklung verborgen, durch die der weibliche

Aspekt Christi zu Wort gekommen ist. In diesem Sinne empfinde ich ihre Botschaft der Botschaft der Evangelientexte als ebenbürtig, weitgehend auch als komplementär.

Beim Märchen vom Aschenputtel geht es um die Zersplitterung des Wesens Mensch in einzelne Teile und das Vergessen seiner ursprünglichen Einheit. Dementsprechend verläuft die Erzählung auf drei Ebenen, die voneinander getrennt sind und erst durch das Überwinden vieler Schwierigkeiten miteinander verbunden werden:

- Zum einen gibt es die hohe Ebene des königlichen Schlosses, das der Königssohn bewohnt. Er steht für die Seele des Menschen, für unsere engelhafte Seite, die den Gesetzmäßigkeiten des physischen Raumes und der linearen Zeit nicht unterliegt. Der Königssohn kann auch als »Gottessohn« verstanden werden, als ein Symbol für das allumfassende geistige Selbst des Menschen.

- Zum anderen gibt es die Familie des Aschenputtel, die in das Gewebe des irdischen Lebens mit seinen räumlich-zeitlichen Beschränkungen eingebunden ist. Die Umstände, die auf die Familie zukommen, symbolisieren die Herausforderungen, vor die das Eisenzeitalter das Menschengeschlecht gestellt hat.

- Zum dritten gibt es die übergeordnete Ebene der Prinzipien, die das Leben als Ganzes bedingen. Einerseits geht es um das Gottprinzip, symbolisiert durch den Vater. Obwohl es gegen die Logik der Teilung zwischen den genannten Ebenen verstößt, tritt er als der alleinige Vater auf, und zwar sowohl in Beziehung zum Königssohn als auch zum Aschenputtel. Die verstorbene Mutter anderseits bezeichnet das Göttinprinzip, das im Namen der patriarchalen Herrschaft über das Eisenzeitalter weitgehend aus dem Bewußtsein verdrängt wurde.

Das Märchen beginnt im Zeichen des Todes der Mutter und der Trauer ihrer Tochter über diesen Verlust. Es handelt sich hier – ausgedrückt in der Bildersprache der Märchen – um das Schwellenerlebnis, das den Beginn der gegenwärtigen Phase der Menschheitsentwicklung prägt: Um in seine Selbständigkeit hineinzuwachsen, muß sich der Mensch von dem wundervollen Einssein mit den Lebensströmungen der Erde trennen, in die sein Werden in den vorangegangenen Zeitaltern glücklich eingebettet war. Der Tod der Mutter verweist demnach auf einen tragischen Umbruch in der Entwicklungsgeschichte der Menschheit, der uns in eine Phase der inneren Zersplitterung geführt hat.

Diese Phase klingt im Märchen in der Entscheidung des Vaters an, eine neue Frau ins Haus zu holen. Die Stiefmutter bringt aber nicht nur eine, sondern zwei Töchter mit in die Familie, von denen es in der Märchensprache heißt, daß sie »schön und weiß von Angesicht waren, aber garstig und schwarz von Herzen«. Darin wird deutlich, daß es hier um den Schritt von der Einheit in die Polarität geht. Die Polarität äußert sich in einer Unterscheidung zwischen außen und innen, in der Aufteilung in positiv und negativ, in einer Pendelbewegung zwischen dem Materiellen und dem Geistigen. Die beiden neu hinzugekommenen Töchter symbolisieren das polarisierte Weltbild, das nach dem Rückzug der Göttin nach und nach zum leitenden Weltbild des Menschen wurde. Die ursprüngliche zyklische *Verbundenheit* mit der Lebensganzheit – für die die Göttin steht – wurde durch eine neue psychische Ordnung ersetzt, die durch das Prinzip des *Getrenntseins* charakterisiert ist.

In der Bildersprache des Märchens drückt sich dieses Getrenntsein durch den unterschiedlichen Status aus, der dem Aschenputtel im Gegensatz zu seinen beiden Stiefschwestern in der Familie zugewiesen wird: Aschenputtel muß früh aufstehen und das Feuer anzünden, es muß kochen und Wäsche waschen, es ist sogar verpflichtet, den Stiefschwestern die Schuhe zu binden. Letztere trachten nur danach, wie sie sich ihren Pflichten entziehen können. Trotzdem dürfen sie im weißen Bett schlafen, während dem Aschenputtel sein nächtliches Lager in der Asche am Feuerplatz zugewiesen wird.

Die geistig-seelische Tiefe der inneren Spaltung, in der der Mensch des Eisenzeitalters steckt, wird deutlich, als der Vater alle drei Töchter fragt, was er ihnen aus der Stadt als Geschenk mitbringen soll. Die Stiefschwestern wünschen sich, ihren egozentrischen Idealen entsprechend, schöne Kleider und Edelsteine. Aschenputtel hingegen vertraut in die Weisheit der Natur und bittet den Vater um nichts weiter als das erste Haselreis, das ihm auf dem Heimweg an den Hut stoßen würde.

Im Einklang mit seinem Vertrauen wurde dem Aschenputtel vom Vater ein Haselreis geschenkt, das, wie es einer Haselrute gebührt, magische Fähigkeiten besaß. Aschenputtel steckte sie in das Grab der Mutter und begoß sie mit seinen Tränen. Daraus erwächst ein schöner Baum, der es mit allem überschüttet, worum es die Mutter bittet. Übersetzt ins lineare Verständnis hieße dies, daß Aschenputtel für denjenigen Teil des zersplitterten Menschen steht, der, ins Unterbewußtsein verdrängt, dennoch mit dem Zyklus der Wandlung vom Tod zur Wiedergeburt verbunden bleibt.

Um sich nicht in den Märchenbildern zu verlieren, sollte man sich vergegenwärtigen, daß alle Personen, die im Märchen auftreten, die zerstreuten Teile des Wesens Mensch darstellen. Der Königssohn, wie schon erwähnt, symbolisiert den Ewigkeitsaspekt des Menschen, sein geistig-seelisches Selbst, das die kosmischen Rhythmen der Menschwerdung kennt. Es weiß, daß die Trennung des Wesens Mensch von der Lebensganzheit – zu der es im Verlauf des Eisenzeitalters kam – nun ihre Aufgabe erfüllt hat. Die Individualisierung ist abgeschlossen. Nun steht die Wende an, die Zeit der Wiederverbindung ist gekommen. Der »Königssohn« sucht Wege, um die zersplitterten Teile des Menschen zusammenzubringen. In der Märchensprache heißt es, daß er heiraten will und drei Tanzfeste veranstaltet, um seine wahre Braut zu finden.

Der Vater und die Mutter stehen für den göttlichen Kern des Menschen bzw. für den Horizont, innerhalb dessen sich die Menschwerdung vollzieht. Bezeichnenderweise wurde die verstorbene Mutter durch die unheilvolle Stiefmutter ersetzt. Sie symbolisiert die religiösen Vorstellungen, gesellschaftlichen Normen und psychologischen Muster, durch die ihm Rahmen des Eisenzeitalters die liebende

und allseitige Beziehung des Menschen zum Leben und seiner Mehrdimensionalität nach und nach ersetzt wurde. Statt in einem unmittelbaren Einssein mit der Lebensganzheit zu schwingen, sucht der moderne Mensch durch solche künstlichen Filter und Masken die Wahrheit zu erkennen. Statt sie zu finden, wird er selbst immer mehr zerstückelt und seiner Ganzheit beraubt.

Die Folgen dieser Selbstentfremdung werden durch die beiden Stiefschwestern dargestellt. Sie symbolisieren den abgespaltenen und verselbständigten Teilaspekt des Selbst, der beim modernen Menschen als Ego bezeichnet wird. So wie die beiden Stiefschwestern, die ganz auf äußeren Glanz und Schein bedacht sind, das Haus des Aschenputtel beherrschen, herrscht das äußere Ich – das Ego – über das Denken und Wirken des eisenzeitalterlichen Menschen. Das Problem ist, daß das Ego, verstrickt in seine Einseitigkeit und Oberflächlichkeit, nicht fähig ist, dem Menschen Stabilität, Erdung und ein geistig-seelisches Fundament zu sichern. Folglich schwankt er zwischen Glaube und Zweifel, zwischen Haß und Liebe, zwischen seiner Begeisterung für das Geistige und der Hingabe an die Materie.

Was allein dem Menschen psychische Stabilität, Erdung und eine geistig-seelische Grundlage sichern könnte, ist sein wahres Selbst, das unbeachtet auf die Ebene des Unterbewußtseins verdrängt wurde. Im Märchen trägt dieses unterdrückte Selbst den Namen »Aschenputtel«. Statt im Bett der gesellschaftlichen Anerkennung schlafen zu dürfen, muß sich Aschenputtel mit dem Schlafplatz in der Asche begnügen, daher sein Name. Die Asche ist das, was von dem Feuer zurückgeblieben ist, das einmal hell und für jedermann sichtbar strahlte. Das Aschenputtel steht für das Selbst, das, ins Unterbewußtsein des Menschen verbannt, den Prozeß seines Selbständigwerdens von dort her trägt.

Bezogen auf die Menschheitsgeschichte setze ich die Einladung des »Königssohnes« zum Tanz der Wiederverbindung der zerstückelten Teile des Menschen mit dem Moment der Offenbarung Christi durch Jesus am Anfang unserer Zeitrechnung gleich. Man kann das Lehren und Wirken Jesu unter dem Blickwinkel sehen, daß er die vereinzelten Teile des Wesens Mensch laut benannt und auf den notwendigen Prozeß ihrer Zusammenfindung hingewiesen hat. Es gibt zum Beispiel eine einfache, aber genaue Aussage Jesu zum »Aschenputtelkomplex« des in das Unterbewußtsein verdrängten Selbst des Menschen:

»Zündet man etwa ein Licht an und stülpt ein Gefäß darüber oder stellt es unter das Bett? Stellt man es nicht auf den Leuchter? Es gibt nichts Verborgenes, das nicht offenbar wird, und nichts Geheimes, das nicht an den Tag kommt. Wenn einer Ohren hat, zu hören, so höre er! (Mk 4/21)

Die Umkehr von der Unterdrückung zur Anerkennung des persönlichen Lichtes – sprich des wahren Selbst – kann jedoch nicht auf der Ebene des Intellekts vollbracht werden, sondern nur durch einen Wandlungsprozeß. Dieser wird von Jesus in einer äußerst knappen Form benannt: »Es gibt nichts Verborgenes, das nicht offenbar wird, und nichts Geheimes, das nicht an den Tag kommt.«

Was einst die Glückseligkeit des Menschen darstellte, das Leuchten seines Selbst, mußte zuerst seine Verleugnung

253

und Unterdrückung erfahren, um dadurch nach innen gezogen zu werden. Das Feuer muß nach innen genommen werden, um eine geistig-seelische Verfeinerung zu erfahren. Was sich äußerlich als Phase der Unterdrückung darstellt, hat auch eine positive Kehrseite. Der Mensch wird gezwungen, sich in Demut zu üben, sich immer wieder nach dem Sinn seines Lebens zu fragen und zu lernen, von innen heraus zu unterscheiden, was lebensfähig ist und was nicht. Dadurch reift der einzelne nach und nach dazu, sein verborgenes Licht zu entdecken und in der Endphase des Prozesses nach außen erstrahlen zu lassen. Das Licht des Selbst ist nun klar und genügend bewußt, um »auf den Leuchter gestellt zu werden«.

Die unvermeidliche Notwendigkeit, daß der werdende Mensch den beschriebenen Wandlungsprozeß durchläuft, bevor die Zeit zur Wiederverbindung der zerstückelten Teile seines Wesens kommt, wurde durch Jesus am Beispiel eines Gleichnisses hervorgehoben. Es handelt von zehn Jungfrauen, die ihre Lampen nahmen und dem Bräutigam entgegengingen:

»Dann wird es mit dem Himmelreich sein wie mit zehn Jungfrauen, die ihre Lampen nahmen und dem Bräutigam entgegengingen. Fünf von ihnen waren töricht, und fünf waren klug. Die törichten nahmen ihre Lampen mit, aber kein Öl, die klugen aber nahmen außer den Lampen noch Öl in Krügen mit. Als nun der Bräutigam lange nicht kam, wurden sie alle müde und schliefen ein. Mitten in der Nacht aber hörte man plötzlich laute Rufe: Der Bräutigam kommt! Geht ihm entgegen! Da standen die Jungfrauen

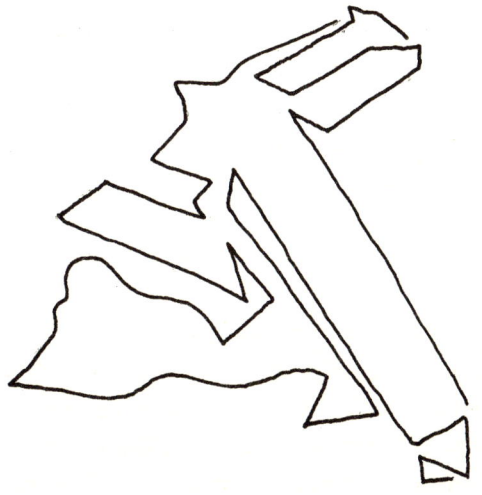

alle auf und machten ihre Lampen zurecht. Die törichten aber sagten zu den klugen: Gebt uns von eurem Öl, sonst gehen unsere Lampen aus. Die Klugen erwiderten ihnen: Dann reicht es weder für uns noch für euch; geht doch zu den Händlern und kauft, was ihr braucht. Während sie noch unterwegs waren, um das Öl zu kaufen, kam der Bräutigam; die Jungfrauen, die bereit waren, gingen mit ihm in den Hochzeitssaal, und die Tür wurde zugeschlossen. Später kamen auch die anderen Jungfrauen und riefen: Herr, Herr, mach uns auf! Er aber antwortete ihnen: Amen, ich sage euch: Ich kenne euch nicht.« (Mt 25)

Auch hier haben wir es anfangs mit der unter den Scheffel gestellten Lampe des verdrängten Selbst zu tun – einer Entsprechung zum Bild des Aschenputtel. Nun spielt aber das Öl die Rolle des Schlüsselsymbols. Ohne die rechte Vorbereitung des Öls kann die Lampe im entscheidenden Augenblick nicht aufleuchten. Mit anderen Worten: Die Wichtigkeit der Aschenputtelphase in unserer Entwicklung darf nicht unterschätzt werden. Es ist die Phase, in der, äußerlich unbemerkt, die Keime für unsere künftige Weiterentwicklung gelegt werden. Die Demütigungen, Bedrängnisse und Prüfungen, die man in dieser Phase durchzumachen hat, ermöglichen es einem, jene Stufe der Klarheit zu erreichen, die für die Wiederverbindung mit dem eigenen göttlichen Selbst nötig ist. Das Gleichnis mündet in die Warnung, daß der Mensch den schicksalhaften Moment der bevorstehenden Hochzeit mit seinem »höheren Selbst« verpassen kann, wenn er die Vorbereitungsphase dazu verschläft.

Die Aufgabe, die der Epoche der Vorbereitung auf die

»Hochzeit« entspricht, wird in dem Märchen vom Aschenputtel durch zwei Prüfungen symbolisiert, die Aschenputtel bestehen muß, um zu dem festlichen Tanz gehen zu können, den der Königssohn veranstaltet, um seine ersehnte Braut zu finden.

Die Prüfung besteht darin, daß Aschenputtel Erbsen und Linsen aus der Asche lesen muß, die ihm die Stiefmutter hineingeworfen hat. Übersetzt hieße dies, daß der Mensch während der Vorbereitungsperiode lernen muß, die lebensfähigen Keime seines Mikrokosmos von den toten Überbleibseln der Vergangenheit zu unterscheiden. Die Samen stehen für das eine, die Asche für das andere. Der Geist des eisernen Zeitalters,[1] verkörpert durch die Stiefmutter, hat das Innere des Menschen absichtlich chaotisiert – die Samen mit der Asche vermischt –, um seiner Entwicklung einen Anstoß zu geben.

Aschenputtel konnte die Aufgabe nur aufgrund seiner Verbundenheit mit der Ganzheitlichkeit der Lebensvorgänge rechtzeitig lösen. Dabei kamen ihm drei Arten von Vögeln zu Hilfe: zwei weiße Tauben, Turteltauben und »alle Vögel des Himmels«. Sie stehen für drei verschiedene Kräfte, die dem Menschen als »Sohn/Tochter der Göttin Erde« natürlicherweise zur Verfügung stehen. Sie werden uns aber nur zuteil, wenn wir uns zur inneren Weisheit der Erde und der Natur bekennen und sie pflegen. Die zwei weißen Tauben stehen für die weibliche Geistkraft – auch Sophia, die Weisheit aus dem Urbeginn, genannt –, die

---

1 In der hinduistischen Überlieferung wird es als »Kali-Yuga« bezeichnet – die Epoche der Schwarzen Göttin Kali.

257

Turteltauben für die Gefühlskräfte und die Vögel des Himmels für die Intuition.

Die Einstellung des heutigen Menschen, der seine weiblichen Qualitäten – Weisheit, Gefühlskräfte und Intuition – verachtet und deswegen den Zeitpunkt der Wiederverbindung seines Wesens mit seinem höheren Selbst nicht erkennt, wurde von Jesus in folgender Weise kritisiert:

»Sobald ihr im Westen Wolken aufsteigen seht, sagt ihr: Es gibt Regen. Und es kommt so. Und wenn der Südwind weht, dann sagt ihr: Es wird heiß. Und es trifft ein. Ihr Heuchler! Das Aussehen der Erde und des Himmels könnt ihr deuten. Warum könnt ihr dann die Zeichen dieser Zeit nicht deuten?« (Lk 12/54)

Aber auch aus der Perspektive des Königssohnes ist der Prozeß der Wiederverbindung nicht einfach. Als er dreimal zum festlichen Tanz einlud, durfte die gesuchte Braut – das Aschenputtel – aufgrund der Verbote durch die gesellschaftlichen und psychologischen Normen daran offiziell gar nicht teilnehmen. Das wahre Selbst mußte zu Hause bleiben, obwohl es die auferlegten Prüfungen bestanden hatte. Was sich dem Königssohn öffentlich anbieten darf, ist das verflachte Ego, verkörpert durch die beiden Stiefschwestern.

Nach der kosmischen Uhr, nach deren Rhythmen sich die Entwicklung des Menschengeschlechts vollzieht, ist jedoch die Zeit zu seiner Wiederverbindung zu einer neuen Einheit – zum Neuen Bund mit Gott – reif geworden. Deswegen kann die wahre Braut nicht daran gehindert werden, an den drei feierlichen Tänzen teilzunehmen. Jedesmal

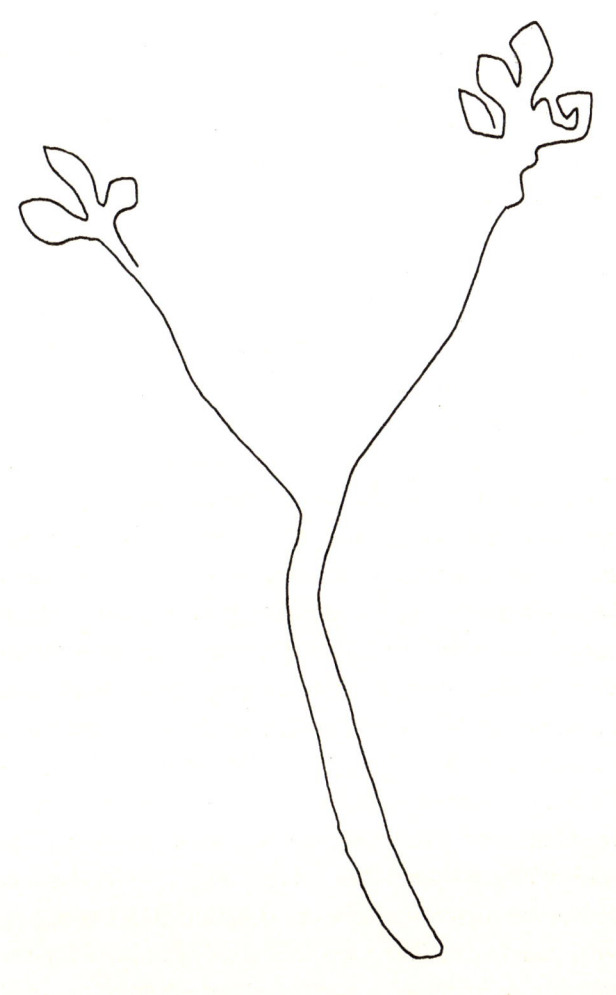

kommt sie insgeheim, gehüllt in das Mond- und Sonnenge-
wand, das ihr der Baum der Wandlung geschenkt hat, den
sie selbst auf dem Grab der Mutter gepflanzt und gepflegt
hatte. In diese Gewänder des Geistes gekleidet, war sie für
die Stiefmutter und Stiefschwestern unsichtbar, für den
Königssohn aber unverkennbar.

Er erkennt seine wahre Braut auf den ersten Blick, doch
die Umstände sind noch nicht reif, um eine dauerhafte Beziehung einzugehen. Der Sohn muß sich den Weg zur Wiederverbindung dadurch bahnen, daß er mit seiner Axt die
Hürden zerschlägt, die den Weg zu ihr versperren. Die erste Hürde ist ein Taubenhaus, die zweite ein Birnbaum. Sie
wurden dem Aschenputtel jeweils zum Zufluchtsort, nachdem es vom Tanz geflohen war, um nicht durch die Stiefmutter und die Stiefschwestern erkannt zu werden.

Das Taubenhaus steht für die flatterhaften emotionalen
Qualitäten, die die Beziehung des heutigen Menschen zur
Natur kennzeichnen. Es ist eine Art Liebe zum Lebendigen, der es jedoch an Tiefe fehlt. Es mangelt noch an der
freien Entscheidung, die Erde und die Natur in ihrem nicht
auf den Menschen bezogenen Eigensein zu lieben und sie
in ihrer Mehrdimensionalität zu erkennen.

Nach dem zweiten Fest flüchtet Aschenputtel auf einen
Birnbaum, der voller Früchte ist. Dieser Baum steht als
Symbol für die vitalen Kräfte der Erde, die, wenn sie falsch
genutzt werden, eine Hürde auf dem Entwicklungsweg des
Menschen und des Planeten darstellen können. Es handelt
sich um die Gefahr der einseitigen Förderung der materiell
manifestierten Fruchtbarkeit des Bodens, die unsere Kul-

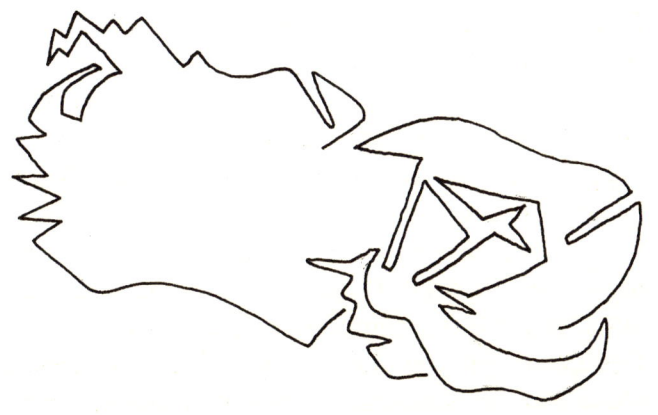

tur durch alle möglichen Mittel vorantreibt. Dabei wird die Beziehung zur geistigen und vitalenergetischen »Fruchtbarkeit« der Erdsysteme verleugnet und sogar blockiert. Der Königssohn – Christus – schlägt den Birnbaum um, um ein Zeichen zu setzen, daß das einseitige Hochjubeln der Fruchtbarkeit der Erde eine Hürde im Prozeß der Erdwandlung und der Menschwerdung darstellt.

Beim dritten Festtanz hat der Königssohn der noch immer unerkannten Braut eine Falle gestellt. Er ließ schwarzes Pech auf die Stufen schmieren, über die sie jedes Mal entflohen war. Als die Schöne sich ihm zum dritten Mal entriß und flüchtete, um rechtzeitig zu ihrem Aschenlager zu gelangen, verlor sie einen ihrer goldenen Tanzschuhe. Er blieb am Pech hängen. Dadurch bekam der Prinz endlich den Schlüssel in die Hand, um die wahre Braut finden zu können.

Damit wird die abschließende Phase der Wiederverbindung der getrennten Teile des Wesens Mensch eingeleitet. Die Hürden sind schon abgebaut worden, und folglich kann sich das geistige Selbst »tiefer inkarnieren«, sprich in eine engere Verbindung mit dem irdischen Selbst treten. In der Märchensprache heißt es, daß der Königssohn nun von seinem Schloß herabsteigt und unerwartet bei der »irdischen Familie« auftaucht. Er offenbart seinen Willen: »Die, welcher dieser goldene Schuh paßt, die soll meine Gemahlin werden.«

Die Stiefmutter, Repräsentantin der herrschenden gesellschaftlichen und kulturellen Normen, glaubt, der Königssohn sei gekommen, um eine ihrer beiden Töchter – das

Ego – zu heiraten. Sie nimmt die ältere beiseite. Vergeblich müht sie sich, den Schuh überzustreifen. Die große Zehe ist zu groß. Auf den Rat der Mutter schneidet sie ein Stück davon ab. Doch der Betrug wird entdeckt, während der Königssohn mit ihr zum Schloß reitet: Blut tropfte aus dem goldenen Schuh. Ähnliches widerfuhr ihrer jüngeren Schwester, die sich die Ferse abgeschnitten hatte, um in den goldenen Schuh schlüpfen zu können.

Der Schuh, der die besonderen Maße des individualisierten Menschen bzw. sein persönliches Siegel eingeprägt hat, steht für das Urmuster der persönlichen Identität. Dieses Urmuster, das gespeichert in der Erinnerung der Erde pulsiert, gibt den Rahmen für die jeweilige Verkörperung des Menschen ab. Gespeichert in einer Tiefenschicht der Erde, die ich die »Unterelementare Ebene« nenne[1], sichert dieses Urmuster von Inkarnation zu Inkarnation die Einmaligkeit jedes Menschenwesens. Es ist dieses Urmuster, durch das der Mensch mit der Ganzheit der Erdsysteme – der Mutter Erde – in Beziehung steht. Es stellt den dem göttlichen Selbst des Menschen entgegengesetzten irdischen Pol der menschlichen Identität dar und wird deswegen als golden beschrieben.

Nachdem der Prinz auch die zweite Braut als falsch erkannt und zurückgeschickt hat, fragt er den Vater, ob er nicht noch eine dritte Tochter habe. Um ehrlich zu sein, muß der Vater zugeben, daß es noch ein Aschenputtel im Hause gibt. Allerdings nennt er es das »kleine, garstige Aschenputtel, das unmöglich die Braut sein könne«. Der

1 Vgl. dazu mein Buch *Wege der Erdheilung*, S. 136.

Königssohn besteht jedoch auf der Probe, und siehe da: Dem Aschenputtel paßt der goldene Schuh wie angegossen. Nun wird sie als Braut zum Königsschloß heimgeführt. Betrachten wir diesen Vorgang im Spiegel der Entwicklungsgeschichte des Menschen: Nachdem wir uns im Verlauf der letzten Jahrtausende immer mehr von den feinstofflichen Lebensgrundlagen und Bewußtseinsschichten der Erde entfernt haben, haben wir nach und nach die Beziehung zu den Urmustern (siehe hierzu die Definition im dritten Kapitel) verloren, durch die das Leben der Erde gesteuert und in seinen mehrdimensionalen Bahnen gehalten wird; anders ausgedrückt: die energetische, gefühlsmäßige und geistige Erdung des Menschen ging weitgehend verloren; als verkörperte Menschen gehören wir aber voll zum Leben der Erde dazu.

Wer die bewußte Verbindung zur Erdganzheit verloren hat, ist der in der Abspaltung lebende Ego-Aspekt des Menschen. Folglich paßt ihm der goldene Schuh nicht, wie es das Beispiel der beiden Stiefschwestern von Aschenputtel zeigt. Es hilft ihnen auch nicht, wenn sie die Beziehung zur Erde vortäuschen, so wie der modernen Zivilisation ihre scheinbar am Irdischen orientierte materialistische Ausrichtung bei der Lösung der ökologischen Probleme auch nicht helfen kann. Wir behaupten zwar, mehr als jede Kultur vor uns in die Substanz des Irdischen eingedrungen zu sein und unentwegt mit der Materie zu tun zu haben. Es geht dabei aber lediglich um eine dünne, äußerste Schicht des Erdwesens, von dem der größte und wichtigste Teil – wie das Aschenputtel – übersehen und unbeachtet bleibt;

ich denke dabei an den vitalenergetischen Organismus der Erde, an ihre Intelligenz- und Gefühlsebene und an ihre göttliche Essenz. Sobald unsere Erdung auf die Probe gestellt wird – wir den »Schuh« anprobieren müssen –, was zur Wiederverbindung der gespaltenen Teile des Menschenwesens notwendig ist, zeigt sich die tragische Tatsache, daß wir für die Erde eigentlich schon gestorben sind. Das Abschneiden der großen Zehe vorne oder der Ferse hinten genügt nicht.

Man sollte aber die Botschaft des Märchens vom Aschenputtel keineswegs so verstehen, daß der Gottessohn kommen wird und diejenigen Menschen, die die Beziehung zur Erdmutter verloren haben, von denen trennen wird, die ihr treu geblieben sind! Man sollte nicht vergessen, daß alle Personen, die in dem Märchen auftreten, verschiedene, in Entfremdung und sogar Gegnerschaft zueinander geratene Teile ein und desselben Menschenwesens darstellen. Folglich kann keiner verflucht und abgesondert werden, ohne daß derjenige, der den Fluch ausspricht, sich selbst verfluchen und verkrüppeln würde.

Die Aussage zielt vielmehr dahin, dem Menschen die Schlüsselbedeutung seines »Aschenputtels« für seine Zukunftsentwicklung bewußt zu machen. In der einseitigen Weltsicht des Eisenzeitalters ist die Beziehung zur Erdmutter und zu den Erdsystemen immer mehr tabuisiert und unterdrückt worden. Letztlich darf sie nur noch im Schattenreich unseres Unterbewußtseins verweilen. Ihre Kräfte wurden für den Aufbau unserer Kultur für unnütz erklärt und auf die Müllhalde des Unterbewußtseins geworfen.

Aber o weh! Wenn unsere Entwicklung in die Phase der Wiederverbindung des Wesens Mensch kommt – Jesus bezeichnete sie als die Phase des Menschensohnes –, dann wird es schwierig werden. Die Wiederverbindung zwischen dem »Engelmenschen« und dem »Erdmenschen« in uns kann nur aufgrund der Urmuster vollbracht werden, durch die ihre Zusammengehörigkeit seit Anbeginn der Schöpfung kodiert ist. Wenn der Mensch in seiner Beziehung zu diesen Urmustern geistig-energetisch degeneriert ist, dann ist die zukünftige Fusion seines Wesens nur möglich, wenn er rechtzeitig von seiner Entfremdung erwacht und seinen »Aschenputtel«-Aspekt zum Eckstein seiner neuen Identität erwählt.

Der »Eckstein« ist eine Anspielung auf das bekannte Wort Jesu, das durch vier Evangelien dokumentiert worden ist: »Jesus sagte: Zeigt mir den Stein, den die Bauleute verworfen haben. Er ist der Eckstein.« (Tm, Log. 66)

Beim Evangelisten Lukas ist die gleiche Aussage in der Form eines Jesus-Zitates aus einem biblischen Psalm wiedergegeben: »Was bedeutet das Schriftwort: Der Stein, den die Bauleute verworfen haben, er ist zum Eckstein geworden?« Daran schließt er folgende Worte an, die auf eine unerbittliche Entscheidung hinweisen: »Jeder, der auf diesen Stein fällt, wird zerschellen; auf wen der Stein aber fällt, den wird er zermahlen.« (Lk 20/17)

Als ich das erste Mal diesen hinzugefügten Satz bemerkte, muß ich gestehen, daß ich seine Echtheit anzweifelte. Er weist aber, trotz seiner erbarmungslos klingenden Aussage, eine gesunde Ätherstruktur auf. So dachte ich mir, daß

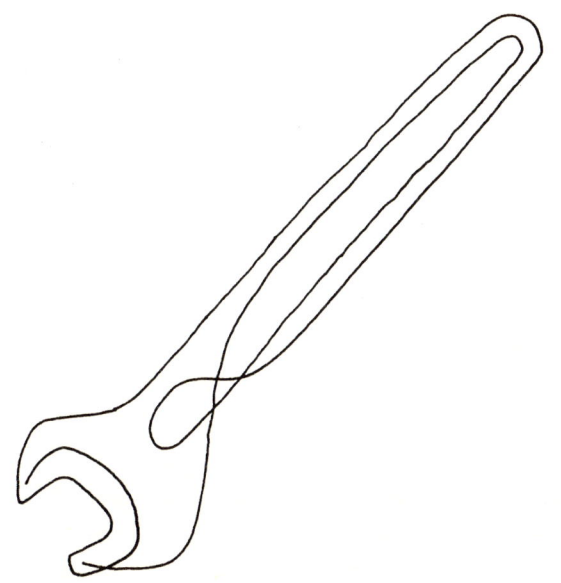

hier zwei Aussagen Jesu, von denen jede für sich wahr ist, möglicherweise falsch miteinander verkoppelt wurden. Erst als ich den Schluß des Aschenputtel-Märchens genauer gelesen hatte, konnte ich den Zusatz verstehen.

Als der Königssohn die richtige Braut – sprich: den »verworfenen Eckstein« – zur Hochzeit heimführte, setzten sich zwei Tauben auf ihre Schultern. Die eine saß auf ihrer linken, die andere auf ihrer rechten Schulter, wie das der Tochter der urbildlichen Göttin zusteht. Auch die beiden Stiefschwestern begleiteten sie zur Hochzeit, die ältere zu ihrer Rechten, die jüngere zu ihrer Linken. Da pickten die Tauben jeder von ihnen ein Auge aus. Bei der Rückkehr von der Hochzeit ging es umgekehrt, die jüngere war zur Rechten, die ältere zur Linken. Da pickten ihnen die Tauben auch noch das zweite Auge aus. So wurden die Verblendeten geblendet, was einer Aufhebung ihrer einseitigen Sichtweise entspricht.

Es muß aber gesagt werden, daß es weder im Märchen noch in der Aussage Jesu um einen Akt der Rache geht. Das Zerschellen/Zermahlen der Zweiheit bzw. die Erblindung des rechten und des linken Auges symbolisieren das Auslöschen des abgespaltenen und nun in die Ganzheit des Selbst integrierten Teilaspekts des Menschen, den wir »Ego« nennen. Er gehört nun als dienende Seite zu unserem wie ein Phönix aus der Asche auferstandenen »Aschenputtel-Selbst«. Aschenputtel ist zur königlichen Braut erwacht, nachdem »sein Licht auf den Leuchter gestellt wurde«.

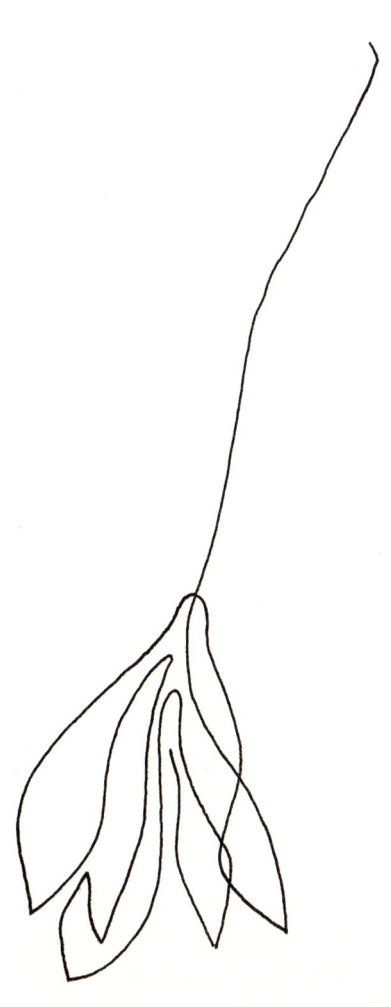

14. Kapitel

Der Mensch im Spiegel der gegenwärtigen Erdveränderungen

Die Dramatik der Prozesse, die zur Wiederverbindung des Wesens Mensch führen, ist vielleicht am stärksten aus einem Gespräch zwischen dem Meister Jesus und seinen Jüngern zu spüren:

»Sie sahen einen Samariter, der ein Lamm mit sich nahm auf den Weg nach Judäa. (Jesus) sagte zu seinen Jüngern: Warum (nimmt er) ein Lamm mit? Sie sagten zu ihm: Damit er es schlachte und esse. Er sagte zu ihnen: Solange er lebt, wird er es nicht essen; sondern wenn er es geschlachtet hat und es ein Leichnam geworden ist. Sie sagten: Anders wird er es nicht machen können. Er sagte zu ihnen: Ihr selbst, sucht einen Ort für euch zur Ruhe, damit ihr nicht zu Leichnamen werdet und man euch ißt.« (Tm, Log. 60)

Das Gespräch ist dem Evangelium nach Thomas entnommen, das in die koptische Sprache übersetzt gefunden wurde. Es ist fraglich, ob die moderne Übersetzung in die deutsche Sprache tatsächlich so eindeutig ist, daß man sich ausschließlich auf diese Formulierung verlassen sollte. Der entscheidende Punkt des Gespräches, an dem Jesus eine Anleitung gibt, wie man der Gefahr des »geistigen Todes« vorbeugen kann, wird z. B. in der englischen Übersetzung[1]

---

1 Robert M. Grant with David Noel Freedman: *The Secret Sayings of Jesus according to the Gospel of Thomas*, Fontana Books, London and Glasgow 1960.

etwas anders ausgedrückt: »Sucht einen Ort der Stille in eurem Inneren, damit ihr nicht zu Leichnamen werdet und man euch ißt.«

Im Kontext derjenigen Aspekte der Lehre Jesu, die der Selbsterkenntnis des Menschen gewidmet sind, könnte man »den Ort der Stille im eigenen Inneren« mit dem Gesamtselbst des Menschen gleichsetzen, das zur Zeit in unser Unterbewußtsein verdrängt ist. Bei der Betrachtung des Märchens vom Aschenputtel haben wir es im vorangegangenen Kapitel als das »Aschenputtel-Selbst« erkannt. Dieses verkannte Selbst gilt es zu suchen, damit einen der Prozeß der Wiederverbindung der zersplitterten Teile des Menschenwesens nicht unvorbereitet findet, wie es den Stiefschwestern des Aschenputtel erging.

Das Evangelium nach Matthäus bietet demgegenüber eine völlig andere Lösung der Probleme an, vor denen der Mensch an der Schwelle zum 21. Jahrhundert steht. Als Alternative zur Wiederverbindung unserer entfremdeten Teile durch einen inneren Prozeß wird die Lösung »von außen« angeboten – das »zweite Kommen« Christi in der Form des Jüngsten Gerichts:

»Wenn der Menschensohn in seiner Herrlichkeit kommt und alle Engel mit ihm, dann wird er sich auf den Thron seiner Herrlichkeit setzen. Und alle Völker werden vor ihm zusammengerufen werden, und er wird sie voneinander scheiden, wie der Hirt die Schafe von den Böcken scheidet. Er wird die Schafe zu seiner Rechten versammeln, die Böcke aber zur Linken. Dann wird der König denen auf der rechten Seite sagen: Kommt her, die ihr von

meinem Vater gesegnet seid, nehmt das Reich in Besitz, das seit der Erschaffung der Welt für euch bestimmt ist ...«
»Dann wird er sich auch an die auf der linken Seite wenden und zu ihnen sagen: Weg von mir, ihr Verfluchten, in das ewige Feuer, das für den Teufel und seine Engel bestimmt ist!« (Mt 25/31, 41)

Wenn ich die vier Ätherschichten dieses Textabschnittes betrachte, stelle ich eine extreme Verwirrung fest, wie ich sie sonst nirgends in den Evangelien gefunden habe. Der irdische Äther, der ganz dicht an der Buchstabenreihe anliegen sollte, wird in die Höhe getrieben. Demgegenüber liegt das luftige Element, das oben sein sollte, tief unten über der Textlinie. Zu dieser Verdrehung kommt hinzu, daß der feurige Äther wie aufgebläht wesentlich zu hoch steht. Er ist an der Stelle zu spüren, wo sich normalerweise der luftige Äther ausbreiten sollte. Der wäßrige Äther fühlt sich äußerst beunruhigt an. Seine Schicht liegt unterhalb des irdischen Äthers, was eine weitere Verdrehung des üblichen Vier-Äther-Musters in den Evangelientexten darstellt.

Die dramatische, aber verwirrte Ätherstruktur des Textes zum Jüngsten Gericht zeigt unverkennbar, daß in seinem Kern eine feurige und schicksalsschwere Aussage steckt, die aber falsch verstanden und ausgelegt wurde. So kam es zu der Vorstellung von einem Jenseits, in dem am »Ende der Zeit« eine Scheidung der Guten von den Bösen stattfinden würde. Sie ist bezeichnenderweise nur im Evangelium nach Matthäus zu finden, der, wie schon mehrfach angedeutet, tief in die Ideologie des Dualismus verstrickt war.

Die Vorstellung vom Jüngsten Gericht wurde meinem Gefühl nach durch eine Gruppe von Worten Jesu entfacht, die zukünftige Ereignisse und Entwicklungen zum Thema haben. Darunter befinden sich Aussagen, die sich auf die Zerstörung Jerusalems durch die römischen Legionen im Jahr 70 unserer Zeitrechnung beziehen. Sie wurden mit der Aussage: »Diese Generation wird nicht vergehen, bis das alles eintrifft«[1] bezeichnet und sind für uns heute von geringerem Interesse.

Es gibt aber andere, die sich auf die epochale Wandlung des Menschen beziehen, die erst in unseren Tagen zu ihrem Höhepunkt gelangt. Dieser Höhepunkt wurde damals als eine Art Neugeburt des Menschen erkannt und mit dem Begriff vom »Kommen des Menschensohnes« belegt. Dazu gehören drei Worte Jesu:

1. »Lernt etwas aus dem Vergleich mit dem Feigenbaum! Sobald seine Zweige saftig werden und Blätter treiben, wißt ihr, daß der Sommer nahe ist. (Genauso sollt ihr erkennen, wenn ihr das alles seht, daß das Ende vor der Tür steht.)« (Mt 24/32; die Klammern sind von mir gesetzt, weil der Satz stark durch die Absicht des Verfassers des Evangeliums geprägt ist, als Vorbereitung auf die Vorstellung vom Jüngsten Gericht zu dienen.)

2. »Denn wie es in den Tagen des Noah war, so wird es bei der Ankunft des Menschensohnes sein. Wie die Menschen in den Tagen vor der Flut aßen und tranken und

---

1 Leider ist im Zug der Zusammenstellung der Evangelien der Bezug zwischen diesem Satz und den Ereignissen, auf die er sich bezieht, verlorengegangen.

heirateten, bis zu dem Tag, an dem Noah in die Arche
ging, und nichts ahnten, bis die Flut hereinbrach und alle
wegraffte, so wird es auch bei der Ankunft des Menschensohnes sein.« (Mt 24/37)

3. »Es werden Zeichen sichtbar werden an Sonne, Mond
und Sternen, und auf der Erde werden die Völker bestürzt und ratlos sein über das Toben und Donnern des
Meeres. Die Menschen werden vor Angst vergehen in
der Erwartung der Dinge, die über die Erde kommen;
denn die Kräfte des Himmels werden erschüttert werden. Dann wird man den Menschensohn mit großer
Macht und Herrlichkeit auf einer Wolke kommen sehen.« (Lk 21/25)

Eine gemeinsame Charakteristik der drei Worte Jesu, mit
denen er auf die zukünftigen Ereignisse hinwies, sehe ich
darin, daß die Neugeburt des Menschen mit Wandlungen
in der Natur und unvorstellbaren Veränderungen auf der
Erdoberfläche und im kosmischen Umfeld der Erde verbunden ist. Es ist auch nicht zu übersehen, daß das Nahen
jener Zeit durch die Wandlungen am Feigenbaum symbolisiert wird, »dessen Zweige saftig werden und Blätter treiben«. Wie im 8. Kapitel dargestellt, steht der Feigenbaum
als Symbol für die Lebenskraft der Erde.
Im zweiten Wort warnt Jesus davor, daß die Wandlungen
so subtil sein würden, daß die Menschen, die so beschäftigt
damit sind, in ihren alten Vorstellungen zu leben, gar nicht
in der Lage sein werden, die Veränderungen in sich und
um sich herum wahrzunehmen. Er bezieht sich auf die Er-

275

innerung an Noah und die Sintflut, die nach der Überlieferung vieler Kulturen die Erde in einer weit zurückliegen-
den Zeit heimsuchte. Die Veränderungswelle auf der Erdoberfläche soll so gewaltig gewesen sein, daß nur diejenigen – symbolisiert durch Noah und seine Arche – sie überleben konnten, die wach genug waren, die Zeichen der Zeit
zu deuten. Das befähigte sie, sich rechtzeitig auf die Veränderungen einzustimmen, um – bildlich gesprochen – gemeinsam mit dem Erdorganismus auf eine neue Daseinsebene zu gehen.

Die eindrucksvollste Warnung, daß die vorhergesagte
Wandlung des Erdorganismus im Gang ist, habe ich am
4. November 1997 erlebt. Es begann mit einem Traum, in
dem ich unter Menschen, die, vertieft in ihre Wege, einen
weitläufigen Platz in alle möglichen Richtungen überquer-
ten, wie irre hin und her lief und immerzu mit voller Kraft
schrie: »Noch immer denken wir, daß die Wirklichkeit da
ist, wo sie einmal war; das stimmt aber nicht mehr. Was wir
sehen, ist nur noch eine Erinnerung daran.« Was mich außer der Präzision der Aussage verblüffte, nachdem ich von
der Lautstärke meines »Schreiens« erwachte, war die Sprache. Ich schlief zu Hause in Slowenien und doch schrie ich
die schicksalsschweren Sätze nicht in Slowenisch, meiner
Muttersprache, sondern in Deutsch. Es könnte ein Zeichen
dafür sein, daß es sich nicht nur um eine lokale Angelegen-
heit handelt, sondern etwas, das uns alle betrifft.

Nachdem ich erwacht war, stand ich sofort auf und begab
mich in die umliegende Landschaft, um eine mögliche Veränderung wahrzunehmen. Nun war ich erst recht verblüfft.

Meine Methode, die allgemeine Qualität des Erdorganismus an einem Ort abzuschätzen, besteht darin, die Ausstrahlung des Bodens abzutasten, eine einfache Geste, die ich an jedem Platz schnell und fast unbemerkt ausführen kann. Dabei bücke ich mich zur Erde hinunter und reiche mit meiner linken Hand in die Ausstrahlung des Bodens hinein. Danach lasse ich die Hand frei durch den »Aufzug« der Bodenausstrahlung hochgleiten und beobachte dabei, was für eine Qualität auf die Hand wirkt und wie hoch bzw. in welcher Bewegungsform sie getragen wird. Inzwischen habe ich jahrelange Erfahrung mit dieser einfachen Testmethode gesammelt.[1]

Als ich an jenem frühen Morgen die Ausstrahlung des Erdbodens prüfte, war ich bestürzt: Der Strahlungskörper war um 180 Grad gekippt! Was ich bislang als vom Boden aufsteigend kannte, fühlte sich nun so an, als ob es von der Erdoberfläche nach unten, in Richtung Erdtiefe strahlen würde. Auch sämtliche Kraftbrennpunkte, die ich in die Betrachtung einbezog, waren umgekippt. Die Kraftsäule eines wichtigen Einstrahlungspunktes, zum Beispiel, schien durch ein Loch ersetzt zu sein, das tief in das Erdinnere führte.

Besorgt darüber, daß die Weissagungen über das Kippen der Erdachse angesichts der ökologischen Ungleichgewichte sich erfüllt haben könnten, bat ich meine Mitarbeiterin Ana Pogačnik, den bereits erwähnten Engel der Erdheilung namens Devos um Hilfe zu bitten. Er beruhigte uns, indem er erklärte, daß die geomantischen Systeme des Ortes um-

1 Siehe dazu mein Buch: *Schule der Geomantie,* Abschnitt 2.3.A.

gekippt seien, weil die Erde gerade eine tiefe Wandlung in ihrem Organismus durchgemacht habe. Dabei wurde einer der sensibelsten Kraftbrennpunkte unseres Ortes umgestülpt, was die ganzen Kraftsysteme des Ortes in Mitleidenschaft zog. Devos gab uns noch bestimmte Anweisungen, wie wir durch eine Art von Akupunkturgesang[1] die Lage wieder in normale Bahnen bringen könnten.

Obwohl das Ereignis keine unangenehmen Folgen hinterließ, hat mich die beiläufige Erwähnung der sich gegenwärtig abspielenden Erdveränderungen in der Botschaft des Engels hellhörig gemacht. Erstens hatte ich in den Monaten zuvor Schwankungen in den Kraftsystemen der Erde bemerkt, die ich nicht einordnen konnte. Zweitens war mir aufgefallen, daß es seit August 1997 keine Angriffe der Gegenkräfte mehr gab, denen ich und meine Familie vorher ununterbrochen ausgesetzt waren. Seitdem hat alles, was wir als Hemmnisse wahrnehmen, nur noch die Funktion, uns daran zu erinnern, daß alte Denkmuster aufgelöst werden wollen und daß es nur noch darum geht, sich und anderen zu verzeihen.

Das alles war letztlich Grund genug, Ana zu bitten, den Erdheilungsengel Devos ausführlicher über die gegenwärtigen Erdveränderungen zu befragen. Die Botschaft, die Ana am 22. 12. 1997 niederschrieb, beginnt mit den Worten:

»Auch die Erde hat ihre eigene Entwicklung, die wiederum mit eurer und unserer Entwicklung in Verbindung steht. Man könnte sogar sagen, daß ihre Evolution weitge-

---

1 Siehe dazu mein Buch: *Wege der Erdheilung,* S. 208.

hend von derjenigen der beiden letztgenannten abhängig ist. Dabei handelt es sich um eine energetische und ätherische Entwicklung, um die Entwicklung der verschiedenen Intelligenzen, die mit der Erde verbunden sind, usw. Jedenfalls geht es um eine mehrschichtige Evolution, die sehr komplex ist.

Durch die Tendenz zur Eigenentwicklung habt ihr Menschen alles um euch herum so total ›überflutet‹, daß es sich hemmend und in gewisser Weise erwürgend auf die der Erde eigene Entwicklung auszuwirken beginnt: Ihr Menschen habt aufgrund eurer Fähigkeit, die ganze Aufmerksamkeit und die ganze Kraft in eure eigene Entwicklung zu leiten, eine ausgeprägte Dominanz entwickelt. Ich möchte nicht sagen, daß es falsch wäre, daß ihr euch entwickelt und immer stärker werdet. Damit ist alles in Ordnung, wenn ihr dadurch nicht andere ›an die Wand drückt‹.

Ihr seid euch nicht genügend bewußt, wie wichtig für euch dieser Planet ist. Eigentlich seid ihr ein Teil von ihm – zumindest müßte es so sein. Statt dessen versucht ihr, der Erde die Kraft zu nehmen, die sie hat, und dadurch ihre eigene Entwicklung, ihre eigene Essenz, die sie trägt, zunichte zu machen. Euer Ziel dabei ist, in der Rolle der Herrschenden zu sein und das Steuerruder in die Hand zu nehmen. Das ist jedoch nicht möglich. Als Menschheit seid ihr alle zusammen zwar stark, aber innerlich zu sehr gespalten, um eine entsprechend weite Sicht zu haben und über genügend verzweigte Energie zu verfügen. Dem steht auch die Tatsache entgegen, daß die einzige reale Möglichkeit und die einzig konstruktive Lösung für eure Entwick-

279

lung in der Verbindung zwischen euch, der Erde und uns (der Engelwelt) liegt. Nur in der Verkoppelung der drei Evolutionen sind alle benötigten Elemente und Kräfte inbegriffen. Es handelt sich dabei um eine Symbiose und Anbindung aneinander, durch die eine einmalige Ganzheit zustande kommt.«

Im weiteren Verlauf der Botschaft ging der Erdheilungsengel auf die Einzelcharakteristik der drei Evolutionen ein mit besonderer Berücksichtigung der Stellung des Menschen zwischen der Engel- und der Erdenwelt. Dabei räumte er ein, daß wir innerhalb dieser Dreiheit das aktivste Element seien, was aber nicht heiße, daß wir von den zwei Partnerevolutionen unabhängig seien. Es sind diese zwei Partner, die unsere aktive Rolle überhaupt möglich machen.

Devos bestätigte auch, daß die Weiterentwicklung der Lebensganzheit, wie sie heute besteht, weitgehend von uns Menschen abhängt. Wir haben unseren freien Willen und Verstand entwickelt und dadurch die Fähigkeit, selbständig zu entscheiden, inwieweit wir bereit sind, uns an der Weiterentwicklung unseres Universums zu beteiligen.

Die Wichtigkeit der Rolle des Menschen zwischen den beiden Evolutionen zeigt sich unter anderem darin, daß die Engelwelt nur insoweit bei den Vorgängen der Erdwandlung mitwirken kann, als wir es ihr ermöglichen. Die Engel sind zwar auf ihrer Weltenebene frei, schöpferisch zu sein, betonte Devos, sie sind aber unfähig, unter den Bedingungen der Materie zu wirken. Das ist nur durch die Mittlerrolle des Menschen möglich.

Auch die Weiterentwicklung der Erde hängt weitgehend vom Menschen ab, weil wir so tief in ihr Lebensgewebe eingewoben sind. Der Erdheilungsengel erklärte den aktuellen Stand unserer Beziehung zur Erde auf folgende Weise: »Ihr seid an dem Punkt angelangt, da es unmöglich wird, von der Erde nur wegzunehmen. Ihr habt sie dadurch zu sehr erschöpft. Ihr müßt den gegenseitigen Austausch lernen, das Geben und das Nehmen im Gleichgewicht. Dann wird es nie zu einem Mangel kommen. Gebt Liebe, und ihr werdet noch mehr Liebe erfahren. Eure Rolle in der Beziehung zur Erde ist ähnlich wie in der Beziehung zu uns.«

Im weiteren Verlauf der Botschaft erklärte Devos, daß alle drei Evolutionen in bestimmten Phasen ihrer Entwicklung an einen Punkt gelangen, wo die Entscheidung über den weiteren Gang ihres Weges getroffen werden muß. Das gilt für den persönlichen Entwicklungsweg ebenso wie für den Weg der Menschheit als Ganzes, und es gilt auch für den Planeten Erde. In sehr seltenen Fällen kommt es jedoch dazu, daß verschiedene Evolutionen gleichzeitig an einen solchen Brennpunkt gelangen, wo über die weitere Zukunft entschieden wird. Dann kann man von einem hochwichtigen Entscheidungsmoment sprechen.

Dem Erdheilungsengel zufolge nähern wir uns gerade einem solchen Punkt, der für die zukünftige Entwicklung der Menschheit, der Erde und der Engelwelt von entscheidender Bedeutung ist. Er bestätigt, daß dieser Moment entscheidend ist für jede der drei Evolutionen und dadurch auch für die Weltenganzheit, die wir zusammen bilden. Dann fuhr er fort:

»Es handelt sich also um eine generelle Entscheidung, die jedoch schon längere Zeit in Vorbereitung ist. Eigentlich geht es um einen Übergang auf eine neue Ebene, der nur stufenweise und nach längerer Vorbereitungszeit möglich ist.

Zu oft habe ich betont, daß das Leben nur durch Entwicklung, die weiterführt, möglich ist; sonst verliert es seine Bedeutung und seinen Sinn. Auch dieser Übergang stellt eine Weiterführung eures Weges dar. Wenn alle Menschen dazu bereit wären, bei diesem Übergang zu kooperieren, könnte er schön stufenweise erfolgen, so daß ihr leicht auf die nächste Stufe aufsteigen würdet. Anderenfalls kann dieser Übergang sehr schmerzvoll werden. Das trifft besonders auf euch Menschen zu, weil ihr in einem Körper seid und die geringste Möglichkeit der Anpassung habt.

Vor allem ist es nötig, daß bei diesem Übergang alle zusammenwirken, sonst gibt es keine Möglichkeit, daß die Entwicklung in der Form der Ganzheit, wie sie heute existiert, weitergeführt wird.«

Weiter hat Devos in seiner Botschaft versucht, eine Information darüber zu geben, um was es bei den derzeitigen Erdwandlungen praktisch geht. Zum einen geht es um eine Änderung der Qualität der Erdkräfte. Dadurch wird die Weiterentwicklung der Kraftstrukturen der Erde möglich, was wiederum zur Vervollkommnung ihrer Kraftsysteme führt. Als Folge davon werden die Energien des Planeten wesentlich stärker werden.

Zum zweiten geht es darum, wie die Kräfte der Erde wahrgenommen und angewendet werden: »Energie wird als Lebenskraft erkannt, als Leben selbst, als Liebe, die wir alle miteinander teilen. Wir sind alle mit ihr durchtränkt. Dadurch werden wir zu einer Ganzheit, zum Einen.«

Die Botschaft, die Ana am dunkelsten Tag des Jahres erhalten hat, klingt, was unsere gemeinsame Zukunft betrifft, optimistisch. Es wird darin auch kurz angedeutet, wie wir Menschen uns persönlich dafür einsetzen können, damit der positive Ausgang der Erdveränderungen sichergestellt wird. Der Erdheilungsengel ermutigt uns, »bewußt gewisse Änderungen vorzunehmen«, uns zu wandeln:

»Ich möchte euch nicht zu schwere Lasten auferlegen. Ich möchte bestätigen, wie wichtig ihr seid und was für eine wichtige Rolle ihr bei der allgemeinen Entwicklung spielt, deren Zeugen ihr seid. Seid euch dessen bewußt und freut euch darüber.

Es ist nötig, daß ihr bei dem beschriebenen Übergang bis zu einem gewissen Grad konkret mitarbeitet und bewußt gewisse Änderungen vornehmt. Es ist aber so, daß die Entwicklung (des geschilderten Übergangs) schon so vorbereitet ist, daß sie läuft, sich sozusagen von selbst abwickelt. Sie ist nämlich das Ergebnis einer längeren Vorbereitung, die zu den dargestellten Veränderungen führt.«

Das Vertrauen des Engels der Erdheilung in die aufbauende Rolle des Menschen mag uns erstaunen, wenn wir uns umsehen und die Anhäufung der politischen, gesellschaftlichen und ökologischen Probleme sehen, die unsere Welt belasten. Wir sind daher geneigt zu glauben, Gott und die Erde könnten in einem kritischen Augenblick die Geduld verlieren und mit Katastrophen zuschlagen.

Dabei sind wir uns nicht bewußt, daß wir, wenn wir solche Gedanken und Befürchtungen hegen, uns nur auf der platten Ebene der Vernunft bewegen und aus diesem Grund nur eine dünne Schicht der Wirklichkeit wahrnehmen. Der Blick eines Engels ist demgegenüber mehrdimensional und keineswegs auf die Oberfläche der Seifenblase beschränkt, die wir als unsere Welt kennen.

Was wir als unsere gewohnte Welt kennen, ist eigentlich eine Weltstruktur, die erschaffen wurde, um der Menschheit zu ermöglichen, im Lauf von Jahrtausenden die Menschwerdung einzuüben. Wie alle künstlichen Strukturen hat auch die Welt ihren Zweck, der sich irgendwann einmal erfüllt. Hat sie ihre Aufgabe erfüllt und kann die Weiterentwicklung nicht mehr fördern, dann wird eine solche Weltstruktur zu einem Hemmnis auf dem Weg der Entfaltung und eine ungeheure Last für die Erde. Die Zeit wird reif, die Seifenblase zu sprengen.

Die Schwierigkeit liegt darin, daß die Mehrzahl der Menschen das Gespür für die Mehrschichtigkeit der Erde und die Mehrdimensionalität des eigenen Wesens verloren haben. Sie identifizieren sich mit der eindimensionalen Struktur der Welt, die für sich genommen keine Lebensqualität hat, sondern von den Hütern und Förderern der Menschheitsentwicklung »gezimmert« wurde. Sie sollte die Stärke der Erdsysteme bis zu einem hohen Grad abdämpfen, damit der Mensch ein Ambiente hätte, in dem er gezwungen wäre, seine Selbständigkeit und Kreativität zu entwickeln, wenn er überleben wollte. Wenn diese Filterstruktur nun ihre Aufgabe erfüllt hat und aufgelöst wird, heißt das nicht, daß die Erdsysteme zugrunde gehen. Nur durch die unglückliche Identifizierung mit dieser Raum-Zeit-Struktur, die derzeit abgebaut wird, scheint es einem, als ob der Weltuntergang im Gang wäre.

Jesus hat vor einer Identifizierung mit der vorübergehenden Struktur der Welt rechtzeitig gewarnt. Hier zwei Beispiele aus dem Thomas-Evangelium:

»Jesus sagte: Wer die Welt erkannt hat, hat einen Leichnam gefunden. Und wer einen Leichnam gefunden hat, dessen ist die Welt nicht würdig.« (Tm, Log. 56)

Sinngemäß muß der Ausdruck »die Welt« im zweiten Satz »das Reich« geheißen haben, wobei wohl »das Himmelreich« gemeint war. Daß es sich um ein Mißverständnis seiner Worte handelt, geht aus dem zweiten Wort Jesu hervor:

»Jesus sagte: Wenn ihr euch nicht der Welt enthaltet, werdet ihr das Reich nicht finden.« (Tm, Log. 27)

Es ist offensichtlich, daß Jesus dem Begriff der eindimensionalen Weltstruktur die Vision des lebendigen Himmelreiches gegenüberstellt, das in seiner Mehrdimensionalität die Kräfte der Erde und des Geistes vereint und dadurch das ewige Leben sichern kann. In einer weiteren Aussage, über die die Evangelisten Matthäus und Lukas berichten, gibt Jesus den Schlüssel, wie man sich von der falschen Identifizierung mit der »Seifenblase« der Welt abkoppeln kann:

»Verschafft euch einen Schatz, der nicht abnimmt, droben im Himmel, wo kein Dieb ihn findet und keine Motte ihn frißt. Denn wo euer Schatz ist, da ist auch euer Herz.« (Lk 12/33)

Das Herz ist als ein Symbol für die Identität eines Menschen zu sehen; im Herzen bin ich, wer ich bin. Wenn man nun darauf bedacht ist, die Aufmerksamkeit immer wieder der Scheinwelt, wo »Diebe herrschen und Motten fressen«, zu entziehen und das Leben in seiner Mehrschichtigkeit zu leben, dann wird man eine wundervolle innere Bereicherung erfahren. Das eigene Leben wird mehrdimensional und von Freude erfüllt sein. Im selben Augenblick, da sich der Mensch mit diesem »Schatz« zu identifizieren beginnt, hat er sich von dem befürchteten Weltzusammenbruch befreit. Wenn es tatsächlich nötig wird, die veraltete Weltstruktur abzubauen, dann wird er dadurch keinen Schaden erleiden. Sein Sein ist nun nicht in der Welt, sondern in der Wirklichkeit des Lebens geerdet.

Ein gewaltiger weiterer Schub in den Erdveränderungen ereignete sich am 10. Februar 1998, am Tag des Vollmondes. Ehrlich gesagt, war ich darauf nicht vorbereitet. Erst nachdem ich durch einige unlogische Schockzustände wachgerüttelt worden war, ging ich endlich im Mondschein hinaus, um zu erspüren, wie es mit der Erdstrahlung stand. Es erwartete mich eine neue Überraschung. Die Ausstrahlung des Bodens hatte sich wesentlich verändert. Sie hatte einen weichen, weiblich-wäßrigen Charakter angenommen. Ihr charakteristisches Muster begann sich tief am Boden in einem Halbbogen aufzubauen, verlief aber nicht weiter nach oben, sondern eher horizontal hin und her gleitend, als ob man eine Wasseroberfläche streicheln würde. Ich dachte mir zuerst, die neue Ausstrahlung der Erde sei eine Auswirkung des Vollmondes. Sie wandelte sich jedoch mit dem abnehmenden Mond nicht. Auch bemerkte ich nach wenigen Tagen eine klare Differenzierung. Im allgemeinen hat die Ausstrahlung des Bodens die neue wäßrige Qualität beibehalten. Es gibt jedoch bestimmte Kraftplätze, die wie Strahlungsinseln aussehen. Diese Inseln zeigen immer ein und dasselbe Schwingungsmuster. Ich erlebe es so, daß meine ausgestreckte Hand beginnt, sich in einem langsamen, feierlichen Rhythmus zu drehen, bis sie einen vollen Kreis beschrieben hat. Sie beschreibt ein Kosmogramm der Vollkommenheit!

Es gab Gründe genug, den Erdheilungsengel erneut über den aktuellen Stand der Erdveränderungen zu befragen. Seine Botschaft, die Ana am 15. Februar 1998 empfangen hat, beginnt mit den Worten:

»Wir befinden uns in der Epoche der großen Veränderungen; ihr seid ein Teil davon, ebenso wie wir und die Erde. Es geht um eine einheitliche Entwicklung, durch die wir nur gemeinsam hindurchgehen können, nur gemeinsam sind wir stark genug dafür, und nur gemeinsam stellen wir eine Ganzheit dar.

Die Veränderungen zeigen sich auf allen Ebenen. Sie werden euch persönlich zuteil, sie werden von der Menschheit, der Zivilisation gespürt ... Dadurch erfahren auch wir eine Entwicklung und wachsen gemeinsam mit euch. Die Veränderungen werden allerdings auch durch die Erde offenbar, da sie eine wichtige Rolle bei dem Übergang spielt. Was ihr selbst festgestellt habt und was Marko wahrnimmt, ist der Ausdruck dieser Veränderungen. Da wir auf dem Weg dieser Entwicklung schon vieles gemeinsam vollbracht haben, werden größere Erschütterungen nicht nötig. Wohl sind aber Veränderungen notwendig. Was ihr erlebt, ist nur eine Phase der Entwicklung, von der ich spreche.

Das, was ihr als das wäßrige Element gespürt habt, ist ein starkes Yin-Element und gleichzeitig Ausdruck davon, daß die Energie wellenartig schwingt, strömt … Es geht nur um eine Phase des Aufbaues einer anderen Schwingung der Erde, einer höheren Kraftschicht, die mit der Zeit entwickelt wird und die eine Parallele zum bestehenden Kraftsystem der Erde darstellen wird. Sie wird die Mehrschichtigkeit des Lebens ermöglichen.«

Im weiteren Verlauf der Botschaft hat der Erdheilungsengel die Erklärungen zur besonderen Schwingungsqualität einzelner sakraler Orte gegeben, die ich zuvor erwähnt habe. Er bestätigte, daß einzelne Orte und Punkte auf der Erdoberfläche, die für diesen Zweck genügend rein und stark und deswegen fähig sind, auf einer höheren Frequenzebene zu schwingen, eine Art Mittlerfunktion im Prozeß der Veränderungen übernommen haben. Ihre Funktion liegt darin zu verhindern, daß das bestehende Kraftsystem zusammenbricht. Es stellt nämlich die Basis dar, auf der die neuen Schichten aufgebaut werden können. Viele dieser Orte, fügte Devos lobend hinzu, wurden in den letzten Jahren durch Erdheilungsarbeit einzelner Gruppen weltweit für diese Aufgabe vorbereitet.

Und wie steht es mit der geheimnisumwobenen Beziehung des Menschen zum Engelreich? Wenn die Botschaften des Erdheilungsengels immer wieder betonen, daß bei den Beziehungen zwischen Mensch und Erde der dritte Partner, die Welt der Engel, nicht vergessen werden dürfe, wo spricht denn Jesus darüber? Ein Beispiel dafür findet sich in dem Gleichnis vom klugen Verwalter:

»Jesus sagte zu den Jüngern: Ein reicher Mann hatte einen Verwalter. Diesen beschuldigte man bei ihm, er verschleudere sein Vermögen. Darauf ließ er ihn rufen und sagte zu ihm: Was höre ich über dich? Leg Rechenschaft ab über deine Verwaltung! Du kannst nicht länger mein Verwalter sein. Da überlegte der Verwalter: Mein Herr entzieht mir die Verwaltung. Was soll ich jetzt tun? Zu schwerer Arbeit tauge ich nicht, und zu betteln schäme ich mich. Doch – ich weiß, was ich tun muß, damit mich die Leute in ihre Häuser aufnehmen, wenn ich als Verwalter abgesetzt bin. Und er ließ die Schuldner seines Herrn, einen nach dem andern, zu sich kommen und fragte den ersten: Wieviel bist du meinem Herrn schuldig? Er antwortete: Hundert Faß Öl. Da sagte er zu ihm: Nimm deinen Schuldschein, setz dich gleich hin, und schreib ›fünfzig‹. Dann fragte er einen andern: Wieviel bist du schuldig? Der antwortete: Hundert Sack Weizen. Da sagte er zu ihm: Nimm deinen Schuldschein, und schreib ›achtzig‹.

Und der Herr lobte die Klugheit des unehrlichen Verwalters und sagte: Die Kinder dieser Welt sind im Umgang mit ihresgleichen klüger als die Kinder des Lichtes.« (Lk 16)

Die Rolle des klugen Verwalters, dem der Herr die Erde zur Verwaltung übergab, steht für die Rolle des Menschen auf der Erde. Es ist wohl wahr, daß wir die Erde schlecht verwaltet haben. Wir haben ihre Gleichgewichte gestört, die Vielfalt der Tier- und Pflanzenarten reduziert, ihre vitalenergetischen Systeme beschädigt. Es ist aber auch wahr, daß wir dabei etwas gelernt haben, was selbst eine so weit fortgeschrittene Evolution wie die der Engel nicht kann: verstandesmäßig, das heißt aus individueller Selbständigkeit denken und entscheiden. Es ist diese Qualität, die am Beispiel des klugen Verwalters vorgeführt wird, nachdem jener erfahren hat, daß er seinen Dienst verlieren würde.

Das ist auch der Grund für das Lob, das der Herr über den Menschen ausspricht: »Die Kinder dieser Welt sind im Umgang mit ihresgleichen klüger als die Kinder des Lichtes.« Dabei sollte man nicht übersehen, daß es nicht um eine Wertung geht, sondern um die Anerkennung dessen, was der Mensch in der Ankoppelung an die Erdsysteme, »im Umgang mit seinesgleichen«, erreicht hat.

Daß es beim Menschen am Ende des 20. Jahrhunderts nicht um einen Sünder geht, der bestraft werden müßte, ist aus den erwähnten Botschaften des Erdheilungsengels klar ersichtlich. In dem berühmten »Gleichnis vom verlorenen Sohn« hat Jesus den glücklichen Ausgang der dramatischen Vorgänge des Menschwerdens vorausgesehen. Statt in Trauer und Zusammenbruch mündet das Gleichnis in Jubel über die Neugeburt des Menschen. (Lk 15/11)

Das Gleichnis erzählt von einem Mann, der zwei Söhne hat: Der ältere Sohn wird durch folgende Worte des Vaters als der Welt der Engel zugehörig charakterisiert: »Mein Kind, du bist immer bei mir, und alles, was mein ist, ist auch dein.« Es sind die Engel, die für ihre Entwicklung nicht durch die Turbulenzen der persönlichen Erfahrung zu gehen brauchen. Sie bleiben von Ewigkeit zu Ewigkeit ein vollkommener Ausdruck des Göttlichen. Der Vater sagt: »Was mein ist, ist auch dein.«

Der jüngere Sohn, der für die Menschheitsentwicklung steht, verlangte hingegen sein Erbteil, packte nach wenigen Tagen »alles zusammen und zog in ein fernes Land«. Es ist hier die Rede von der Entscheidung des Menschen, seinen individuellen Erfahrungsweg zu gehen. Ferner wird angedeutet, daß er sich, um Erfahrungen sammeln und zur Erkenntnis gelangen zu können, auf der Erde – in »einem fernen Land« – verkörpern muß. Das Gleichnis fährt fort mit einer symbolischen Beschreibung der Phasen und der entsprechenden Erfahrungen, die er dabei durchlaufen muß:

»Nach wenigen Tagen packte der jüngere Sohn alles zusammen und zog in ein fernes Land. Dort führte er ein zügelloses Leben und verschleuderte sein Vermögen. Als er alles durchgebracht hatte, kam eine große Hungersnot über das Land, und es ging ihm sehr schlecht. Da ging er zu einem Bürger des Landes und drängte sich ihm auf; der schickte ihn aufs Feld zum Schweinehüten. Er hätte gern seinen Hunger mit den Futterschoten gestillt, die die Schweine fraßen; aber niemand gab ihm davon. Da ging er in sich und sagte: Wie viele Tagelöhner meines Vaters haben mehr als genug zu essen, und ich komme hier vor Hunger um. Ich will aufbrechen und zu meinem Vater gehen und zu ihm sagen: Vater, ich habe mich gegen den Himmel und gegen dich versündigt. Ich bin nicht mehr wert, dein Sohn zu sein; mach mich zu einem deiner Tagelöhner. Dann brach er auf und ging zu seinem Vater.«

An dem Punkt beginnt die Dramatik des Gleichnisses sich

zu entfalten. Sie ist ein Spiegelbild der Lage, in der wir uns in diesem Augenblick – kosmische Augenblicke können jahrelang dauern – befinden. Der Mensch ist so tief in die Materie und in die Eindimensionalität der Welt eingedrungen, daß die einzige Perspektive, die er sieht, darin besteht, sich eine Verbesserung der aktuellen Lage zu wünschen. Bildlich gesprochen, kann sich ein Schweinehirt, der sauhungrig ist nach der Freiheit des Geistes, nichts Besseres vorstellen, als der letzte Diener im Haus seines Vaters zu sein, nur um genügend zu essen zu haben.

Das Gleichnis versucht, den Menschen ein Gefühl davon zu vermitteln, daß es sich bei der Wandlung, die damals noch in der Zukunft lag, heute angesichts der Erdveränderungen aber aktuell geworden ist, um einen Quantensprung handelt. Er wird – um bei den Bildern des Gleichnisses zu bleiben – vom Vater mit höchsten Ehren als sein wiedergeborener Sohn empfangen. Sogar der Ring, den ich in meinem Traum vom Eisenzeitalter verloren hatte, wird ihm an die Hand gesteckt:

»Der Vater sah ihn schon von weitem kommen, und er hatte Mitleid mit ihm. Er lief dem Sohn entgegen, fiel ihm um den Hals und küßte ihn. Da sagte der Sohn: Vater, ich habe mich gegen den Himmel und gegen dich versündigt; ich bin nicht mehr wert, dein Sohn zu sein. Der Vater aber sagte zu seinen Knechten: Holt schnell das beste Gewand, und zieht es ihm an, steckt ihm einen Ring an die Hand, und zieht ihm Schuhe an. Bringt das Mastkalb her, und schlachtet es; wir wollen essen und fröhlich sein. Denn mein Sohn war tot und lebt wieder; er war verloren und ist wiedergefunden worden. Und sie begannen, ein fröhliches Fest zu feiern.«

Übertragen auf unsere heutige Situation, in der die Umstände alles andere als vielversprechend erscheinen, macht uns das Gleichnis Mut, von ganzem Herzen und in vollem Bewußtsein an die göttliche Führung auf unserem Weg zu glauben. Wenn jeder einzelne Mensch durch den Prozeß der wesentlichen Wandlung gegangen sein wird – die gegenwärtigen Erdveränderungen zwingen alle Menschen zu einer diesbezüglichen Entscheidung –, dann wird uns eine neue Phase der Entwicklung zuteil, die in dem Gleichnis durch Eigenschaften wie Ganzheit, Mehrdimensionalität und Freude charakterisiert ist.

Es ist aber nicht die Absicht des Gleichnisses, dem Menschen Versprechungen zu machen, sondern ihn in der Sinnhaftigkeit seines mit Schwierigkeiten besäten Weges der Menschwerdung zu bestätigen: So schwierig und schmerzhaft es oft sein mag, den Weg der Wandlung zu gehen, es ist ein sinnvoller Weg. Dies geht aus dem Vergleich zwischen dem Weg des Menschen und dem Weg der Engel hervor, in den das Gleichnis vom verlorenen Sohn einmündet:

»Sein älterer Sohn war unterdessen auf dem Feld. Als er heimging und in die Nähe des Hauses kam, hörte er Musik und Tanz. Da rief er einen der Knechte und fragte, was das bedeuten solle. Der Knecht antwortete: Dein Bruder ist gekommen, und dein Vater hat das Mastkalb schlachten lassen, weil er ihn heil und gesund wiederbekommen hat. Da wurde er zornig und wollte nicht hineingehen. Sein Vater aber kam heraus und redete ihm gut zu. Doch er erwiderte dem Vater: So viele Jahre schon diene ich dir, und nie habe ich gegen deinen Willen gehandelt; mir aber hast du nie auch nur einen Ziegenbock geschenkt, damit ich mit meinen Freunden ein Fest feiern konnte. Kaum aber ist der hier gekommen, dein Sohn, der dein Vermögen mit Dirnen durchgebracht hat, da hast du für ihn das Mastkalb geschlachtet. Der Vater antwortete ihm: Mein Kind, du bist immer bei mir, und alles, was mein ist, ist auch dein. Aber jetzt müssen wir uns doch freuen und ein Fest feiern; denn dein Bruder war tot und lebt wieder; er war verloren und ist wiedergefunden worden.« (Lk 15/11–32)

Der nächste Schub in den Erdveränderungen ereignete sich kurz vor dem Vollmond am 9. März 1998. Dabei hat sich die Abstrahlung des Bodens wieder verändert. Anstelle der wäßrigen ist nun eine luftig-rhythmische Qualität zum Ausdruck gekommen. Es scheint so zu sein, daß die Erde in dieser Phase ihrer Wandlung durch verschiedene Elemente-Qualitäten geht, ein Wandlungsvorgang, dessen Abschluß ich noch nicht sehen kann. Was dabei stabil geblieben ist, sind die erwähnten Lichtinseln in den Natur- und Stadtlandschaften, die offensichtlich dafür Sorge tragen, daß die Lebensbereiche des Planeten während der laufenden Veränderungen nicht durch größere Erschütterungen bedroht werden.

Es stellt sich die Frage, wie wir Menschen uns am besten darauf einstimmen können, wenn die Erdveränderungen in Zukunft immer deutlicher spürbar werden. Zunächst einmal sollten wir dem Vorbild der Erde folgen und unsere innere Stille pflegen. Genauso wie die Erde Lichtinseln schafft, um ihre Stabilität zu bewahren, sollten wir darauf achten, unter keinen Umständen die innere Ruhe zu verlieren bzw. aus unserer Herzmitte herauskatapultiert zu werden.

Es gilt, an die Botschaft des Gleichnisses vom verlorenen und wiedergefundenen Sohn zu glauben und sich nicht von »falschen Propheten« verwirren zu lassen. Ihre katastrophenorientierten Prophezeiungen über die Erdveränderungen entstammen ihren begrenzten Einsichten in das Geheimnis der Wandlung und nicht einer Gesamtschau über die notwendigen Phasen des Übergangs auf eine neue Stufe der Entwicklung.

Wendet euch an die Natur, sucht innige Beziehungen zu Bäumen, Flüssen, Orten ... Die Natur kann nie in eine Trennung vom Erdenzustand geraten. Daher bietet sie die beste Möglichkeit, sich in jedem Moment auf das einzustimmen, was mit der Erde geschieht. Wenn man sich zum Beispiel liebevoll einem Baum nähert und sich innerlich auf seine Gegenwart einläßt, wird er glücklich sein, einem das Gefühl dafür zu vermitteln, wie in diesem Augenblick – jenseits jeder Illusion – die Wirklichkeit schwingt und in welche Richtung sich die Erde mitsamt unseren Lebensgrundlagen bewegt.

Keine Angst! Es gibt in den nächsten tausend Jahren genügend Zeit für jeden einzelnen Menschen, seinen Prozeß des Menschwerdens auf der durch Jesus eingeleiteten Stufe abzuschließen. Die Erde ist dabei, uns durch ihre Wandlungen die Umstände zu schaffen, die diesen Prozeß am besten beschleunigen können.

15. *Kapitel*

Worte Jesu zur Betrachtung

Angesichts des in den letzten zwei Kapiteln geschilderten Prozesses des Menschwerdens stellt sich die Frage, was jeder einzelne praktisch tun kann, um bewußt daran teilzunehmen. Alles, was Jesus gesagt hat, deutet darauf hin, daß er nicht die Absicht hatte, eine bestimmte Art von geistiger Disziplin – wie etwa Yoga – einzuführen. Vielmehr lehrte er, das Leben zu heiligen, so wie es ist. Er sprach von einem Leben, das die Qualität des Himmelreiches haben kann, wenn der Mensch zu seiner Mehrdimensionalität erwacht und mit seinen Impulsen aufrichtig und schöpferisch umgeht.

Das geht unter anderem aus dem bereits erwähnten Gespräch hervor, das Jesus mit einer Samaritanerin am Brunnen führte. Die Frau fragte Jesus, ob man Gott auf dem Berg Garizim anbeten solle – wo sie ihr Gespräch führten –, so wie es die Samaritaner tun, oder in Jerusalem, wie es die Juden bevorzugen. Jesus antwortete:

»Glaube mir, Frau, die Stunde kommt, zu der ihr weder auf diesem Berg noch in Jerusalem den Vater anbeten werdet … Die Stunde kommt, und sie ist schon da, zu der die wahren Beter den Vater anbeten werden im Geist und in der Wahrheit; denn so will der Vater angebetet werden.« (Joh 4/23)

Den Ausdruck »Beten im Geist« setze ich gleich mit einer Vertiefung in der Herzmitte – das Wort »Meditation« empfinde ich als nicht ganz passend dafür, obwohl es heutzutage auch in diesem Sinn gebraucht wird. Das »Beten in der Wahrheit« empfinde ich als ein Synonym für das »Beten durch die Verwirklichung im täglichen Leben«. Darüber weiß ein Wort Jesu aus dem Evangelium nach Thomas Genaueres zu sagen.

»Seine Jünger fragten ihn, sie sagten zu ihm: Willst du, daß wir fasten und wie sollen wir beten und Almosen geben, und welche Speisevorschriften sollen wir befolgen? Jesus sagte: Lügt nicht und tut nicht, was ihr haßt, denn alles ist offenbar vor dem Himmel.« (Tm, Log. 6)

Im folgenden habe ich einige Worte Jesu ausgewählt und in die heutige Sprache übertragen, damit sie als Anregung dienen können, die persönliche Lebensführung zu vertiefen. Um dabei die Mehrdimensionalität der Aussagen zu würdigen, bin ich bei der Übertragung nicht analytisch vorgegangen, sondern habe der inneren Stimme den Vorrang gegeben. Bildlich gesprochen, habe ich der Christuskraft in mir mein modernes Bewußtseinsinstrumentarium angeboten, um dieselben Worte, die schon einmal ausgesprochen worden waren, auf eine andere Weise zum Ausdruck zu bringen.

Wer von euch kann mit all seiner Sorge sein Leben auch nur um eine kleine Zeitspanne verlängern? (Lk 12/25)

Das Leben entfaltet sein Gewebe, um allen Geschöpfen die Möglichkeit zu geben, zu wachsen und sich zu entwickeln. Der psychische Druck des Sich-Sorgens und das rhythmische Weben des Lebensgewebes stehen nicht in einer aufbauenden Beziehung zueinander. Die Sorge ist ein Ausdruck der Furcht vor dem, was das Leben an Unerwartetem bringen kann, es ist eine Art, etwas ins Leben hineinzuphantasieren, was es nicht gibt.

Vertraue in die Weisheit, die das Lebensgewebe webt. Sogar ein Knoten im Gewebe, der aus Schwierigkeiten zusammengesetzt ist, birgt eine Gelegenheit, sich von alter Last zu befreien, eine unbekannte Seite des Seins kennenzulernen, eine Prüfung zu bestehen ... Vertraue in die Weisheit, die das Lebensgewebe webt, und sorge dich nicht.

Man wird alles, was ihr im Dunkeln redet, am hellen Tag hören, und was ihr einander ins Ohr flüstert, das wird man auf den Dächern verkünden. (Lk 12/3)

Es liegt eine große Wandlung vor uns, die sich teilweise bereits vollzieht: Was wir bisher in der dunklen Nacht erlebt haben, während unser Bewußtsein im Schlaf abwesend ist, wird uns künftig auch am hellen Tag zuteil werden können. Die strikte Trennung zwischen unserem nächtlichen Erleben der geistigen Ebenen und unserem Erleben der materialisierten Welt im Tagesbewußtsein wird mehr und mehr aufgehoben. Was uns die Seele bisher nur im Schlaf erzählen konnte, werden wir lernen, am lichten Tag zu hören und zu verstehen.

Auch werden wir lernen, die Qualität der Liebe, die heute nur zwischen Menschen kreist, die einander lieben, im großen Raum der Schöpfung wahrzunehmen und aufrechtzuerhalten. Bildlich gesprochen wird das, was wir gewohnt sind, »einander ins Ohr zu flüstern«, demnächst »auf den Dächern verkündet werden«. Die Liebe als die schöpferische und erneuernde Kraft des Lebens wird zu einer für alle Menschen spürbaren Raumqualität werden.

Jesus sagte: Ein Weinstock ist außerhalb des Vaters ge-
pflanzt worden, und da er nicht gefestigt ist, wird er mit
seinen Wurzeln ausgerissen werden und zugrunde gehen.
(Tm, Log. 40)

Es ist nicht weise, den geistigen Urgrund des eigenen Wesens zu ignorieren und sich so zu verhalten, als könnten wir
allein aus uns selbst heraus wachsen. Gewiß, es gibt einiges,
das im Bereich unserer Entscheidung liegt, und vieles können wir aus unserer eigenen Schöpfungskraft heraus vollbringen.

Jenseits unserer Selbständigkeit sind wir jedoch in unserem Sein und Tun an die Ewigkeit gebunden, in der »unser
Weinstock gefestigt ist«. Das Mißverständnis entsteht
daraus, daß wir ein individualisierter Funke der Ewigkeit
sind, und daher der kreative Drang unseres Wesens auf die
Selbstwerdung gerichtet ist. Das führt uns unvermeidlich
aus dem Einssein mit der Ganzheit heraus.

Das Wort Jesu warnt davor, den Weg in die Vereinzelung
immer weiter zu gehen und dabei die Rückverbindung zu
unserem Urgrund zu vergessen. Sie wird uns geschenkt,
wenn wir aus unserer Herzmitte darum bitten.

Wenn einer von euch einen Turm bauen will, setzt er sich dann nicht zuerst hin und rechnet, ob seine Mittel für das ganze Vorhaben ausreichen? Sonst könnte es geschehen, daß er das Fundament gelegt hat, dann aber den Bau nicht fertigstellen kann. Und alle, die es sehen, würden ihn verspotten und sagen: Der hat einen Bau begonnen und konnte ihn nicht zu Ende führen. (Lk 14/28)

Der Lebensweg bietet dem Menschen unzählige Möglichkeiten zu seiner Entfaltung an. Es gibt darunter solche, für die er reif, stark und entwickelt genug ist, um sie zu ergreifen, sich auf ein schöpferisches Spiel mit ihnen einzulassen und sie zu verwirklichen. Aber es gibt darunter auch Angebote, die die Kräfte oder das erworbene innere Wissen dieses Menschen weit übersteigen. Man handelt weise, wenn man die ersteren annimmt und letztere zurückweist. Das Wort Jesu warnt davor, auf jede Möglichkeit, die einem auf den ersten Blick als möglich und verlockend erscheint, einzugehen und sie in die Verwirklichung treiben zu wollen. Unter ihnen gibt es auch solche, die nur eine Prüfung darstellen, ob der betreffende Mensch reif genug ist zu unterscheiden, welchen Möglichkeiten er mit seinen geistigen oder physischen Kräften gewachsen ist und welchen nicht. Wer sich kopfüber in solche Versuchungen des Lebens hineinstürzt, wird früher oder später herausfinden, daß er dafür nicht reif war, »und alle, die es sehen, würden ihn verspotten«, weil er sich einer Sache bemächtigen wollte, die er unter den gegebenen Umständen nicht zur Vollendung führen konnte.

Wenn eine Frau zehn Drachmen hat und eine davon verliert, zündet sie dann nicht eine Lampe an, fegt das ganze Haus und sucht unermüdlich, bis sie das Geldstück findet? Und wenn sie es gefunden hat, ruft sie ihre Freundinnen und Nachbarinnen zusammen und sagt: Freut euch mit mir; ich habe die Drachme wiedergefunden, die ich verloren hatte. (Lk 15/8)

Wir Menschen bringen alles mit, was wir auf dem Lebensweg zu erwerben suchen. Wir sind aus der Vollkommenheit geboren, und alles, bis zur letzten Drachme, ist uns mitgegeben worden auf den Weg.

Die persönliche Entfaltung dreht sich nicht darum, etwas Neues zu erfinden, sondern uns dessen bewußt zu werden, was wir immer schon sind, und es im Leben zu verwirklichen. Daher sagt Jesus, daß die Frau die zehn Drachmen – die Zahl der Vollkommenheit – schon besaß, bevor sie eine davon verlor. Die verlorene Drachme deutet auf einen Schatz, den wir verachtet und daher ins Unterbewußtsein verdrängt haben. Der Verlust – sei es Gesundheit, Wohlstand, Liebe ... – zwingt uns dazu, gründlich »aufzuräumen«, das heißt, eine neue Ordnung zu schaffen, in der das Verlorene als Wiedergefundenes aufleuchten kann. »Sie zündet eine Lampe an, sie fegt das ganze Haus, und sie sucht unermüdlich« – dies sind die drei Voraussetzungen, die es braucht, um das Werk zu vollbringen: (1) Werde aufmerksam und wach, (2) verschaffe dir eine Übersicht über die Fäden deines Lebens, (3) suche unermüdlich nach dem Sinn, der Botschaft, auf die dich der Verlust aufmerksam machen wollte.

Er sagte zu ihnen: Ihr prüft das Antlitz des Himmels und der
Erde, und den, der vor euch ist, habt ihr nicht erkannt und
diesen Augenblick wißt ihr nicht zu prüfen. (Tm, Log. 91)

Es ist eine Illusion zu glauben, daß wir die Natur der Dinge
erkannt hätten, nachdem wir sie durch die Muster unserer
Gedanken eingefangen haben. Wir sind fähig, sie zu erklären, einzuordnen und alles mögliche mit ihnen zu machen.
Doch haben wir »was vor uns ist« nicht erkannt und somit
am Leben der Dinge »des Himmels und der Erde« nicht
teilgenommen.

Es ist nicht weise, ununterbrochen alten Gewohnheiten zu
folgen und mit dem Verstand an der Oberfläche der Dinge
zu verweilen. Wenn auch nur der geringste Lebensimpuls
aus der Tiefe in einem bestimmten Augenblick deine Aufmerksamkeit weckt, folge seinem Ruf. Laß dich überra-
schen von dem, »was vor dir ist«. Versuche es zu fühlen, laß
zu, daß es in seiner Unbekanntheit dein Wesen anspricht.
Statt den Augenblick, der unmittelbar vor dir ist, mit einem Platz in der Kette der Vergangenheit oder der Zukunft abzustempeln, laß ihn auf dich wirken, damit du den
Reichtum seines Wesens prüfen kannst.

Jeden Baum erkennt man an seinen Früchten. Von den Di-
steln pflückt man keine Feigen, und vom Dornstrauch erntet
man keine Trauben. (Lk 6/44)

Das Leben sorgt für alles auf vollkommene Weise. Jede
Pflanze gibt an Früchten, was sie kann. Es wäre sinnlos,
daß sie eine andere gäbe als die, die sie in der Vollkommenheit gibt.

Ganz anders verhält es sich mit den Menschen: Es ist nicht
vorbestimmt, was der einzelne werden kann. Man kann immer nur sagen, wer er jetzt ist. Was aus ihm, der heute so
ist, morgen werden kann, darf niemand wissen. Sonst wäre
die Fähigkeit der freien Entscheidung, die dem Menschen
aus dem Urgrund des Seins geschenkt wurde, zunichte.
Dank dieser Gabe kann er heute einer Distel gleichen und
morgen Feigen zum Ernten anzubieten haben.

Deswegen ermahnt uns das Wort Jesu, unseren Mitmenschen nicht nach der »Baumart« zu beurteilen, der er angehört, sondern nach den Früchten, die er uns schenkt. Anders ausgedrückt: Beurteile niemanden nach seinem gesellschaftlichen Status oder dem Grad seiner Bildung. Was
allein zählt, ist die Freude, die Liebeskraft und die Weisheit, die einer dir schenken kann.

Warum siehst du den Splitter im Auge deines Bruders, aber
den Balken in deinem eigenen Auge bemerkst du nicht?
(Lk 6/41)

Wir sind gewohnt, nach außen zu schauen, aufgrund von
Äußerlichkeiten zu urteilen und nach äußeren Zeichen
oder Hinweisen unseren Werdegang auszurichten. Dabei
fällen wir unser Urteil über die »ganze« Wirklichkeit aus
der Kenntnis eines winzigen Splitters.

Den Balken, der die ganze Wirklichkeit trägt, können wir
nur im eigenen Inneren finden, in der Kraft der inneren
Einstimmung, in der inneren Schöpfungskraft und im innersten Wesen des Menschen.

Das Wort Jesu weist daraufhin, den Blick nach innen zu
richten, wo wir den wahren Kern im Mitmenschen und in
der ganzen Schöpfung erkennen können. Die Wahrheit
dessen, was um uns herum lebt und webt, ist nicht »draußen«, sondern im eigenen Innern zu finden.

Möge unter euch ein verständiger Mensch erstehen. Als die Frucht reif wurde, kam er schnell mit seiner Sichel in seiner Hand und mähte sie ab. Wer Ohren hat zu hören, möge hören. (Tm, Log. 22)

Der Mensch, so wie er heute ist, stellt die Frucht einer mehrtausendjährigen Entwicklung dar. Nach und nach, von Leben zu Leben, haben sich alle Dimensionen und Ebenen unseres Wesens entwickelt: Wir wurden fähig, uns zu bewegen, zu wollen, zu fühlen, uns zu erinnern … Ähnlich wie eine Frucht reif wird, ist auch der Mensch nun reif genug geworden, die bisherige Ebene der Entwicklung zu verlassen und sich auf eine neue Ebene des Werdens hinaufzuschwingen.

Das Wort Jesu spricht vom Verstandesmenschen, der in uns entstanden ist. Er versteht nicht die göttliche Vollkommenheit dieser Frucht und ist nicht in der Lage, sie wahrzunehmen. Sie wird vom Verstand geleugnet und ignoriert. Aber genau diese Leugnung und Ignoranz sind im richtigen Moment das Richtige. Sie stellen die »Sichel in seiner Hand« dar, durch die die Frucht »abgemäht« wird. Ohne daß es eines von außen kommenden Eingriffs bedürfte, haben wir uns selbst den Weg abgeschnitten, der uns in eine bloße Wiederholung dessen führen würde, was wir schon geworden sind.

Wenn der Herr des Hauses wüßte, in welcher Stunde der Dieb kommt, so würde er verhindern, daß man in sein Haus einbricht. (Lk 12/39)

Der Strom des Lebens ist so komponiert, daß es darin zwei zueinander polarisierte Stränge gibt, die miteinander spielen und gegenseitige Verflechtungen eingehen, obwohl sie aus zwei unterschiedlichen Quellen stammen. Der eine ist durch den Herrn des Hauses, der andere durch den Dieb versinnbildlicht.

Der Herr des Hauses steht für das äußere Ich des Menschen – das wir heute Ego nennen –, das gewöhnlich über unsere Lebensentscheidungen und Beziehungen herrscht. Der Dieb steht für die Kraft und die Weisheit des inneren Selbst, das aufgrund seiner Verbundenheit mit der universellen Ganzheit die Geheimnisse des persönlichen Lebensweges kennt, von denen »der Herr des Hauses« keine Ahnung hat.

Das Wort Jesu fordert dazu auf, auf die Impulse des inneren Selbst zu achten, die wie Einbrecher in einem unerwarteten Augenblick auftauchen können, um die Aufmerksamkeit des Ego zu überspielen und sich Gehör zu verschaffen.

Die Jünger sagten zu Jesus: Sage uns, wie unser Ende sein
wird. Jesus sagte: Habt ihr denn schon den Anfang entdeckt,
daß ihr nach dem Ende fragt? Denn dort, wo der Anfang ist,
dort wird auch das Ende sein. Selig ist, wer am Anfang ste-
hen wird, und er wird erkennen und den Tod nicht kosten.
(Tm, Log. 18)

Der Mensch ist so sehr an die materielle Ebene des Seins
gebunden, daß er gar nicht fähig ist zu sehen, daß der Lebensstrom nicht nur in eine, sondern gleichzeitig auch in
die entgegengesetzte Richtung verläuft. Wohl ist der
Strom der linearen Zeit von der Geburt ausgehend auf den
Zeitpunkt des Todes gerichtet – vom Anfang zum Ende.
Mit seinen Worten stellt Jesus jedoch die Vorstellung von
der »Einbahnstraße«, die unser Leben in der Verkörperung prägt, in Frage.
Er deutet an, daß es zeitgleich zu der Strömung, die uns
vom Anfang in Richtung Ende zieht, noch einen Gegen-
strom gibt, der sich aus den Augenblicken der Erfahrung
zusammensetzt, die wir im Verlauf unseres Lebens in uns
aufgenommen und geistig-seelisch verarbeitet haben. Dieser innere Strom führt uns von Erfahrung zu Erfahrung
jedesmal ein Stück näher an seinen Ursprung heran, in die
Richtung der persönlichen Erleuchtung.
Die Linie zwischen Anfang und Ende wird dadurch zu einem Kreis gebogen, so daß »wer am Anfang stehen wird ...
das Ende erkennen und den Tod nicht kosten (wird)«.

Seine Jünger sagten. Wann wirst du uns erscheinen und wann werden wir dich sehen? Jesus sagte: Wenn ihr eure Scham ablegt und eure Kleider nehmt, sie unter eure Füße legt wie die kleinen Kinder und sie zertretet, dann werdet ihr den Sohn des Lebendigen sehen und ihr werdet euch nicht fürchten. (Tm, Log. 37)

Die Entwicklung der letzten Jahrtausende lief unter großer Beschleunigung in Richtung einer zunehmenden Materialisierung: Wir legen uns immer dickere Kleidung zu, so daß wir immer weniger von der Erscheinung des Göttlichen in uns und um uns herum wahrnehmen können. Daher die besorgte Frage: »Wann werden wir Dich (wieder)sehen?« Das Wort Jesu wertet die Materie nicht ab und verurteilt auch nicht die irdische Kleidung. Es zeigt nur, daß der Schlüssel zur Befreiung aus dem übermäßigen Einfluß des Materiellen in der richtigen Proportion zwischen dem geistigen und dem irdischen Aspekt unseres Menschseins liegt. Es gilt, als erstes die Scham vor unserer geistigen Natur abzulegen und uns trotz der Übermacht des Materiellen in unserer Kultur einzugestehen, daß wir ursprünglich Geistwesen sind. Dann werden wir »wie die kleinen Kinder«, das heißt, wir gelangen nahe an unseren Ursprung und können unsere materielle Kleidung als das verstehen, was sie ist: eine wunderbare Möglichkeit, uns in den Lebenssystemen der Erde verankert zu halten und mit ihrer Hilfe die notwendigen Lebenserfahrungen zu sammeln. Das Legen der Kleider unter die Füße und ihr Zertreten ist symbolisch zu verstehen als Erdung im Gegensatz zum Sich-Beherrschen-Lassen durch die Materie.

Niemand setzt ein Stück neuen Stoff auf ein altes Kleid;
denn der neue Stoff reißt doch wieder ab und es entsteht ein
noch größerer Riß.
Auch füllt man nicht neuen Wein in alte Schläuche, sonst
reißen die Schläuche, der Wein läuft aus, und die Schläuche
sind unbrauchbar. (Mt 9/16)

Im Leben eines Menschen ist der Begriff der Reife von grundlegender Bedeutung. In jedem Augenblick werden wir für etwas reif. Unreife Menschen gibt es nicht. Wir handeln weise, wenn wir im Leben jeweils dem folgen, wofür wir die innere Reife erlangt haben. Auf diese Weise bereiten wir uns für eine neue Stufe der Reife vor. Wir werden sie erreichen, nachdem wir die Aufgaben der vorangegangenen Ebene abgeschlossen haben.

Wir würden zu viel von unserer Kraft und unserer Stimmigkeit verlieren, wenn wir Dingen nachgingen, für die wir noch nicht reif genug sind. Es ist klüger, sie noch auf die Seite zu stellen für später, und uns voll dem zu widmen, was unserem Reifegrad im Augenblick entspricht. Jesus will mit diesen Worten sagen, daß wir keinen Nutzen davon haben, wenn wir Dinge erlangen, nach denen wir begehren, für die uns aber noch das Fundament fehlt, um sie wirklich genießen zu können. »Der neue Stoff reißt doch wieder ab und es entsteht ein noch größerer Riß.« Der Schaden für unsere Entwicklung wird größer sein als der Gewinn, den wir uns davon erhofft haben.

Die Füchse haben ihre Höhlen und die Vögel haben ihr
Nest. Der Sohn des Menschen aber hat keinen Ort, um sein
Haupt zu neigen und auszuruhen. (Tm, Log. 86)

Bevor der Mensch in die Evolution der Erde eingegliedert
wurde, herrschte auf dem Planeten eine vollkommene
Ordnung, die nach seinem Urmuster festgelegt war. Jede
Wesenheit hatte innerhalb der Ganzheit ihren Platz eingenommen: »Die Füchse haben ihre Höhlen und die Vögel
haben ihr Nest.«
Der Mensch brachte etwas Neues, Unerwartetes und auch
Destruktives in diese Weltenordnung hinein. Ihm wurde
die Fähigkeit verliehen, »mit dem eigenen Kopf zu denken«. Wir Menschen sollen nicht automatisch Teil des Gesamtbewußtseins aller Wesenheiten sein, die uns umkrei-
sen. Vielmehr können wir selbständig Gedanken erschaffen und sind daher auch in der Lage, aus freier Entscheidung heraus unsere gewohnten Muster des Umgangs mit
dem Leben zu verändern. Das wird in den Worten ausgedrückt: »Der Sohn des Menschen aber hat keinen Ort, um
sein Haupt zu neigen und auszuruhen.«
Wir bringen etwas mit, wofür es keinen im voraus vorbe-
reiteten Platz auf der Erde gibt. Doch können wir uns unseren eigenen Platz erschaffen, indem wir die Urmuster
der Erde erkennen lernen und uns mit ihnen in Einklang
bringen.

Weshalb seid ihr aufs Feld heraus gekommen? Um ein Schilf-
rohr zu sehen, das vom Winde bewegt wird? (Tm, Log. 78)

Das Geheimnis, warum sich der Mensch unter den Wesenheiten der Erde verkörpert, ist eines der Grundgeheimnisse der menschlichen Existenz hier und jetzt. Mit einer rhetorischen Frage wird der Überzeugung widersprochen, es sei für die menschliche Entwicklung nützlich, sich unentwegt mit der Ursachen-Wirkungs-Kette der uns umgebenden Materie zu beschäftigen. Das Schilf bewegt sich aus dem einfachen Grund, daß der Wind weht.

Wir vergessen zu oft, daß wir auf der Erde sind, um uns in der Verwirklichung unserer spezifischen Rolle im Universum zu üben und nicht etwa, um dauernd herumzuschauen. Das Lebensgewebe der Erde bietet dem Menschen unzählige Möglichkeiten an, seine Liebesfähigkeit zu erweitern, die Verantwortung gegenüber allem Lebendigen zu vertiefen und zu lernen, gleichzeitig eine Quelle der Schöpferkraft und der Güte zu werden. Die Worte weisen stillschweigend auf diese Aufgabenbereiche hin, denen wir Priorität einräumen sollten.

Er sagte: Womit sollen wir das Reich Gottes vergleichen? Es gleicht einem Senfkorn. Dieses ist das kleinste von allen Samenkörnern, die man in die Erde sät. Ist es aber gesät, dann geht es auf und wird größer als alle anderen Gewächse und treibt große Zweige, so daß in seinem Schatten die Vögel des Himmels nisten können. (Mk 4/30)

Das Leben um uns herum zeigt sein Gesicht in unzähligen Erscheinungen. Von dieser unüberschaubaren Menge an verschiedenen Formen wäre keine beständig, wenn sie nicht einen Kern hätte. Es handelt sich um Urmuster, in die die Lebensqualität der einzelnen Erscheinungen eingeschrieben ist. Bildlich gesprochen, findet nur aufgrund dieses Schlüssels die Eintragung ihrer Existenz in das Buch des Lebens statt. Ohne diese Eintragung müßten sie so schnell wie möglich von der Lebensebene verschwinden.

Auch der Mensch besitzt einen solchen innersten Kern, durch den sein Platz in der Schöpfung ersichtlich ist. Er wird versinnbildlicht im »Kleinsten von allen Samenkörnern«, das fähig ist, »größer als alle anderen Gewächse« zu werden. Dabei geht es um unsere Fähigkeit, bewußt zu lieben und andere Menschen, Wesenheiten und Welten bewußt mit unserer Liebe zu beschenken.

Es beginnt mit einer kaum bemerkbaren liebenden Zuwendung, die aber eine unvorstellbare Kraft besitzt, die geistig-seelischen Wachstumsprozesse anzuregen und die Entfaltung des Alls voranzutreiben. Bildlich gesprochen, könnten im Schatten unserer Liebe alle »Vögel des Himmels nisten«, wenn wir uns ihrer Kraft bewußt wären.

Wenn das Fleisch wegen des Geistes entstanden ist, ist es ein Wunder. Wenn aber der Geist wegen des Leibes entstanden ist, ist es ein wunderbares Wunder. (Tm, Log. 29)

Der Mensch ist sich gar nicht bewußt, was für ein Kunstwerk der Natur sein Körper ist. Es hat eine unübersehbare Menge an Erfahrungen gebraucht, um den Körper genügend fein auszugestalten, damit die Menschenseele als ein Gast der Erde durch ihn empfangen werden konnte.

Die lange Epoche der Angleichung der Seele an die Körperumstände läuft nun aus. Es wird uns künftig die Aufgabe zuteil, an der Verwandlung unseres Körpers in einen Lichtkörper zu wirken, damit er fähig wird, auch jenseits der linearen Raum-Zeit-Struktur als Körper zu dienen. In den obigen Worten wird er als das »wunderbare Wunder« gepriesen.

Die Aussage bezieht sich in ihrem ersten Teil auf die zu Ende gehende Phase unserer Entwicklung. Im zweiten wird die Aufmerksamkeit auf die zukünftige gelenkt, da die Fusion seiner ewigen Seele mit dem irdischen Selbst es dem Menschen ermöglichen wird, die Spaltung zwischen dem geistigen und dem körperlichen Aspekt der Existenz zu überwinden. Dadurch wird nicht nur das Universum, sondern auch die Erde zu unserer ständigen Heimstatt werden.

Die Engel und die Propheten werden zu euch kommen und sie werden euch geben, was euer ist. Und ihr euerseits, was in eurer Hand ist, gebt es ihnen und sagt euch: Wann werden sie kommen und das Ihre empfangen? (Tm, Log. 88)

Ganz gleich, unter welchem Blickwinkel man es anschaut: Das hierarchische Weltbild entspricht dem Menschenwesen nicht. Wenn wir uns zu demütig mit der untersten Stufe zufriedengeben, müssen wir unzählige Ebenen mitsamt ihren Wesenheiten über uns anerkennen, durch die wir geführt, inspiriert oder einfach gesegnet werden. Unsere Selbständigkeit droht verlorenzugehen. Wenn wir uns hochmütig als Gipfel der Schöpfung sehen, droht die Gefahr, daß wir so tyrannisch werden, daß sehr feine und selbst erhabene Wesenheiten sich unserem eisernen Willen unterwerfen müssen.

Der Ausspruch hebt die Weltenordnung als kreisförmig hervor. Auf jeder Stufe der Entwicklung – und sei sie noch so hoch – wird nicht nur gegeben, sondern auch in Empfang genommen. Nur auf diese Weise ist es möglich, den Lebensstrom des Universums in seinem ständigen Kreisen zu bewahren.

Auch für den Menschen gilt, daß er nicht nur stillschweigend entgegennehmen muß, was andere Wesenheiten, die höher auf der Entwicklungsleiter stehen – sie werden hier als Engel und Propheten bezeichnet –, ihm zukommen lassen. Auch wir sind fähig, etwas zu geben, was sonst kein Wesen in diesem Universum anbieten kann. Es handelt sich dabei um Gaben, die wegen unserer unbegrenzten

Freiheit oft als unangenehm, ja schmerzhaft erfahren werden. Sie bringen oft Gegenkräfte mit sich und stellen für die höheren Wesenheiten eine Prüfung ihrer Weisheit dar. Das heißt aber nicht, daß sie sinnlos wären.

Fürchte dich nicht, kleine Herde, es ist eures Vaters Offenbarungswille, euch Anteil am Reiche Gottes zu geben. (Lk 12/32)

Eines der giftigsten Hindernisse auf dem Weg der Menschwerdung ist die Vorstellung, der Mensch sei ein sündhaftes Wesen. Mit einer einzigen schlichten Geste wischt dieser Ausspruch Jesu alle Selbstzweifel und alle Gründe für eine derartige Befürchtung vom Tisch. Zugleich wird die besondere Bedeutung, die das Menschenwesen für die ganze Schöpfung hat, klar bezeugt.

Der Weg der Menschwerdung ist zweifellos schwierig und voller schmerzhafter Rückschläge, sein Ziel ist jedoch unbestritten: Die Krone der Vollendung erwartet uns.

*Wenn du eine Opfergabe zum Altar bringst und dir dabei
einfällt, daß dein Bruder etwas gegen dich hat, so laß deine
Gabe dort vor dem Altar liegen; geh und versöhne dich zuerst mit deinem Bruder, dann komm und opfere deine Gabe.
(Mt 5/23)*

Der Begriff des Gottes ist eine menschliche Erfindung, ein
Versuch, zu benennen und in Worte zu fassen, was keinen
Namen hat und so überwältigend ist, daß es sich der unmit-
telbaren Wahrnehmung entzieht.

Dasjenige jedoch, was durch Menschen erschaffen wurde,
darf keinen Vorrang vor dem Menschen selbst haben. Unter den Wesenheiten des Universums ist auch der Mensch
eine Verkörperung dessen, was keinen Namen hat und keine Begrenzung kennt. Erst nachdem sich die Unendlichkeit in einem Menschenwesen verdichtet hat – in all den
Ebenen und Sphären, aus denen es besteht –, bekommt sie
einen persönlichen Namen und eine individuelle Gestalt.
Sie kann nun von jedem Mitglied der großen Familie des
Lebens wahrgenommen werden.

Wenn das, was Verehrung verdient, in einem Menschenwesen unmittelbarer anwesend ist als in den Systemen der
Göttinnen und Götter, die um unserer eigenen Unterstützung willen erschaffen worden sind, dann ist es natürlich,
daß die lebendige Beziehung zu einem lebendigen Menschen auf den ersten Platz gehört.

Selig ist der Löwe, den der Mensch ißt, und der Löwe wird
Mensch; und abscheulich ist der Mensch, den der Löwe frißt
und der Mensch wird Löwe. (Tm, Log. 7)

Wir sollten nicht allem Glauben schenken, was um uns herum geschieht. Die Menschen sind damit beschäftigt, ihre Fähigkeiten und Kräfte auf tausend verschiedene Arten zu nutzen, ohne ihren Ursprung zu ehren. Scheinbar geht es dabei um große und bewundernswerte Taten. In Wahrheit haben sie nur die Absicht, ihre Mitmenschen zu faszinieren. Dadurch hoffen sie – meist unbewußt –, Stützpunkte zu finden, die es ihnen erlauben, ihre Macht über andere zu festigen. Es ist nicht sinnvoll, anderen behilflich zu sein, wenn sie zu Lasten der Mitmenschen das zur Geltung bringen wollen, was sie nicht sind.

Mit dem Satz »abscheulich ist der Mensch ...« warnt der Spruch davor, durch eigene Unachtsamkeit falsche Kräfte und Machtansprüche in anderen zu unterstützen. Demgegenüber wird mit den Worten »Selig ist der Löwe ...« die kritische Einstellung gegenüber solchen Verzerrungen im Mitmenschen gelobt. Sie werden dadurch lernen, ihre entfremdeten Selbstbilder und ihren Machthunger von dem zu unterscheiden, was wahrer Ausdruck ihres Selbst ist.

Erkenne, was vor deinem Angesicht ist, und was dir verborgen ist, wird sich dir offenbaren. Denn es gibt nichts Verborgenes, das nicht offenbar würde. (Tm, Log. 5)

Die Menschen hegen zu viele Furchtgefühle gegenüber sich selbst und dem, was in ihnen »verborgen« ist. Sie trauen sich nicht, sich selbst anzuschauen, weil sie sich scheuen, etwas zu entdecken, das ihnen nicht gefallen würde. Sie laufen dauernd vor sich selbst fort.

Wenn jemand vor seinem wahren Angesicht flieht, neigt er dazu, sich ein eigenwilliges Selbst-Bild zu erschaffen und es künstlich aufrechtzuerhalten. Doch ist es unmöglich, dem wahren eigenen Wesen zu entkommen, weil die Welt um uns herum uns ununterbrochen den Spiegel vorhält. Daher ist jede Flucht sinnlos. Früher oder später müssen wir uns mit uns selbst auseinandersetzen. Nur wird diese Auseinandersetzung mit der Zeit schwieriger, weil das illusionistische Bild, das wir von uns selbst entworfen haben, zu einem immer festeren Teil von uns geworden ist.

Fürchte nicht, jeder Mensch ist eine wundervolle Welt für sich, ein Kosmos im kleinen, vollkommen und fehlerlos. Liebe diese Schöpfung und genieße, was du hast und was dir geschenkt wurde. Dann wird sich dir das, was verborgen ist, offenbaren.

Jesus sagte: Das Reich gleicht einem Menschen, der auf sei-
nem Acker einen Schatz hat, von dem er nichts weiß. Und
nachdem er gestorben war, hinterließ er ihn seinem Sohn.
Der Sohn wußte nicht davon. Er nahm jenen Acker und
verkaufte ihn. Und der ihn gekauft hatte, kam und fand
beim Pflügen den Schatz. Er begann, Geld denen auf Zins
zu leihen, die er wollte. (Tm, Log. 109)

Der Mensch trägt in seinem Inneren Schätze, von denen er
nichts weiß, solange er nicht geistig zu erwachen beginnt.
Das Gleichnis warnt davor, das Leben einfach dahinzule-
ben, denn es wurde uns geschenkt, damit wir nach und
nach die Schätze erkennen lernen, die wir in unserem Inneren tragen, um sie für das eigene Wohl und das Wohl der
anderen ans Licht zu heben. Wenn sich unser Leben nur
von Tag zu Tag dahinzieht und wir es auf Alltagssorgen
und -probleme verschwenden, besteht die Gefahr, daß in
unsere unterbewußte »Schatzkammer« eingebrochen
wird. Es können sich Kräfte einschleichen, die begierig auf
unsere Lebenskräfte und die geistigen Informationen sind,
die wir in uns tragen. Sie werden anfangen, unser inneres
Kapital für eigene Zwecke zu mißbrauchen.
In der Alltagswirklichkeit manifestieren sich solche Kräfte
in Gestalt von Mitmenschen, denen es nur um eine Steige-
rung ihrer eigenen geistigen, politischen oder wirtschaftli-
chen Macht geht. Sie suchen bewußt oder unbewußt nach
vergessenen »Schatzkammern«, in die einzubrechen sich
lohnt. Es handelt sich dabei um eine Art geistiger Ver-
schmutzung des Planeten, die durch die menschliche Un-

wissenheit in bezug auf den »im eigenen Acker verborgenen Schatz« wuchern kann.

*Jesus sagte: Das Reich des Vaters gleicht einer Frau, die ei-
nen Krug trägt, der voll Mehl ist. Während sie auf einem
weiten Weg ging, brach der Henkel des Kruges. Das Mehl
floß hinter ihr auf den Weg. Sie merkte es nicht, sie hatte kein
Unheil wahrgenommen. Als sie in ihr Haus kam, stellte sie
den Krug nieder und fand ihn leer. (Tm, Log. 97)*

Wir sind in eine Welt des Überflusses hineingeboren, obwohl sie in dieser Qualität für uns nicht wahrnehmbar ist.
Die Erdmutter gibt und gibt und gibt in grenzenloser Güte.
Deswegen heißt es in dem Gleichnis, daß seitens der Frau
»kein Unheil wahrgenommen wird«, bis der Krug vollständig geleert war.
Leider nehmen wir Menschen die unbegrenzte Selbstver-
ausgabung der Erde nicht wahr. Wir baden in ihren Gaben,
als ob sie selbstverständlich wären. Sie sind auch selbstverständlich, sofern wir Menschen bereit sind, auch unsererseits die Aufgaben zu erfüllen, deretwegen uns die Erde
ursprünglich zum Festmahl an ihren Tisch geladen hat; das
heißt, wenn wir bereit sind, den Weg der Selbsterkenntnis
zu gehen und zu lernen, die Fülle, die wir empfangen, wei-
terfließen zu lassen, damit ein Kreislauf entsteht, durch
den die Schöpfung in ihrer Gesamtheit aufrechterhalten
werden kann, ohne je Gefahr zu laufen, eines Tages ausge-
leert zu sein.

*Was meint ihr? Ein Mann hatte zwei Söhne. Er ging zum
ersten und sagte: Mein Sohn, geh und arbeite heute im Weinberg! Er antwortete: Ja, Herr!, ging aber nicht. Da wandte
er sich an den zweiten Sohn und sagte zu ihm dasselbe. Dieser antwortete: Ich will nicht, später aber reute es ihn und er
ging doch. Wer von den beiden hat den Willen seines Vaters
erfüllt? (Mt 21/28)*

Keiner von beiden ist falsch! Das Recht auf freie Entscheidung ist eine außergewöhnliche Gabe, die dem Menschen
zuteil wurde. Es gilt auch dann, wenn es sich scheinbar gegen die eigene Quelle wendet.

Der erste Sohn symbolisiert die Anfangsstufe des Befrei-
ungsvorgangs, die unter einem negativen Vorzeichen zu
stehen scheint. Das ist aber notwendig, denn der Mensch
kann die unerforschten Tiefen der eigenen Freiheit erst
dadurch ausloten, daß er innerlich zu rebellieren beginnt
gegen die Forderungen, die Kirche und Gesellschaft an ihn
stellen in der Erwartung, daß er sich ihnen beugt. Obwohl
diese *innere* Verweigerung destruktiv wirkt, gibt es keinen
Grund, etwas Sündhaftes darin zu sehen, das ein Schuldgefühl nach sich ziehen müßte.

Der zweite Sohn steht für eine höherentwickelte Stufe der
Selbstbefreiung, indem er sich *bewußt* dem Automatismus
widersetzt, den gewohnten Handlungsmustern oder Glau-
bensvorstellungen Folge zu leisten. Dadurch erschafft er einen Freiraum in seinem Inneren, aus dem heraus er sich selbständig entscheiden kann. Was er tut, tut er nicht aus einem
Muß heraus, auch nicht aus Trotz, sondern aus freier Liebe.

Mit dem Himmelreich ist es wie mit einem Schatz, der in einem Acker vergraben war. Ein Mann entdeckte ihn, grub ihn aber wieder ein. Und in seiner Freude verkaufte er alles, was er besaß, und kaufte den Acker. (Mt 13/44)

Das Leben ist ein reich gegliederter Strom, der allen Wesenheiten des Universums ihrer Entwicklungsstufe und ihrer Rolle innerhalb der Ganzheit entsprechende Möglichkeiten der Entfaltung anbietet.

Es gilt zu lernen, innerhalb des Lebensstromes, der uns ununterbrochen und reichlich zufließt, zu erkennen, was von diesem Reichtum geeignet ist, uns auf dem eigenen Weg weiterzubringen. Wenn man daraus immer nur das wählt, was zur Aufrechterhaltung der Ebene dient, die man schon längst erreicht hat, dann wird das Leben zwar erlebt, aber nicht in seiner beglückenden Fülle.

Das Gleichnis lehrt, daß es klug ist, sich anbietende Gelegenheiten zur Wandlung eingefahrener Wege nicht zu übergehen. Sobald wir eine Inspiration dieser Art wahrnehmen, die häufig an einer gewissen Erregung erkennbar ist, gilt es, ohne zu zögern eine bewußte Entscheidung zu treffen und die Schritte dorthin zu lenken, wo der erspürte »Schatz« liegt. Deswegen wird gesagt: »In seiner Freude verkaufte er alles, was er besaß, und kaufte den Acker.«

Ihr habt gehört, daß zu den Alten gesagt worden ist: Du sollst nicht töten. Ich aber sage euch: Jeder, der seinem Bruder nur zürnt, soll dem Gericht verfallen sein. (Mt 5/21)

Die Entscheidung über Leben und Tod liegt nicht in der Macht des Menschen. Auch wenn es so scheint, als würde man einem anderen durch die Geburt das Leben schenken oder durch Mord das Leben nehmen, kann dies nur geschehen, wenn die Tat mit dem Urmuster des Lebens des betreffenden Menschen übereinstimmt.

Es gibt jedoch eine Ebene, auf der Menschen über Leben und Tod bestimmen können. Das ist die Ebene des Wortes. Es ist die Ebene, auf der die schöpferischen oder zerstörerischen Kräfte des Bewußtseins wirken. Es ist durch das Wort, daß man einen Menschen auf seinem Weg entscheidend behindern oder umgekehrt, seine Entwicklung fördern kann.

Durch ein böses Wort, ja selbst durch das stille Ausstreuen unheilbringender Gedanken kann sich in einem Menschen die Fähigkeit zum inneren Wachsen verkrampfen. Bildlich gesprochen wird dadurch sein Blut eingefroren. Es handelt sich um subtile Auswirkungen auf die Kraftebene, deren sich die Menschen gewöhnlich nicht bewußt sind. Mit dieser Aussage versucht Jesus, den Menschen klarzumachen, wie behutsam sie mit den Kräften der eigenen Gedanken und Worte umgehen sollten.

Mit dem Himmelreich ist es wie mit dem Sauerteig, den eine
Frau unter einen großen Trog Mehl mischte, bis das Ganze
durchsäuert war. (Mt 13/33)

Der Moment einer unerwarteten Wandlung, auf den Menschen häufig mit Empörung und Ablehnung reagieren, ist
ein wichtiges Element in der persönlichen Entwicklung. Er
bewirkt, daß der Lebensweg in seinem linearen Verlauf
einen qualitativen Sprung macht. Die Statik des stillen,
unhinterfragten Hinnehmens der Lebensumstände wird
plötzlich, sei es bewußt oder unbewußt, in der Frage zentriert: Wer bin ich? Was ist der Sinn meines Lebens?
Der Mensch handelt weise, wenn er allem, was an ihn her-
antritt, wach entgegengeht. Jedesmal, wenn man in unerwünschte Umstände geraten ist, sollte man prüfen, ob sie
nicht wie ein Sauerteig dem eigenen Leben einen unerwarteten Anstoß gegeben haben, der es schicksalhaft verändern kann. Manchmal geht es nur um eine Verschiebung
um Haaresbreite, und doch wird das Leben danach nie
mehr dasselbe sein.

Jesus sagte: Wer von meinem Munde trinkt, wird wie ich werden, und ich selbst werde er werden und das Verborgene wird sich ihm offenbaren. (Tm, Log. 108)

Den Worten zuzuhören, die der Mund hervorbringt, stellt einen Aspekt der Wahrheitsaufnahme dar, der durch unsere Fähigkeit des mentalen Verstehens bedingt ist.

In dem Logion wird jedoch auf eine andere Möglichkeit des »Zuhörens« aufmerksam gemacht. Dabei nimmt der Mensch die geistig-emotionale Qualität der ausgesprochenen Worte in sich auf und erlaubt ihr in seinem Inneren als Inspiration zu wirken. In diesem Fall wird nicht in linearer Form Wissen angehäuft, sondern man läßt zu, durch die Wahrheit selbst, gestillt, das heißt durch die erfahrene Wahrheit von innen gewandelt zu werden. Auf diese Weise werden wir zu dem, was wir über die gefühlsmäßige Inspiration in uns aufgenommen haben. Über einen solchen Menschen sagt Jesus, er wird »wie ich werden«.

Amen, ich sage euch: Wenn jemand zu diesem Berg sagt:
Heb dich empor und stürz dich ins Meer!, und wenn er in
seinem Herzen nicht zweifelt, sondern glaubt, daß ge-
schieht, was er sagt, dann wird es geschehen. (Mk 11/23)

Zweifel und Glaube sind die zwei Pole, zwischen denen der
Mensch hin und her pendelt, bis er seine Mitte gefunden
hat.

In der Anfangsphase unserer Entwicklung sind beide wichtig. Die unangenehmen Erfahrungen des Zweifelns lehren
uns, die Tiefe unserer Selbständigkeit zu erkennen. Die
tröstliche Erfahrung des Glaubens läßt uns spüren, was es
heißt, an der göttlichen Ganzheit teilzunehmen.

In einer späteren Phase der Entwicklung erleben wir, daß
der Zweifel seine Nützlichkeit verloren hat und unserem
Wachstum nur noch hemmend im Weg steht. Sobald wir
das erkannt haben, sollten wir auf das Zweifeln verzichten
und lernen, aus ganzem Herzen zu glauben, ohne Rücksicht darauf zu nehmen, in welch schwieriger Lage wir uns
gerade befinden und wie unmöglich es erscheint, eine Lösung zu finden. Wer an diesem Punkt noch dem Zweifel
verfällt, hemmt seine weitere Entwicklung auf schicksalhafte Weise. Wer hingegen ohne Vorbehalte an die Vollkommenheit des Lebens glaubt – und nicht nur hofft oder
sich verstandesmäßig bemüht zu glauben –, kann tatsächlich »Berge versetzen«, wie es in dem Wort Jesu heißt.

Auch ist es mit dem Himmelreich wie mit einem Kaufmann,
der schöne Perlen suchte. Als er eine besonders wertvolle
Perle fand, verkaufte er alles, was er besaß, und kaufte sie.
(Mt 13/45)

Sind wir dessen überhaupt gewahr, in wie viele Augenblicke jeder Abschnitt des Lebens zerfällt? Jeder Augenblick ist – einem Edelstein gleich – unserer Aufmerksamkeit wert, ist mit einer nur ihm eigenen Schönheit durchdrungen und kennt seine Bestimmung. Diese fast ver-
schwenderische Ausfächerung der Lebenskräfte ist in einer vollkommenen Ordnung auf Ebenen begründet, in die
wir Menschen keinen Einblick zu haben brauchen. Es wird
durch andere Mächte und Wesenheiten für sie gesorgt.
Unsere Aufmerksamkeit wird woanders gefordert, unsere
Wachheit wird woanders verlangt. Um die »besonders
wertvolle Perle« zu finden, gilt es bewußt unter den Augenblicken des Lebens zu wählen und aus der Freiheit heraus zu entscheiden, welche Gelegenheiten wir fallenlassen
und welchen wir Vorrang geben.
Tritt den Anforderungen dieser Art nicht schlechtgelaunt
gegenüber, als hätte dich jemand aus dem tiefen Schlaf geweckt. Lerne Mitschöpfer(in) deines Schicksals zu werden.
Sei vorsichtig, aber nicht scheu. Entscheide dich feurig,
aber nicht kopflos. Fürchte dich nicht vor der Eingebung,
die du in dir spürst. Wenn nötig, tue den unvorhergesehe-
nen Schritt. Das Leben wird dir zeigen, ob du die richtige
Entscheidung getroffen hast. Wenn nicht, wird dir früher
oder später die Gelegenheit zur Korrektur angeboten.

Das Auge gibt dem Körper Licht. Wenn dein Auge gesund ist, dann wird dein ganzer Körper hell sein. Wenn aber dein Auge krank ist, dann wird dein ganzer Körper finster sein. (Mt 6/22)

»Die Worte sprechen von mir. Wer bin ich? Ihr habt mich im Glanz der alten Gottheiten gesucht. Meine Anwesenheit wurde im Wechsel der Jahreszeiten geahnt. Mir hat man Brot und Wein geopfert. Nun seid ihr erwachsen genug, um zu erfahren, daß es zwischen dir und mir keinen Unterschied gibt.«

Es wird das Bild des Auges gebraucht, um auszudrücken, was man kaum ausdrücken kann. Das Göttliche stellt jenen Aspekt unseres Wesens dar, der es uns ermöglicht, Teil der universellen Ganzheit zu sein und gleichzeitig zu wissen, welches Teilchen innerhalb der allumfassenden Ganzheit man ist und welche einmalige Rolle man innerhalb ihrer Unendlichkeit innehat. Das Auge steht dafür als Symbol. Einerseits ermöglicht uns das Auge, alles zu sehen, was um uns herum ist. Andererseits wird durch das Licht, das über das Sehen in unser Bewußtsein einströmt, unser Wesen mit der Lebensinformation durchlichtet. Das, was sichtbar ist, kann auf eine selbstverständliche Weise gesehen werden. Ob wir jedoch die darin enthaltene geistig-seelische Information aufnehmen, hängt von unserem Bewußtsein ab.

Literaturhinweise

Bloom, William: *The Christ Sparks*, Findhorn Press, Findhorn 1995

Douglas-Klotz, Neil: *Weisheit der Wüste*, Bratt-Institut, Hamburg und Goch 1997

Evangelium nach Thomas, E. J. Brill, Leiden 1959

Grant, Robert M./Freedman, D. N.: *The Secret Sayings of Jesus According to the Gospel of Thomas*, Fontana Books, London and Glasgow 1960

Lorber, Jakob: *Das große Evangelium Johannes*. 11 Bände. Verlag Zluhan, Bietigheim-Bissingen 1987

Neue Jerusalemer Bibel. Einheitsübersetzung, Herder, Freiburg i. Br. 1985

Das Neue Testament in der Übersetzung von Emil Bock, Urachhaus, Stuttgart 1985

Pogačnik, Marko: *Die Erde heilen. Das Modell Türnich,* Eugen Diederichs Verlag, München 1989

ders.: *Die Landschaft der Göttin. Heilungsprojekte in bedrohten Regionen Europas,* Eugen Diederichs Verlag, München 1993

ders.: *Elementarwesen. Die Gefühlsebene der Erde,* Knaur Verlag, München 1995

ders.: *Schule der Geomantie,* Knaur Verlag, München 1996

ders.: *Wege der Erdheilung,* Knaur Verlag, München 1997

ders.: *Geheimnis Venedig. Modell einer vollkommenen Stadt,* Eugen Diederichs Verlag, München 1997

Schipflinger, Thomas: *Sophia-Maria,* Verlag Neue Stadt, München–Zürich 1988

Steiner, Rudolf: *Aus der Akasha-Forschung. Das Fünfte Evangelium,* Rudolf Steiner Verlag, Dornach 1992

Thiede, Carsten Peter/D'Ancona, Matthew: *Der Jesus-Papyrus,* Luchterhand, München 1996

331

Register der im Buch zitierten Worte Jesu
(in der Reihenfolge ihres Erscheinens im Text)